從看的見到看不見的
奇異旅程

盲人國度

The Country of the Blind

Andrew Leland

安德魯・李蘭

謝樹寬——譯

表面上明顯看似結束的事，其實更應被理解為內在意涵：我們尚未完全理解的一個開始。我們的現在，真實而深刻地（而非僅在邏輯層面），是介於「不復存在」和「尚未到來」之間懸而未決的狀態。

——漢娜．鄂蘭，《黑暗時代群像》

你眸中的刺，是最好的放大鏡。

——狄奧多．阿多諾，《最小道德論：損壞生命的沈思》

目次

※作者注：基於保護隱私，我更動了幾位非公眾人物的姓名。

專文推薦

在視力的盡頭，看見完整的自己

當我拿起《盲人國度》這本書時，心中湧起的不是好奇，而是一種深刻的親近感。或許是因為，我與作者安德魯．李蘭走過相似的路，身為視障者，我深刻共鳴於他的經歷；但更令我震撼的，是他以極為坦誠而細膩的筆觸，帶領我們走入的不只是盲人的世界，更是一段所有人都會經歷的旅程——如何面對、接納，並最終擁抱那個不完美的自己。

作為視障心理師，我常接觸那些因各種原因而不得不直視生命缺口的人。這些缺口可能來自內在，比如那些不願示人的秘密、內心深處的陰影；也可能來自外在，比如孩子未如自己所願地成長、伴侶關係的變化、職場與人生方向的偏離。無論是身體上的缺憾，還是生命境遇的落差，每個人都會在某個時刻，站在這道無法逃避的門檻前。而這本書，正精準地觸及了我們內心那道難以跨越的關卡。

在安德魯的故事中，他從未明白表達自己走過的心理歷程，但我卻能清晰地看見——

經歷了從抗拒、掙扎，到接受與重新整合的四個階段。這四個階段，不僅是視障者的心路歷程，更是所有人面對失落與改變時，會經歷的共同過程：

1.害怕別人會知道——否認與掩飾

當視力開始惡化，安德魯極力隱藏自己的變化，害怕被標籤、被視為脆弱，更害怕自己再也無法成為過去的自己。他竭力維持「正常」，試圖讓一切如常運轉，彷彿這樣就能避免面對現實。我曾遇過許多個案，在人生的某個時刻，他們也選擇了這樣的掩飾與壓抑，假裝問題不存在，努力撐住自己想包裝出來的樣子，但這份壓力與焦慮，最終往往變成了更深的煎熬。

2.不怕別人會知道——在現實中掙扎

當視力的流失無法再被忽視，安德魯逐步開始接受事實，學習使用白手杖、點字設備，適應新的生活方式。這個階段，雖然表面上不再逃避，但內心仍充滿掙扎與矛盾。一位個案曾對我說：「如果他們看見真正的我，還會有人願意接納我嗎？」這句話道出了許多人在接受自己缺憾時的恐懼，那種真相揭曉後，會被世界拋下的害怕。

3. 就怕別人不知道——尋求認同與價值

當安德魯逐漸掌握新的生活節奏，並發現自己仍擁有許多能力時，他積極參與盲人社群，投身倡議活動，向世界展示自己的生活與成就。這一階段，人們往往會努力「證明」自己，希望透過外界的認同來確立內在的價值。我們渴望被理解、被肯定，因為這不只是對世界的宣告，更是對自己的宣告——「我依然值得」。

4. 不管別人知不知道——無需他人定義的真自在

最終，安德魯走向了一種超越他人眼光的自在狀態。他不再急於讓世界理解自己，而是專注於自己的生命旅程。他的身分不再僅僅是「視障者」，而是一個擁有獨特故事、專業與影響力的人。他不再需要向任何人證明自己，因為他已經真正接納了自己的全部。這不僅是視障者的課題，更是所有人的課題——當我們能坦然面對自己的不完美，世界的評價便不再是束縛，而只是微風拂過。

不管你願不願意，人生中總有一些痛，是我們無法避免、也無法抹去的。我們唯一能做的，就是帶著這些痛，一步步地走下去。每個人心中，都有一座不願踏入，卻終將不得不面對的國度。對安德魯而言，那是「盲人國度」；對其他人而言，可能是脆弱、失落、失控的國度。無論是哪一種，唯一的地圖是誠實，唯一的行囊是接納，唯有如此，我們才能找到回家的路。

在我的生命經驗裡，失明確實帶來了諸多挑戰，但它同時也為我打開了一扇窗，讓我看見更廣闊、更柔軟的世界。我發現，真正讓我們完整的，不是「擁有所有」，而是願意擁抱自己所有的不完美。

我誠摯地推薦這本書。無論你現在正處於人生的哪個階段，願你能從書中找到力量，帶著勇氣，走向那個屬於自己的國度。

本文作者為 **朱芯儀**（視障心理師／十大傑出青年）

前言
結束開始了

我寫作的此時，即將失明。這種感覺沒聽起來的那麼戲劇性。眼前的文字並沒有在我打字同時隨之消失，我舒服地坐在日光浴室，太陽如常升起。我可以清楚看到莉莉坐在我旁邊，身上穿著條紋睡衣在閱讀。看得見的世界正在消失中，不過倒不匆忙。同時間，它既像是大災難、也像是平常事——就像是閱讀一篇關於文明因為氣候危機而即將崩塌的報導文章，然後放下雜誌，騎著單車徜徉在和煦的春日早晨。

視網膜色素病變（retinitis pigmentosa；簡稱 RP）無藥可醫。我二十多年前就被診斷出這種病，因此通常每兩年要見一次眼科醫師。每次去，我都會進行一整天的測試，但這些檢查只不過是在追蹤它退化的情況。檢查結束之後，我們會簡短討論關於幹細胞或基因療法在**將來的承諾**。

上回看診，醫師讓我看了顯示我還剩下多少視力的圖表。它讓我想起在熱水裡融化的冰塊：兩小片搖搖晃晃的橢圓形在中間，在它兩邊是兩個細長條的形狀。搖搖晃晃的橢圓形代表我仍然擁有的「中心視力」，而旁邊條狀的是我的「周邊視力」。我擁有的視力大概是有完整視力的人的百分之六。我的醫生優雅地皺起眉頭，指著那細長如薯條的形狀：「當它們消失了之後，你的行動力會有更多限制。現在你四處走動，靠的就是這兩條殘留的周邊視力。」她一派專業且面無表情，說話時既無欣喜也不憂傷。

要描述我**看不到**什麼，有些出乎意料的困難，主要是因為我的大腦很快就適應了。我有嚴重的「隧道視力」（tunnel vision），但我所看到的景象並不像一條隧道；隧道周邊的牆壁並不可見。我對自己失明的樣貌有最強烈感受是在**視力出現變化時**——當我應該能看到的東西、最近還看得到的東西，突然間看不到了！

我在自己家裡，走路會撞上多年來不曾移動過的家具。我把杯子暫時放下，然後它就不見了。我費盡千辛萬苦，用我搖搖晃晃的橢圓體和細長薯條狀組成的殘餘視力，反覆翻耙整個桌面，當我終於找到杯子，它其實正好端端立在短短幾星期前還可稱之為「顯而易見」的位置。它依然明顯——只不過我的視力越來越不容易看見。

RP 並無痛感，除非你把猛烈碰撞無生命物體所累積的瘀青也算進來，像是撞到沒推進去的椅子，或是沒有關好門的櫥櫃。目前為止，**最痛苦的部分，在於不知道**。這些日子，我過的是推測模式的生活，就像科幻小說作家一樣，看著現在，試著想像未來。

當我煮晚餐，接兒子奧斯卡從學校回家，或是在不熟悉的城市尋找從機場到火車站的路，我會問我自己：等我看不到時，這會是什麼樣子？我感受每件事都是用這種弔詭的雙重視野：透過看得到的雙眼，以及透過看不到的雙眼。雖然大部分的未來都難以看分明，被各種偶然意外的迷霧所籠罩，但我的未來可說是雙倍的難以預想。水晶球依然雲遮霧罩。

但是我不能就此接受失明是眼睛的死刑。**我的視力越弱，我對失明的世界，以及在那裡存在著哪些可能，就變得益加好奇**。於是，我出發去找尋，想找出在眼前等待著我的世界，一個更準確的圖像。

＊＊＊

失明是一種截然不同的存在方式。人類在根本上是憑著視覺去理解和體驗，以致於失明者有必要自成一格。早期科幻作家H．G．威爾斯的短篇小說〈盲人國度〉直接從字面上採用這個想法，想像一個盲人的文明，他們活在隱密的山谷，對明眼人的世界一無所知也毫無需求。

某天，探險家努涅茲因落石坍方而與探險隊分散，結果跌入了這個被遺忘的山谷。在那裡，他發現了盲者的傳奇國度，他們失去視力已經存活了經歷十五個世代。他所見的每個人都是天生眼盲，一如在他們歷來好幾代的父母、祖父母和曾祖父母。他們甚至不理解「視力」的概念；他們的語言裡沒有**「看見」**這個詞。隨著他逐漸掌握狀況，努涅茲帶著高度自信，彷彿唸咒般反覆重述古老的諺語：「在盲人國度，獨眼者稱王。」

我發現自己朝著失明方向前進的方式有點像努涅茲，如同一個意外、好奇、時而戒懼的訪客來到這個陌生而經常是美麗的國度。就目前而言，我感覺自己是個外地人。我的部分視力，讓我跟那些無法和我一樣讀取所有視覺訊息的人們隔了一層；我永遠無法像天生盲目的人一樣，成為盲人世界的「在地原住民」。我的大腦以視覺的方式發展，而要學習盲人的技能，從用手指和耳朵來閱讀、到在腦中繪出城市地圖，都需要我**與周遭世界的連結方式**做出劇烈的轉變。但是不同於威爾斯的角色最終逃離了盲人國度，我必須留下來，慢慢成為歸化的公民。

一個盲人，只要在公共場合待得夠久，保證會聽到一套例行的尋常問題，至少在美國是如此。在公車上或是人行道上，會有陌生人轉頭來問，**你怎麼吃飯？誰幫你穿衣服？你有辦法自己簽支票嗎？**這類問題著實令人惱火，它暗示著盲人世界就像小嬰兒的世界，在這裡，盲人沒有明眼人的幫助甚至無法套上襯衫，或是用叉子把食物放進嘴裡。它們加劇了殘障的體驗所帶來令人苦痛的差異——別人不會在排隊買早餐的墨西哥捲餅時，被問到他要如何完成日常生活裡最基本的任務。

不過，像我這樣的人（自覺仍只是盲人國度裡的觀光客，還不確知何時會真正搬過來），這些問題則帶有迫切感：**我需要知道我將如何生活，以及我會成為什麼樣的盲人。**我要如何獨力旅行？我如何寫字、閱讀和工作？我要如何看電影、欣賞藝術？做為一個盲人爸爸，我要如何體驗兒子從小男孩轉變成青少年的旅程？

不過，這本書不僅是我對視力喪失的個人體驗的描述；它是我有意識地進入廣大盲世界旅程的一部年代記。寫這本書，讓我比現階段視網膜的退化程度更深入地進入失明的世界。隨著視力逐漸喪失，我感覺到自己有了新的動機，要運用知識和直接的體驗來緩和我的猜測和恐懼。過去幾年來，我在全國各處旅行，探索每一個我所能想到失明和當代生活有所交集的地方。

盲人不像聾人，可以從聾人群體所打造組織良好的大型機構中得到助益。部分原因或許是，聽得見的盲人並不會遭遇聾人具備的語言溝通障礙，也因此，他們從不需要去發展一套獨特的共用語言。語言是建構群體最重要的一項功能，手語也不例外。在美國，手語群體在語言學上和文化上都是豐富多樣，就和其他的語言群體一樣。許多聾人學生形容他們初次來到位於美國華盛頓特區、全世界唯一專門為聾人設立的高立德大學（Gallaudet University），有如一場神啟的體驗。他們整個童年時光都感受被孤立於聽人的家人和同齡者之外，突然之間，他們置身於聾人文化和語言世界，無需再依賴輔助工具來偷聽對話或參與課程。

然而，我還是發現了幾個盲人集中活動的地方。在佛羅里達，我參加了全美最大的盲人組織的全國大會，在奧蘭多巨大的會議中心，我漫步在數以千計的盲人之間，彷如無數手杖敲擊和碰撞的森林，我第一次感受到在一個空間裡**盲人數量多於明眼人**的力量。我會見來自不同政治光譜的盲人運動人士，有些人每年會拜訪他們的國會議員，有些人則一手拿著白手杖、一手拿著抗議紙牌上街示威。

在加州和紐約，我遇到了在數位無障礙尖端領域工作的盲人天才，他們鎮日焊接電路板、設計３Ｄ列印物件和剪輯電視原聲帶。我感覺自己被這些沈迷於媒體的創客所吸引，他們似乎把失明當成了刺激創意和發明的一項特徵。

我遇過有人說，他們的失明根本不算什麼——那只是身上的一個屬性，就像頭髮的顏色——當然，也有人讓失明完全定義並翻轉了他們的人生。有的人對談論失明的醫學原因避之唯恐不及，更遑論治療的可能性；但也有人與做研究的眼科醫師培養出私人情誼，關於細胞和分子療法的各種專業術語都能信手拈來。我對所有這些立場都抱持同情，甚至會思考自己該採取哪一種態度。我試圖去理解失明如何改變我做為一個讀者和作者、做為丈夫和父親、乃至做為公民和天生獨享特權的白人男子的身分。

COVID-19疫情期間，我去了一趟科羅拉多，在一個激進的盲人訓練中心待了兩個星期。每星期五天，每天八個小時，我戴著遮蔽視力的眼罩，只仰賴一組盲人指導員，重新學習如何使用瓦斯爐和廚師的刀具，以及如何穿越丹佛繁忙的十字路口。這只是對失明的一個模擬，但是它幫助我理解，當我殘留的視力冰消瓦解後，我可能需要如何對應，以及我可能會變成什麼模樣。

從某些方面來看，**想弄清楚自己會成為什麼樣的盲人，已經和我持續想弄清自己是個什麼樣的人、或者我想成為什麼樣的人難以區分**，這和我殘障無關。隨著我邁入四十歲大關，情況似乎變得很明顯，沒有人能夠完全逃脫始於青春期的、既痛苦但也令人興奮的自我探索和自我重塑的過程。我越是探索失明的世界，就越覺它是個遠超乎殘障的領域。已故評論家泰特（Greg Tate）寫道：

> 通常會和政治畫上等號的種族議題，其實在美國的文化脈絡裡是形上學、美學、和人類學的一個分支，代表一個遠遠更為廣泛的關切範疇，在其中，你可以用非洲解放和自決之名，輕易地在性、死亡、宗教、犯罪、語言學、音樂、遺傳學、運動競技、時尚、醫學之間切換跳躍。

如此一來，失明是否也是另一個美國形上學的分支，有它自身可以切換跳躍的關切範疇？性、死亡、和宗教當然是如此，還有醫學、科技、文化同化、電影、藝術、文學、神話、政治，凡此種種。循著泰特這套理論，這些關切範疇也指向了解放和自決：所有盲人與更廣泛世界的交集和介入，都伴隨盲者認知到與明眼人的社會接觸所經驗的邊緣化，不論是直接明白的壓迫形式（盲人基於殘障而遭拒絕就業或教育的機會），或是更隱蔽和細微的貶抑（盲人在完成生活基本任務時，令人感覺無能或是神奇的日常經驗）。

我感受到與這個世界強大的連結，同時也感受到持續的不適和疏離。這是變成殘障者的一部分體驗——進入到一個每年有數百萬人無奈加入的社團。不過這也是當代生活的基本特色：你也可能不喜歡你的家人，但那是另一個你無法離開的社團。即使是較為自願的身分認同，例如宗教、嗜好、職業、或是品味，都可能具備這種你同時珍視又厭惡的社團特色。

蘇珊．歐琳（Susan Orlean）在一九九八年作品《蘭花賊》中，描述「蘭花收藏圈」這個激烈競爭又孤絕封閉的世界，在她筆下，他們也像是一個家庭：「這是在做為個人，和成為某個大我的一部分之間，取得平衡的方式，儘管等號的兩端彼此會危及另一方。」

失明正把我帶入這一切：一個吵鬧、煩人的家庭和一個充滿愛和支持的家庭；一個有趣的嗜好，這裡的同好可以帶來激勵和喜悅，同樣也令我惱怒和沮喪；一個我既擁抱又嫌惡、定義我又與真正的我全然無涉的身分認同。歐琳認為這種矛盾是根本上的美國式特質：「不合邏輯但樂天的想法，認為你可以創造由一群個體所組成的聯盟，裡頭每個人都是國王。」如此說來，關於失明，我有著獨一無二的美式經驗。

視網膜色素病變（RP）的病情進展——緩慢、逐漸變窄的隧道視力，通常以未知日期的喪失視力告終——是製造含糊不明的強大生產機器。我已經非常熟悉生活在其中的痛苦：**不是完全失明、但也不完全視力正常**。我曾經打電話給一個在幾十年前就失去可用視力的 RP 患者，詢問他關於電腦的建議。他說我是個「幸運的混蛋」，在我這樣的年紀還能擁有中心視力，並說，他要是能看到電視或筆電螢幕，「要他死都願意！」不過接著他由衷地感嘆：他覺得現在的日子要比他逐漸失去視力的那段期間容易得多。「我不需要從一起床就開始擔心今天視力會變什麼樣子！」他告訴我：「我知道眼睛看不到了，我可以繼續過我的生活。」

RP 的臉書頁面每天都有更新的內容，有人不敢在大庭廣眾打開折疊手杖，因為怕被指責是「假瞎子」，他們部分失明的困境（打翻飲料、要求協助搭車）被即將「真正」失明的陰影所籠罩，他們不斷跟自己保證「還能開車」或「還能工作」或「四處走動都還沒問題」，因為他們如此幸運仍能擁有逐漸縮小的中心視力。但如果有一天，他們無法再依賴眼睛，只能希望上帝保佑。

閱讀那個網頁，是我最有罪惡感的樂趣之一。捲動無止盡自憐自艾的貼文，中間穿插著啦啦隊式的回應（「你辦得到！」「RP的強者！」），我感受到另一種疏離：它不像盲人社群，而比較像疾病受苦者的社群，祈禱著某種療法的出現，同時活在無可避免的失明終將到來的恐懼之中。不過，正如評斷這些同行的旅人那般容易，我同樣陷入——以我自己的方式，通常不是在臉書上——一模一樣的自憐自艾、恐懼、和足球教練式鼓勵（朦朧的眼，全心全意，必勝必成）[1]的循環。

我們全都活在這種含混不明之中：從二〇二一年開始，許多我認識的人一次又一次慶祝COVID-19疫情的結束，每次又被另一個新的變種病毒、新的死亡數陡升所打消，直到我們終於不得不接受病毒永遠不會離去，而一個更複雜、更令人困惑、且更令人無比不適的流行病現實將持續存在。

如此多的生命與消逝，存在於二元對立的空間之間：一樁從未真正結束關係的離婚；帶著太多包袱到新目的地的遷移；或臥病多年、已不復記憶中的模樣、行將就木的親人。在這些情況下，極端或許令人痛苦——斬斷關係、遺忘故鄉、哀悼逝者——但事物的終結也帶給我解脫。在盲目和視力健全間怪異的模糊陰影中生活，迫使我去正視這點，並試著去放棄讓問題得到解決的迫切渴望。

我傾向全力以赴，正面迎戰失明，熟練掌握所有需要的技能，然後繼續我的生活。但是**RP**的現實卻讓人難以全然擺脫視力。我感覺受困於既有視力，正如我受困於我所失去的視力一樣。

在科羅拉多，我帶著眼罩學習拿著白手杖摸索路途，我必須進入不熟悉的環境並在其中找到自己的定位。我會聽著手杖金屬尾端撞擊不同表面的回聲——那是地毯、那是地磚、這聽起來應該是金屬防火門……。與每種不熟悉的事物互動大抵如此——我們逐步摸索穿過一個原先可能顯得怪異而不友善的環境，但是只要有足夠的堅持、一點探索的精神，踏實而明確的輪廓就會逐漸顯現。空間變得熟悉，最後感覺就是你處在已經住了幾個月甚至幾年的房間。

這是寫作「失明」這個題材所帶給我的，它不再是一個傳說中的科幻國度，反倒已成為一個真實的所在，住著真實的人。我希望這本書能鼓勵明眼讀者同樣去發現失明這個原本看不到的領域，以及他們原先可能不曾考慮過的生活和思考方式。

明眼的觀光客到「盲人國度」一日遊，往往會帶走幾個常見的紀念品。其中一個是偽

1. 典故出自以美式足球為主題的美國電影《勝利之光》（*Friday Night Lights*, 2004），劇中教練在賽前激勵球員的精神講話。原本劇中的台詞是「放亮眼睛，全心全意，必定成功」（clear eyes, full heart, can't lose），但這裡原本明亮的眼被作者改成了朦朧的眼（cloudy eyes）。

裝成為同理心的憐憫：「他們的生活是多麼困難啊！」有人會做出如此結論，更多人則默默確認，**感謝老天爺給我的視力**。此外，它也滿足了偷窺式的好奇：他們怎麼吃飯，或怎樣從商店找到回家的路，或是，他們真的知道自己的伴侶長得多迷人？不過，待的稍久一點，則會帶來較多的哲學問題：**我們是怎麼認識這個世界的？**在我們感官的階級中，視力是否真有最頂端的獨尊地位？**有多少感知是在眼中發生？**又有多少是在我們腦中發生，不論提供它刺激的是哪一個感官？

這些仍然困擾我的問題，來自於我所見到、存在於殘障的價值——**我從失明發現的美和力量**——以及殘障所帶來如此明確的失落感和排斥感之間的衝突。導致嚴重疏離感的東西，如何成為帶來成長和喜悅的來源？讓我們與大部分世界格格不入的東西，為何又讓我們更接近世界？活動人士有時候用呼應其他被邊緣化群體的說法，來定義他們的殘障——從他們受壓迫的身分找出自豪之處。但是，盲者的自豪是否需要全然棄絕視力？比如說，能不能有一種辦法，讓我即便接受了剛好出現的神奇療法，但依舊真心擁抱自己的失明？

* * *

奧斯卡最近問我最喜歡的電視節目是什麼。（我們讓他看了幾集的《歡樂單身派對》，他樂在其中。）在我來不及回答前，他很快補上一句：「或許是關於失明的節目，對不對？」我跟他保證，我最喜歡的節目保證不是關於失明（就我目前所看過的，大部分盲人當主角的電視節目都並不怎麼樣），但我很高興他看出了我的這種傾向。這些年來，我似乎成了某種盲人收藏家。

疫情大流行那段期間，我們在平常上班日的晚上大看特看家庭電影，我們一起看了一九四〇年特藝彩色的[2]經典電影《月光寶盒》（*The Thief of Bagdad*）。電影剛開始沒多久，我們見到了主角盲人乞丐（他原本是個蘇丹，被邪惡巫師詛咒陷入窮困）。奧斯卡轉頭看我，只說了「**盲人！**」——神情就像是指著落在我們家院子裡的老鷹一樣。我伸出手要跟他碰拳，他一開始猶豫著要不要回應：為什麼要再慶祝一次？不過他還是和我碰了拳；我們已經成了正面看待失明的家庭。

電影中有個段落，這個蘇丹告訴公主，她是他所見過最美麗的女子。奧斯卡問：「等一下，如果他看不到，他怎麼會知道？」影片在時序上來回穿梭，在蘇丹失明前和失明後

---

2. 特藝彩色（Technicolor），又稱特藝七彩，是早期好萊塢拍攝彩色電影的技術。約在一九二〇年代發明，利用彩色濾鏡和三卷黑白底片同時記錄三原色光，經過沖印、染色和黏合過程來播放彩色電影。

之間切換，而此時我們已經跟隨他看得見的狀態至少半個小時了。他參與了各式各樣的活動——從地牢逃脫、在巴斯拉的市集探索——沒有跡象顯示他的視力有任何損傷。這麼說來，奧斯卡為什麼會忽略了他原本是看得到的？

我決定不把它當成是奧斯卡沒有專心在看電影，而是他另一個正面看待失明的表現。他還未吸收到流行娛樂界對盲人的刻板印象，把盲人當成被流放的乞丐、受到詛咒、跌跌撞撞、而且悲慘不幸。對他而言，或許蘇丹只是眼盲程度和我一樣：抓住最後一點點殘餘的視力盡可能的利用。接受一個盲人角色在陌生城市四處奔走，從事各種華麗的冒險，是再自然不過的事。

隨著我逐漸失去視力，我希望在奧斯卡、還有莉莉、在我心中、以及在世界上，培養這種盲人的形象——**這個盲人，在自己的人生裡，是積極主動的主角**。我在許多呈現盲人的電影、書籍、藝術或是電視影集裡還沒有見過這樣的形象，這些作品往往不是嘲笑或貶抑失明，便是把它當成密教超能力的來源，再不就是以高人一等的憐憫態度看待失明——將它視為一種隱喻，而非一個日常的生活方式。

然而，在別處，我尋到了我想見到的形象：那就是，在真實盲人國度我所遇到的人們身上，在他們多彩豐富的奮鬥、適應、和探險的故事裡。

第一部

幻跛

Phantom Limp

1. 看星星

失明有很多種方式，就如長得高、或是生病、或是熱，也有很多不同的方式。但是一般的普遍觀點總是把失明當成一個整體。盲眼的吟遊詩人徘徊在古代日本、中國、或歐洲鄉間，盲人住在中世紀的收留所，所有在啟蒙運動以降的盲人學校裡上課的學生，盲眼的乞丐和盲律師，失明戰爭老兵和盲幼童——在歷史的眼中，以及在大多數同時代的人看來，他們都是什麼也看不見。現代字典仍認同這個意思：失明是視覺的反義詞，意指視力的喪失。**它還能有什麼別的意思？**

儘管有詩意的衝動會將失明和黑暗劃上等號，但事實上，很少人有被黑幕覆蓋世界的體驗。只有大約百分之十五的盲人沒有任何光覺，大多數人看得到一點東西，儘管以明眼人的標準來說不是很管用：他們的周邊視野一片模糊，中間空無一物，或者相反——世界彷彿從一個鈕釦孔望出去。對一些人而言，景象是透過朦朧迷霧來呈現；而另外一些人，光如一陣陣刺痛人的明亮針尖。即使是完全無光感的人，把失明比做黑暗的這種流行象徵也無太多用處：和視覺刺激隔離的大腦，仍舊可以產生一層層絢爛的色彩和形狀。一位視神經——即眼睛和大腦之間的連結——已經被切斷的盲人，描述自己看到不斷旋轉（且令人分心）的「視覺耳鳴」。阿根廷作家波赫士（Jorge Luis Borges）在失去視力數十年後，依舊看得到色彩。有時這讓他感到困擾：

> 已經習慣在完全黑暗中入睡的我，有很長一段時間困擾於必須在這霧中的世界睡眠，在這朦朧微光、泛著淡淡綠或藍的薄霧，這是盲人的世界。我想要躺在黑暗中。

眼盲的到來、或說入侵，同樣帶來各種讓人眼花撩亂的體驗，盲人的類型繁多如花。有的人天生眼盲而沒有視覺記憶，他們的大腦——包括視覺皮質——發展出使用四種感官（甚或更少）來建構他們對世界的認識。在童年早期就失明的人，往往還保有視覺記憶，而對視覺概念具備了直觀的理解。至於晚期失明的人，可能有最多的認知工作要做，在大腦的發展可塑性已僵硬許久的情況下，被迫透過新的感官去重新學習判定方位和搜集資訊等基本技能。至於一些在成年後期才失明的成年人，會有意識地保存腦海中存放圖像的倉庫，一如藝術保存者修補老舊褪色的傑作。

失明的人有可能是被他們的配偶或陌生人給弄瞎，也可能在戰場上或運動時受傷，或因為工業意外或某些不明智的決定、營養不良、感染、基因遺傳或自發突變。若要說失明不會對一個人的人生造成重大影響可能矯情了點，但在每個例子裡，**失明都只是一部分的故事，而非全部**。盲人的人生並非完全由（甚至，並非主要由）他們的失明所定義。

有些人（例如波赫士，以及我）的視力，是逐漸喪失的。我在新墨西哥州，第一次注意到自己的眼睛有問題。

我母親和她男友吉姆對美國西南方有些浪漫的想法，他們認為騎著馬和摩托車馳騁在沙漠高地，比紐約購物商場更適合當他們情感關係的背景。因此，在我升上五年級的暑假，我們搬到了距離聖塔菲市區約二十分鐘車程的住宅。我尷尬地進入了新學校，下課時坐在萬用工具箱上讀著《哈比人歷險記》，身上是一年到頭不變的夏威夷衫和短褲。

我交了些朋友，上了國中，我在九〇年代初、美國西南部讀預備學校的一群波希米亞風格學生當中找到了歸屬感，他們大部分比我大個幾歲，我跟著他們上山，那裡的沙地點綴了矮松樹和刺柏樹叢，我們拿著從農夫市集跟幾個長髮哥們買來的木質煙斗抽大麻。

如果說我抽大麻的年紀太小，那麼我吃迷幻藥的年紀也一定太小，但我還是這麼做了，只為了跟隨這群戴著復古英式駕駛帽、穿著 Stüssy 牛仔褲，極聰明但偶爾會惹麻煩的怪胎們。我們都在霍爾的家中聚會，因為霍爾的媽媽非常縱容我們，不只和我們一起嗑藥，還允許霍爾把房間佈置得如同後龐客時代的「愛麗絲夢遊仙境」。

霍爾家後面的小山丘，就是我走向失明旅程開始的地方。我很快發現朋友們比我更擅長在幽暗的山間穿梭尋路。在晚上，如果我沒有緊緊跟著某人、或特別小心注意，我就會直直地撞上矮松樹！我的朋友們總是大笑著懷疑我到底嗑了多少？我也順勢開始我的角色扮演：一個眼睛充滿血絲、慢動作行動、自以為聰明的傢伙。

夜空原本就已經是穿孔、四散、支離破碎，迷幻劑讓星座變得更加活躍閃動；當我如此用力地撞擊感知，我怎麼會知道自己眼睛已經出了問題？不過其他時候，夜盲的問題就有點難忽略不表。看電影時，我越來越不願意在燈光打開前離開座位——一想到為了找到出口，需要穿過一大片黑暗中高低起伏的膝蓋和大腿，著實令人尷尬。這個尷尬感伴隨著似乎只有我會出現這種情況的困惑而加深了。當我跟母親提到這個新的障礙，她私毫不以為意：她說，每個人都有「夜盲」——晚上本來就是黑的！

最後，我使用了某個前 Google 時代的搜尋引擎來做自我診斷。我在早期的網路上搜尋「夜盲」，在一個名稱已不復記憶的網站上——WebMD[3] 的陽春版、失落已久的老祖宗——我找到了關於眼睛疾病的資訊。

這個古老的網站告訴我，眼睛細胞有兩種：「視桿細胞」和「視錐細胞」，它們組成了視網膜。視錐細胞讓你能夠看到色彩，並且負責中心視力；視桿細胞則提供周邊視力，並且對光較為敏感；它讓你在黑暗中能看見東西。

視網膜色素病變，或稱為 RP，是一整群遺傳的眼睛疾病，會逐步殺死視桿細胞。如此一來，RP 在早期往往呈現輕度的夜盲症，之後展現為白天日益變窄的隧道視力。（我稍晚發現的一份醫學資料以驚人的準確性總結了我的情況：「溫和的夜盲症往往被病患所忽略，在青少年時期夜晚派對聚會時逐漸變得明顯。」）RP 通常在中年發生的浮誇結局是：**完全的功能性眼盲**。

當時，我開始和來自蒙大拿牧場家庭和加州中海岸柑橘大亨的孩子們，一起就讀位在奧海（Ojai）的寄宿學校。夜盲症的問題已經從朦朧模糊的不便，變成了生活中的既定事實。我認定我有 RP，或是類似疾病，但除了偶爾向母親抱怨，我不曾找任何人討論這個問題。

當別的學生在晚上溜進樹林抽大麻，我會留在宿舍看書、或與一小撮反牧場主抵抗運動的文青廝混在一起。我不時擔心自己在新墨西哥州的時候嗑了太多迷幻藥，已經永久損害了智力；我的周邊視野充滿了閃光、漂浮物和不斷轉動的幻影吊扇，這些影像提醒著

3. WebMD 是一家美國公司，提供健康相關的線上新聞和資訊。WebMD 網站也包括藥物信息，是美國重要的醫療保健資訊網站和受歡迎的消費者健康網站。

我，我完好無缺的大腦已經被自己給毀了。

直到我大一學期結束回到家，我母親終於察覺我已經抱怨了眼睛好長的一段時間。她幫我約診了加州大學洛杉磯分校的眼科診所，讓我進行了一長串檢查，包括視網膜電位圖（ERG），它要做的是麻痺你的眼球，然後連接電極到眼球上，測量視網膜對光反應釋放的電。（這就像測試電池的電量，只不過，這電池是你臉上的一部分。）

當我終於見到留著八字捲鬍的赫肯萊夫利醫師（Heckenlively），他確認了幾年前我從維基百科老祖宗搜羅到的事實：我有「典型的RP」。或許在二十幾歲、三十幾歲，我在白天都還可以維持良好視力，但是夜盲情況會逐漸嚴重，而周邊視力將逐步損壞。隨著接近中年，惡化會急遽加速。

他跟我說目前沒有療法，但是科學快速進步，所以二三十年後當我**真的**看不見時，很有機會會有解藥。目前來說，這裡有些維他命可以吃吃看，以延長我有用的視力。我有抽菸嗎？是的，當然，我不只抽菸。我在大學電台還有個節目叫《千絲萬縷》（A Thousand Frowzy Steams）。好了，醫生告訴我，我必須馬上戒菸——香菸對視力健康很不好！他問，你看得到星星嗎？這是我老早就注意到的：星光已經變得太過模糊，讓我無從捕捉。這些細節我一五一十回報了我媽。她馬上坐直身子：「你竟然看不到星星！」

我不記得自己像我媽那般沮喪。有部分原因是我早就成功自我診斷，並經由從醫生確認曾在網路拼湊的事實得到了認可。那天令我留下印象的是赫肯萊夫利博士本人，他被我現在的視網膜專業醫師用充滿敬畏的語氣稱之為「該領域的巨人」。赫肯萊夫利博士的態度如此莊重，以致於要是我對他說的話出現脆弱的反應，幾乎顯得有些不恰當——彷彿我被徵召加入他的軍隊，或接受某個精英的實習訓練課程。重點在於我們剛建立起的共同使命，從現在起，我有了一個嚴肅的責任。這可不是哭哭啼啼的時候。

我和我媽離開眼科醫院，我在眼鏡底下戴了薄薄的深色塑膠片，以保護我放大的瞳孔不受洛杉磯正午的強光刺傷。我還記得摸索著到一家明亮的餐廳吃午飯，我的眼睛還在努力適應，我伸手拿冰茶時，打翻了鹽罐。

接下來，我們參觀了市區的博物館，我們參觀了塞拉（Richard Serra）的展出作品《扭曲的橢圓》（*Torqued Ellipses*）——巨大的鋼板捲成了交疊的彎曲立面，創造出開放的隧道。漫步在這座迷你迷宮，只消兩三個轉彎就能進入內部，讓人感覺整個世界的形狀都變了；世界本身成了一個扭曲的橢圓，外面只有一個狹窄的縫隙滲進來。我感覺既幽閉又廣闊。這些雕塑不知何故，讓人感覺世界變得更加遼闊。

＊＊＊

古希臘有一個詞，*tuphlos*，用來形容全盲的人，還有另一個詞，*ambluôpia*，指的是「視力模糊」。古代作家和現代人一樣偏好用盲目來比喻漫不經心，以及其他各種道德、智識或精神缺失。希臘人和羅馬人都提到盲目的無知、盲目的領導，以及對財富和愛情的盲目追求；舊約聖經提到賄賂令收受者盲目，以及那些不聽從主的話語的人們的盲目——那些「有眼而瞎」的人們（以賽亞書四十三章第八節）。

布勒哲爾（Bruegel）一五六八年作品《盲人引領盲人》用直白的視覺化呈現聖經的諺語「瞎子領瞎子，兩個人都落入坑裡」（並且增加了幾位同行者）。在畫作裡，六個盲人在畫布上排成了一列，每個人搭著前方人的肩膀或手中的拐杖；在隊伍最後面的盲人看起來似乎一切順利。不過隨著視線跟著整個構圖往前移動，災難的氣氛逐漸升高：這些人逐漸咬牙切齒、踉蹌蹣跚，他們的臉孔因困惑和窘迫而變得扭曲，直到我們見到最前面一位盲人，他的手腳在空中舞動，後仰跌入聖經所述的坑洞裡；其他人則一個接一個即將跌落在他的身上。

大部分殘障史都用這些詞語描述盲人的困境——彷彿他們的人生就在這個泥濘冰冷的坑洞中度過。「缺乏和苦難是常態而非例外，而眼盲是一種經濟負擔。」法蘭奇（Richard S. French）在《從荷馬到海倫．凱勒》（*From Homer to Helen Keller*）這本代表性的研究著作做出了觀察。「悲慘的乞討生活全憑寬容，而少有盲人能從這種命運脫身。」

西方文學經典的巡禮，提供了盲人悲慘生活的精彩畫面選集：可憐的獨眼巨人波利菲莫斯（Polyphemus）蹣跚而行，他的眼睛被奧德修斯（Odysseus）拿削尖並燒熱的木頭刺穿；伊底帕斯（Oedipus）從他母親衣服拔出長針刺入自己的眼睛（「流血的瞳孔／濡濕他的鬍鬚。傷口的血不是一滴滴滲出，而是如黑雨傾斜而下，血的洪流」）；西元前三世紀聖經故事裡的托比特（Tobit），在燕子糞落入他眼中後失明，他認定自己妻子為了養活他而成為罪犯，並向上帝祈求死亡。

幾個資料來源描述了在雅典和斯巴達把先天失明的嬰兒，以及生來畸形——「杵狀足、有蹼手、併指症」——和情況更嚴重、被希臘人歸類為 *terata*（怪胎）[4] 的嬰兒殺害的做法。這類嬰兒會被帶到聚落之外，放在路旁或洞穴中，有時放在陶罐裡，因著「暴露在元素（自然環境）之中」而死，這怪異的委婉說法代替了真正的死因：飢餓、寒冷、酷熱、動物攻擊、或洪水。

在這些冷酷的描述之外，一直到一九九〇年代「殘障研究」興起之前，專門致力於重

4. terata（τέρατα）在希臘文為 teras（τέρας）的複數形，這個詞的原意是指一般接近神跡的東西，一些別具意義的、令人留下深刻印象的東西。後來，這個詞被用來指任何畸形、極其醜陋或令人憎惡的事物。在英語中，這個詞目前則用於醫學概念，指胎兒的極端肢體畸形。

建殘障者生活的學術性書籍為數稀少。大部分的盲人史都是宣傳工具：如盲人團體委託編寫的官方歷史，或是盲人學校負責人為了刺激捐款而彙編盲人苦難的種種描述。本身是明眼人的加州盲人學校校長法蘭奇，他在一九三二年的研究中寫道，「不僅是怪物和殘障會遭毀棄，許多失明的嬰兒必然也遭受了同樣的命運。」

不過在《殘障史》（*A History of Disability*）這本號稱該主題在西方文化中的第一部重要研究裡，作者史提克（Henri-Jacques Stiker）並不認為有相關證據可證明盲人和聾人被列為 *terata*。毫無疑問，有些孩子確實被「暴露在外」了，不過古代希臘人明確區分了「缺陷」（它「危害到一致性」，並暗示了神明的詛咒）和「疾病」（它僅被視為一個弱點，因而值得同情）兩者的不同。他主張，感官的殘障被歸類為疾病，而非缺陷，同時引述了西塞羅的說法，他曾提到眼盲和耳聾也可能帶給人收穫，因為它們提供了「幽暗和無聲的喜悅」，「是看得見和聽得到的人所無法享受的。」

閱讀古代世界這些描述的讀者們，應該會想到荷馬。後來的學者質疑荷馬身為歷史人物的真實性，懷疑單靠一個盲人如何寫就了《伊利亞德》、《奧德賽》與難以想像的繁多詩歌作品。不過，眼盲的吟遊詩人或史詩吟誦者遊走在城邦間，詠唱關於神明和戰爭的史詩，這類故事的確廣為流傳，而且受到尊崇。

或許荷馬的傳奇開啟了其他的大門。歷史學家羅斯（Martha L. Rose）找到幾個原始資料暗示了盲人對古代社會（乃至經濟）所做出的貢獻，超出了刻板印象中像荷馬這樣的盲人吟遊詩人或跌入坑洞的盲眼乞丐。

羅斯承認，在古希臘確實可能存在著眼盲的算命師、遊走的詩人和乞丐（在中國和日本也有類似的盲眼詩人和密教修行者的傳統），但是她也提出了關於盲眼學者的歷史證據；衣食無虞的眼盲者可能會跟奴隸口述他們的文字（這些奴隸在古代必然比一般盲人受到更嚴重的壓迫）。

古代可能也曾存在著眼盲的牧羊人和牧場農夫、礦工和槳手，羅斯甚至暗示可能有盲人上戰場打仗。她引用普魯塔克（Plutarch）描述希臘大將泰莫利昂（Timoleon）的一段話：「在米列（Mylae）的營中，他的視力因白內障受損，眾人都清楚他正逐漸失明；然而他並未因此放棄攻城，仍堅持奮戰並擄獲了獨裁者。」

在今日的發達國家，一個盲人必須挑戰車水馬龍、充滿致命危險的大馬路，參與可能在幾十英里外的約會，而且社會和公民的生活無不高度重視閱讀報章書籍和與視覺資訊互動的能力。相對之下，生活在古代的希臘村莊，不會有車子把人撞倒，而且沒有太多理由需要旅行到步行之外的範圍，任何需要的資訊都可能透過口耳相傳。這樣的世界，即使對一個剛剛失明的人而言，顯然容易應付得多。

我跟朋友威爾斯—簡森（Sheri Wells-Jensen）提出這個想法時，她也表示同意：「我曾在和平工作團（Peace Corps）生活過，在厄瓜多的小村落當個盲人，是要比在美國要容易一點。」

* * *

赫肯萊夫利醫師的預測準確無誤：在我二十幾歲時，歲月的遞進並沒有讓我注意到視力的變化。有一次我差點被痛揍一頓，因為我在燈光昏暗的小酒吧不小心踩上了一隻穿著鄉村搖滾靴的腳。我看每一部電影，都會待到片尾字幕播完才起身離開。網球這類活動變得越來越難——當球呼嘯著從我缺失的周邊視力出現，我追蹤不到球路軌跡。人們想跟我擊掌或握手時，我令他們空等。但是，實際真正的失明仍然基本上是個抽象而遙遠的必然，就和初為人父或是死亡，屬於同一類型：也許將來有一天會發生，但不是今天。我的生活僅有淡淡的失明滋味，就像漂浮在一壺冰水上的檸檬片。

這幾年我經歷了一連串慘敗的戀愛。接著，我高中時代猶太造反派的朋友介紹了他的一個朋友給我，莉莉。她在柏克萊讀比較文學博士課程，即將完成論文。當時我住舊金山，在一家文學雜誌社工作。那是一場盲目約會，我們的眼神交會。她有著棕色長髮、充滿戒慎的眼睛，以及帶有連字號的姓氏。

莉莉姓氏的第二部分 Wachter，德文意為「守望者」——這個字源自於 Wachnachter，很可能是 *Nachtwächter*，也就是「夜間守望者」（night watchman）這一字排列組合而成。她的論文探討主題是關注力，一個國家在戰爭期間必須保持警惕的情況，以及這種保持警戒的經驗如何在詩歌中被重現——這似乎很酷！

我愛上了她。我們開始同居：夜盲者和守夜者，還有一隻認養的狗。不久她得到第一份工作邀約，在密蘇里州的一所大學。在雨中，我開車載著她來到馬林海角，我們帶著狗散步到一處俯瞰太平洋的壯麗岬角，離周邊頹圮的防空炮台只有幾碼距離。當她往前走去，我單膝著地對著我們的狗說，「噢，不行，你吃了什麼？」莉莉隨即轉身問：「他吃了什麼？」我拿給她一個小小的戒指盒。「哦，你做了什麼！」她說。接著，我向她求婚。

我們沿著步道走回車上，樹上的葉子仍滴著雨水，我覺得有必要說出口：「你還記得我會失明，對吧？」在當時，這聽起來像是個玩笑話。確實是個玩笑，因為她當然不可能忘了，我們談過這個話題好多次。這是玩笑，也因為它感覺起來很遙遠，就彷彿提醒她我有一天會死一樣。但是，失明從一開始就存在於我們的關係之中，就如我們訂婚後那晚，我們出去跳舞。我走入俱樂部時一隻手搭在她肩膀，以免又踩到另一隻穿鄉村搖滾靴的腳。

我白天仍會開車，不只一次我在回家路上和夕陽賽跑，以免開車變得（更加）危險。不過，我內心有部分仍然想知道：她是否真的意識到要面對什麼情況？她是否明白**失明**是什麼意思？（我自己明白嗎？）回應我的玩笑，她答：「噢，這樣啊，你會瞎掉？那也許我不該跟你結婚。」隨即補上：「哈哈，我知道！而且是的，我還是想嫁給你。」

幾個月後，我完全放棄了開車。我正要左轉，已經先確認路口淨空，突然間有位憤怒的行人重捶我的車頂，大吼著**「你他媽的眼睛放亮一點！」**又幾個星期後，在四方全路停車的路口，我踩下油門，莉莉尖叫一聲，一位自行車騎士呼嘯而過，僅差幾吋就要撞上車頭水箱罩。

當時我已三十出頭，視網膜的退化正要開始加速。我們搬到了哥倫比亞，這是在密蘇里州中部的大學城，也是莉莉新工作的地點，整段路都是她負責開車。搬了家之後我發現，我們住家離市區需要步行四十分鐘。白天變短了，雪覆蓋了大地，而且我們幾乎不認識其他鄰居。在家工作讓我感覺孤立，就像等待被帶出去散步的狗，一聽到汽車鑰匙的叮噹聲馬上恢復生氣，尾巴猛搖，心想：你要去哪裡？去公園嗎？我可以一起去嗎？

我開始隨意地研究起網路上的盲人支援團體。舊金山一位視網膜專家幾年前曾在宣導小冊的背面寫下某個團體的名字，我當時還不覺自己需要這類資源——我的夜盲症只是個助興的話題、一個派對裡逗趣的麻煩事。但現在失明更嚴重了，我變得更加好奇，而且儘管我還無法完全承認，但或許我更需要支援協助了。

我發現全國盲人聯盟（National Federation of the Blind，NFB）在本地有一場聚會，我聯絡了其中兩個籌辦人員，他們邀我參加距離我家十英哩的公園所舉辦的秋季野餐會。我邀了莉莉一道去——部分原因是，她不去的話我就得叫計程車，同時也因為我不想獨自一人出席。

我們在公園的各個大涼亭之間遊走，蟬聲嘶鳴。最後終於找到了那個團體，大約十五個人一起聚在幾張野餐桌前，桌上擺滿了中西部風味的餐點。會議已經開始，幾個明眼人默默看著我們，至於盲人，則似乎可以假定他們並不知道我們的到來。我們不大自在地站在涼亭邊，聽著這群人討論即將到來的「益智問答募款之夜」有什麼好的宣傳方式。在本地報紙打廣告管不管用？我感覺莉莉的不自在猶如一個暖爐在我身邊燒了起來。「你還好嗎？」我悄悄問她：「你想要走了嗎？」

她說，「如果你想待著，我還是可以陪你。」感覺是巴不得馬上離開！待我們回到車上，她說，「感覺實在好詭異。」我也同意，但她的描述也讓我糾結。我注意到有位坐輪椅的盲人女士，使用著某個奇怪裝置，似乎可以把筆電螢幕上的文字轉成金屬盲人點字。我還注意到有幾位多重殘障的人，以及這個團體運作的樸素規模——為了微薄的宣傳預算而爭論不休。

如果我參加這個會議的目的，是為了找到跟我同病相憐的其他盲人，我們可以相互學習或交朋友，那麼這次的第一印象顯然比我預期的更令人卻步。一部分原因顯然是地理文化的衝擊，但是更大一部分是另一種文化衝擊——那是**我們對殘障者的不自在感**。如今我知道，那裡的人具有可以提供我幫助的經驗和知識。但是當時，我沒有再參加下次的聚會。

一對住在中密蘇里州的新婚夫婦，幾百英哩內沒有朋友或家人，生個孩子似乎是順理成章的下一步。雖然 **RP** 是種遺傳疾病，但我的家族史中找不到例子，而莉莉和我也不曾花太多時間去擔心這種遺傳風險。我們對遺傳學只有模糊的理解：醫生也不知道哪個突變導致了我的狀況。

到婦產科討論要檢測什麼樣的殘障問題，以及什麼情況下要終止妊娠之前，我發現雜誌架上有一本創造論的生物學書籍，叫做《理解上帝的世界》（*Understanding God's World*），它為我們到訪醫院添加了一點迷信的色彩。一名技術人員在小紙片上草草寫了「男生」，並把紙張對折。我們走到旁邊滿佈鵝糞的湖畔公園，把它打開來看。

那年十月，莉莉預產期的前幾天，我們看著副總統候選人辯論會裡萊恩（Paul Ryan）和拜登（Joe Biden）的攻訐爭吵，直到睡著。幾分鐘後，莉莉把我搖醒，說她的羊水破了。當時她母親因為想親眼見證孫子出生而住到我們家，由她開車送我們去醫院。路上潮濕而空盪，我在後座表現出毫無用處的警戒。在產房，我儘量避免造成妨礙，我往往看不到人們要我讓開的手勢，所以我找了一小片沒有放置醫療器材的牆面棲身，這樣我可以往前站，幫莉莉按摩背部，等護士一來我再退回去。

第二天清晨，奧斯卡出生了，我們的孩子嬌小美麗並且大聲哭叫，護士詢問「爸比」想不想來剪臍帶。這似乎是個糟糕的主意，把外科手術的剪刀交給一個半瞎的人，還要他拿剪刀對付這世上最嬌柔的生物。我笨拙地拒絕了，但護士不以為意——這已經寫在我們隨身帶來的生產計畫表裡。「不行，這是你的工作，老爸！」

他們給我看夾在兩把鉗子之間的那一段臍帶，我得拿著閃閃發光的剪刀朝那兒剪下去。我腦中反覆牢記指示；我不小心劃傷他肚子或刺傷他的可能性似乎真的存在。於是我深吸一口氣，剪斷了臍帶。我第一次抱著他時，他小小的紅色臉龐佔滿了我的中心視野。我其他什麼東西都看不到。

我沒辦法晚上開車出門買尿布，不過我換尿布可是熟練的很。陪著奧斯卡走路時，我必須雙倍小心；偶爾我的頭會撞上櫥櫃，我也時刻擔心一不留神，我會讓他的臉也撞上門框。有幾次驚險的情況，不過次數應該不至於比視力正常的父母親還多，只有一次輕微的腦震盪，但我不得不說，那是發生在對任何小孩都很危險的遊樂場——我們努力不鬧出人命。

奧斯卡開始學講話不久，就會好奇大聲問我為什麼看不見剛剛弄掉的叉子，我試著跟他解釋我眼睛的情況。基於某種理由，這類談話中，我總說把眼睛說成**罩子**。比如，「我找不到叉子，是因為我罩子不好。」我嘗試為失明找一些軟調、搞笑的說法，我不希望他把它看成令人難過的事。在他四歲時，我偷聽到他跟朋友說：「我們現在得整理玩具，不然我爸會踩到它們。他的罩子不好。」

世界看起來或多或少和過去一樣，但是我的盲點變得越來越大。如果說以前我會驚訝自己找不到一支鉛筆或一個杯子，現在我如果頭沒有轉到正確位置，可能整部車子或是小型建築物都會視而不見。

我在大學裡兼課教書，有一天，英語系的兩位女士在吃午飯的路上和我打招呼。

「安德魯，你的左腿怎麼了？」莎朗問。

「我的腿？」

「是啊——我們看你昨天一跛一跛的，」寶拉補上一句：「你弄傷了？好點了沒？」

我努力思索這個問題，最後終於了解她們在說什麼。我的視力已經惡化到即使在白天我也擔心會撞到別人，或消防栓，或任何落入我已死的周邊視力越來越大的裂隙裡的東西。於是我不自覺發展出一套「小碎步走法」，以防自己有任何預期之外的碰撞——姑且稱之為「幻跛」（phantom limp）。沒有錯誤的動作：我踩著輕輕的、小心翼翼的步伐，穿越校園中以不可預測的方向走動的成群大學生。

我買了一根伸縮式手杖隨身放在背袋，卻很少使用——手杖令我深感不自在，我只有當一個人獨自走在黑暗、擁擠、不熟悉的地方才會把它打開，因為不這麼做，我移動的時候可能會把每個人的啤酒都打翻到他們的大腿上。

莉莉得到一份補助金，可以暫停教學一年來完成她的書，我們暫時搬到了她父親和繼母在紐約住家樓下的花園公寓。我的視力以更快的速度惡化中——每過一季，我都感覺到它的變化，而不再是每過一兩年。

一天晚上，我與朋友傑森看完在哈林區的音樂會後，我們抽了一根大麻，然後決定走路從曼哈頓回城區。那晚，我決定真正開始「啟用」我的手杖。我模仿盲人的樣子，生澀地朝前方揮舞手杖，我們一路向南走，穿過暗下來的公園，進出了許多酒吧。在經過切爾西碼頭附近，我們試圖利用手杖混入一個時髦的派對，傑森想辦法要打動派對保鑣的惻隱之心——**先生，這裡有位全盲的人，他只不過想加入你的活動！你不讓我們進去嗎？**——我醉醺醺站在一旁，用手指抓著手杖，彷如拿一枝巨大的鋼筆，在人行道上胡亂塗寫。

保鑣並沒有讓我們進去。當晚我倒在床上入睡，感覺自己像打破了「拿手杖走路」的封印。接下來那個星期，我去托嬰中心接了奧斯卡，然後在地鐵站走樓梯時撐開了手杖。等待列車時，我用前背帶把奧斯卡固定在身上，我們吸引了所有周遭的目光：**看來這個盲人一定會掉進鐵軌上，連帶那個綁在他胸前的無辜嬰兒。**

我在莉莉面前使用手杖的第一晚，我們把奧斯卡交給了她的父親和繼母，一起外出和幾個朋友在綠點（Greenpoint）[5]用餐。餐廳非常時尚，意思是它的照明只有一顆一半功率的愛迪生燈泡。在黑暗的餐廳裡找洗手間，對我來說就像電影結束前就離開電影院一樣，它是會激發我深切焦慮的正常社交活動。不過這時，我想起我帶了手杖，它仍有我和傑森夜遊當晚吸收新能量所發出的微微光芒。我向同桌朋友告假，然後打開手杖，羞怯而自覺地揮動了一下。當我站起來瞬間，讓我驚訝的是，莉莉跟我說，她不認為我在這裡需要用上拐杖。

那一刻，我甚至在她說這些話之前就尷尬不已，我立刻接受了她的建議。一位女服務生走了過來，我問她洗手間在哪裡，跟著她走去的同時，收起了手杖。莉莉和我在那晚之前幾乎沒有討論過手杖的事，她不理解我為什麼需要它，之前也從沒在公共場合見過我使用它。具體來說，她不理解我對於找廁所這件事的焦慮；而手杖的出現讓她完全措手不及。

手杖的問題在於，它就和「盲人」這個詞一樣，人們把它解讀成代表完全沒有視力。我面臨一個兩難：拿著手杖並覺得自己像個騙子，彷彿我想假裝成盲人；或者是假裝是明眼人，冒著可能受到越來越嚴重的傷害，以及給自己和他人造成混亂的風險。

我有時會想，在餐廳發生的那件插曲，讓我在使用手杖這方面倒退了一兩年。我知道多使用手杖對我有好處——倒不是為了把它當成身體的延伸，四處觸地探索，就像較接近全盲的人們的做法，而是為了向別人做出信號，為我騰出空間。但是對莉莉而言，手杖讓我看起來顯得易受傷害——我一展開手杖，似乎就變得很無助。

那頓晚餐讓我們陷入了不舒坦的對立。即使到現在已經過了快十年，我幾乎每天仍會感受到與手杖有關的尷尬或詐欺感。

莉莉的新工作是在新英格蘭一間文理學院擔任教職。我們決定一到那裡，我就要開始做一個全職的、出櫃的、揮舞著手杖的盲人。我跟她的新同事見面時，我清楚讓他們看到我拿著手杖。在這些日子裡，雖然我仍有足夠視力閱讀大字體和辨識面孔，以及看到行人停止通行的燈號在何時開始閃動，但我不論上哪去都還是使用著手杖——它治好了我的跛足。

5. 綠點區（Greenpoint）是位於美國紐約市布魯克林區最北部的地區。綠點區居住著眾多波蘭裔美國人和波蘭移民，因此有「小波蘭」之稱。綠點區原本是一個工人階級和移民的社區，自二〇〇〇年代以來，這裡日益成為夜生活的中心。

當我的手杖碰觸到我真的不知道會在那兒的東西——人行道的路緣、或是消防栓，都讓人感覺欣慰滿足。在這種時刻，我模仿盲人、覺得自己是個「假盲人」的虛假感消退了。有那麼片刻，我感覺自己像個真正的盲人。如今我可以追蹤我的視力逐月（而不再只是逐年）退化的情況。這有些可怕，有時令我無法呼吸，然而伴隨這種恐慌的同時，也開始帶給我一種奇怪的慰藉。

某個春日下午，我走路到賓州車站準備搭美鐵回家，我發現有個男子背靠著熟食店盯著我看。我走過時與他四目交接，我看到他表情裡的一絲不悅。我轉頭看向別處，接著他說出了打從我開始使用手杖之後，可以從許多陌生人臉上讀出來的話：「**你看得到。**」他訕笑的語氣就像你說「**你他媽的少來了**」一樣。我感受到一種苦澀但又得到平反的痛快滿足，那種早就懷疑所有人都是這麼想的猜測，在延遲了這麼久之後終於得到了證實。我用帶點刺耳的聲音回答：「**的確，我看得到！**」

之後我站在賓州車站的人群中，我想起我不時興起的念頭，渴望眼疾就此結束，儘快奪走我殘餘的視力。我想擺脫看到人們看待失明的方式：那種蔑視、居高臨下、自以為是、近乎於色情的側目凝望。懷疑、憐憫、反感、好奇。我知道自己也曾這樣看著盲人——就像莉莉和我多年前在那個悶熱的公園，用不太自在的距離站在全國盲人聯盟中密蘇里州分會的野餐會旁一樣。但我當時仍是不一樣的人：我還沒真正認為自己是個盲人。

近來，我開始感覺有更強烈要尋找團結和歸屬感的渴望——想見見其他有同樣經驗、有過被有視力的世界以恐懼、不安或高高在上的態度看待失明的人們。我覺得自己已經準備好，用更有目的性的一步跨過邊界，進入盲人國度。

2. 國家的盲人

我穿過會議中心的拉門，裡頭全是盲人。一位盲童依偎在明眼人母親的懷裡，可能已經入睡，或只是將臉埋在她脖子上尋求慰藉，手上垂掛著短短的白手杖。一個核心家庭穿著顏色鮮豔的渡假服裝走過，眼盲的雙親由兩位明眼人子女帶路。兩位飯店的職員守護著一隻導盲犬剛剛不小心排泄的地方，以免人群誤闖「事故現場」。

全國盲人聯盟的全國大會每年吸引超過三千人與會，他們幾乎全數是盲人。我在傳訊息給朋友時一再重複這個數字：**我正在佛羅里達，跟三千個盲人在一起！**這是多麼新奇——失明是一種「團體活動」。數十根手杖敲打磁磚地板的聲音迴盪在大廳裡。

盲人多過明眼人，創造了一種不同的空間感。關於行動、以及關於人與人之間距離的社交秩序出現了變化。兩兩成對的盲人一起走在寬闊的走廊，他們看起來知道自己要往哪裡去，於是我跟隨著他們前進。

突然間一股情緒湧上心頭，我靠邊站在一家關了門的商店櫥窗旁，試著想弄清楚發生什麼事。在這裡讓我身體緊張——如果我站定不動，很有可能會有人輕輕撞上我。不過緊貼著精品店櫥窗的同時，我深深體會到失明時的孤單——即使我是如此臨時加入的、初級程度的失明。

進入一個以盲人為常態的空間，**我們**的人數遠多於**他們**，實在令人情緒激動。即使還沒開口和人說話，我已經真誠地把自己當成盲人群體的一員。我隨身帶了錄音機；如今回頭聽當時的錄音，手杖敲擊聲籠罩了我的啜泣：「感覺實在太強烈了！」我對著錄音機喃喃自語。我沿著走廊走去，不時退進各個不同的小角落啜泣和喃喃自語。

羅森興河飯店（Rosen Shingle Creek）無比巨大，全國盲人聯盟（NFB）佔據了整個中央大廳，但這只是龐大蜂巢的一小部分。查看會議中心當天安排的會議清單，盲人彷彿是另一個美國產業，另一個工會，有自己發行的期刊、分支單位、晚宴餐會和企業贊助。我穿過拿手杖的人潮，試著找到主會場。

＊＊＊

決定一個盲人生活品質最重要的因素，或許不是他／她所處的文化或歷史時期，而是他／她出身的經濟和家庭狀況。今日就和中世紀一樣，有些盲人生活在社會邊緣、被家人摒棄、過著無止境貧困的生活，而有些盲人則過著相對輕鬆寬裕的生活。十四世紀的波希米亞國王約翰一世（John of Luxembourg），生前在國王任期的最後十年已雙眼失明；一出生就看不見的科學家桑德森（Nicholas Saunderson），在牛頓十年後，接任了劍橋大學盧卡斯數學教授的榮譽職。

不過現實是，這樣的人只代表盲人經驗的極少一部分。殘障史學者庫德利克（Catherine Kudlick）和維甘（Zina Weygand）寫道，「雖然沒有統計數字，但我們可以確定，十九世紀的法國就和更早之前一樣，多數盲人來自較低的階級，並且需面對極度艱困的生活。」中下階層佔了人口的大多數，同時，失明的成因——疾病、衛生條件差、營養不良及工傷意外——都更可能伴隨著貧窮而來。

在盲人的社群待久了，我見識過一些關於「盲人的百分之一」[6]的玩笑話：有小孩子帶著最新的輔助科技出現在盲人夏令課程，包括一些點字的小玩意和智慧眼鏡，隨隨便便加起來就要幾萬美金。我也曾在盲人留言板看到有人不經意提到每年購買的大量科技

6. 「盲人的百分之一」（the blind 1 percent），指的是少數極富的百分之一。在「佔領華爾街」運動中，「我們就是那百分之九十九的人」曾經是熱門的政治口號，凸顯極少數百分之一的富人佔了總人口大部分的財富。

產品，並抱怨在升級到最新款 iPhone 之後，就很難把他們的 Apple Watch 跟 iPad Pro 同步了。很可能我接下來也會加入這個盲人特權階級。

我的外祖父馬文・尼爾・賽門（Marvin Neil Simon）是俄國移民的子孫，他在華盛頓高地擁擠的公寓出生長大，不過他略去名字裡的「馬文」，成為一名成功的喜劇編劇，他把自身工人階級的童年故事改編成《少年十五二十時》（*Brighton Beach Memoirs*）和《我的天才家庭》（*Lost in Yonkers*）等賣座的百老滙舞台劇和電影。

拜他所賜，我財務上的餘欲減輕了失明帶給我的衝擊；舉例來說，我最近開始相信 PC 比 Mac 更利於無障礙使用，我馬上衝動地買了第二部筆電，配備了 Windows 系統和 JAWS 的螢幕閱讀器（它和 Microsoft Word 的相容性更好），而不需要為這些花費心痛，或是向州盲人委員會尋求援助。

我建立了自己的職涯，從事編輯、音訊製作人，同時是一名作家，所有這些工作即便我失去現有的中心視力，理論上都還可以繼續。我有自信仍有辦法找到工作，只不過我現在正進入一個失明開始干擾我的處境，任何人如果在網路上搜尋我，馬上會知道我是個盲人。

我有個天真的想法：我累積的工作經驗足以保障我，讓我不至於被分派到「盲人行業」——像是編織藤椅或綁竹掃把這類產業勞動。但是那些令盲人無法從事其他工作的疑慮，很快也將影響到我：雜誌的事實查核員委婉地詢問我，是如何得知我所報導的消息？他們肯定不會用這種方式詢問明眼人作家。這些疑慮逐漸動搖我的想法：一旦我無法獨立搜集視覺細節，我如何勝任記者的工作？

參加在奧蘭多的 NFB 大會，我同時感受到**歸屬和疏離**，這成了我失明體驗的標誌。我自身部分失明的情況是這種矛盾情緒的主因——我是否擁有太多視力，無法真正成為這個群體的一員？另一方面，是某些活動人士所謂的「內化的健全主義」[7]：我正用獵奇、居高臨下的好奇心看待盲人——儘管他人如此看待我時，令我無比痛苦。此外，檯面下也有階級意識在翻湧：只有百分之十六的美國盲人擁有大學學歷（不到全國平均值的一半），而且有超過五分之一沒有完成高中學業（超過他們明眼人同輩的兩倍）。失明的人陷入貧困的機會是普通人的兩倍。

不過，真正令人吃驚的，是關於盲人的勞動力統計。美國失業率通常平均在百分之五左右，最高峰是在二〇二〇年疫情期間，有將近百分之十五的美國人沒有工作。盲人的失業率則是總體失業率的**十四倍**，徘徊在百分之七十左右。這事實令我難以接受：即使是

7. 健全主義（ableism）是一種基於身體健全的偏見和歧視。它預設「健全」的身體是正常、優越的，並以此貶低、排斥或歧視身心障礙者。

在美國，即使在二〇二三年，能擁有一個全職工作，不論是什麼工作，都仍是盲人中的少數。在我嘗試理解盲人的同時，一個令人沮喪的事實已然浮現：大多數盲人所共同有的基本經驗之一，就是失業。

面對這些統計數字，讓我成為盲人社群的一員有了截然不同的意義。我一開始把它當成文化或哲學問題：失明者生活的世界是什麼樣子？有什麼樣的特色、傳說和氛圍？但是當我考量到大多數盲人的生活，失明無可避免成了一個政治問題。美國的每個州都有盲人委員會，由受過訓練的就業顧問來幫助盲人找工作，並且有政府專款提供基本的工具和服務——手杖、螢幕的閱讀軟體、放大鏡、培訓課。但很顯然，這一套絕大多數由明眼人管理者和教師主導的系統，並不能提供盲人有用的幫助。

面對長期以來百分之七十失業率這個令人吃驚的數字，已經證明了州政府的支持和私人慈善機構的救濟仍屬不足。這個問題的源頭為何？是否純粹基於明眼人對盲人的期待過低？或者盲人本身也要負部分的責任？

NFB的官方歷史記錄說，它的創辦人藤布洛克（Jacobus tenBroek）「最大的失望」之一，「是許多中產階級成功的盲人專業人士，不願和普通盲人的運動站在一起，這些普通的盲人往往沒有工作，甚至被歸類為不適合就業。」盲人究竟能做什麼，來擺脫這種經濟邊緣化的困境？

* * *

我找到了進入大廳的路。它寬敞巨大，大約坐滿了三分之二。我發現有些人會利用掛在標示每個州分會柱子上的點字標籤來找到目的地，不過大部分人採用後來我稱為「與虛空對話」的技巧。盲人會在人群中突然站住不動，垂直握著手杖，處在一種休息的姿勢。他們用盲人常見的半隨機凝視，遙望著空無。

（視力會提供人凝視的目標，但失去視力之後，你仍然可以凝視，這時所謂的**「凝視」**只是用有智慧的神情，朝向它所「注視」的目標。你不需要眼睛就可以凝視；即便離像也會凝視。只不過一旦失去視力，凝視會偏移或歪斜。）

在世界裡停頓凝視的盲人，臉上會散發一種內心反覆計算、深度聆聽的神情。經過片刻的停頓和仔細關注之後，這個人會用堅定而宏亮的聲音宣告：「這裡是**北達科塔**嗎？」因為會場人很多，這種方法通常會奏效。「這是**內布拉斯加**！」某人愉快地回應，她自己的凝視偏到了提問者的後方。「再往前走！」

我約了記者威爾・巴特勒（Will Butler）在「獨立市集」外碰面（它之所以稱為「獨立」，是因為這裡賣的各種工具，從語音溫度計到數位電子筆記本，都是為了讓盲人可以獨立運作，無需明眼人的協助）。我幾年前第一次在網路上看到威爾的文章——他為

《*Vice*》報導音樂節等活動，撰寫標題諸如「當你眼睛看不見，賽馬真叫人沮喪」這類略帶浮誇的內容。他在舊金山的盲人輔導機構「盲人燈塔」（LightHouse for the Blind）擔任新聞總監。

自我介紹時，我提到我目前RP的現況：法定程度的失明，使用手杖，但仍能閱讀印刷物。得知這個消息，通常人們會露出近乎悼念的同情表情做為回應。威爾則說：「我怕被人當成瘋子，但每次有人跟我說他兒子得了RP或他們就快要瞎了，我都得強忍住說『太棒了！』的衝動。因為失明雖然帶來顯而易見的障礙，但也實實在在為我打開了許多智慧的大門。」

獨立市集裡，我們拿著手杖在幾十個攤位間穿梭，有光鮮亮麗的企業展示攤位，也有在地代表手工打造的展台。這裡人聲鼎沸，除了與會者的高分貝嘶吼聊天，還有一大堆「會說話的標語」——志工們高聲叫賣「來自威斯康辛分會的糖果棒！」或「盲人聯盟的T恤！」。

威爾稍晚約了一位盲人科技新創公司的執行長，必須先離開。然後第二天，我又跟他約了午餐。我很意外即便我靠他那麼近，他還是認不出我來。他顯然還有一點視力——大會期間我看過他滑手機，雖然說手機快要碰上他的鼻子——不過看來我高估了他實際的視力。我試著用比較自然的方式讓他知道我就在他身邊。「威爾！」我大喊，用了大概是平常音量的兩倍。「怎麼了！」他顯然被嚇到的姿態令我自責，暗自提醒自己以後不能再用過度熱情的方式告知盲人我的到來。

我們來到餐廳。看著大字體菜單時，威爾說我們也許該換個桌子。「為什麼？」「我很緊張，」他說，「我怕這些盲人路走偏了撞到我們。」我們就坐在從會議中心通往飯店走廊的第一張桌子，這裡有點像一條海岸線，不斷有在走廊上走路的人被沖上來。

我們倆都看到有位女士直直朝我們桌子走來，她道歉著詢問我們大廳在哪裡。我提供了蹩腳的指示：「你往左邊走……往前走五英呎……然後右轉？」她偏離了路線，走進了飯店擺了矮桌和高背護墊沙發的死巷裡。我問：「我該去幫她嗎？」「她找得到路的，」威爾說。「在這種地方，就算你指路很糟糕，也不用過意不去。這裡有這麼多人可以幫助他們。」

* * *

盲人和以協助盲人為業的明眼人，兩者之間的緊張關係由來已久。全世界第一所國營的盲人收容所稱為 Quinze-Vingts（法文意為「十五個二十」，指最初住在這裡的三百位盲人），大約在一二六〇年建於巴黎。

這裡的居民配戴著特殊的黃色百合花徽章，用來象徵國王的庇護，同時透過勞動換取食宿。其中有些人有固定工作——「盲人擔任敲鐘人和街頭公告員，」歷史學家維甘寫道，「以及盲人收容所裡的餐館經營者」——不過大部分的人則受僱擔任全職乞丐，每天按照固定時數，由明眼人嚮導帶著他們在城市中四處行動。一開始，住在收容所的盲人享有一些自主權，會和明眼人管理人員開會，並提出改革建議。不過到了一五二二年，收容所設置了一位看守員來監看居民的活動，同時他們被要求保持「良好行為」，並履行各種宗教義務。

Quinze-Vingts 鞏固了「盲人是職業乞丐」的公共形象，也製造了人們對盲人的憎惡感，如維甘所說，他們給人的觀感就是「乞丐中的貴族」（一個聽起來沒那麼花俏、歧視意味較少的現代版，或許是我們印象中的「福利皇后」[8]）。

一四二五年，巴黎人在收容所的幾條街之外籌辦了一場殘酷的「娛樂」來表達這種怨懟。他們讓四個盲人披上盔甲，指示他們舉著繡了一頭豬圖案的旗幟，讓他們與一頭真正「強壯的豬」一起上街，遊行到附近的公園。

他們把棍棒交給盲人，告訴他們，不管誰殺了豬，就可以把它帶回去。一場暴力版的「瞎子抓人」遊戲於是開始——正如一位記錄者的觀察，「這是一場非常怪異的戰鬥，其中較強壯的盲人以為自己打中豬的時候，其實他打中的是其他的盲人，如果他們拿的是真正的武器，他們會把彼此砍死。」從法國文學中的佐證來看，這類「娛樂」在當時經常發生。

一直到十八世紀，歐洲才出現第一批的盲人學校。這是貧窮的盲人第一次可以進入一個以教育他們為目的的機構，而不僅被當成無能的乞丐來收容。這個發展雖然具有革命性——最主要是帶動點字的發展和提升盲人識字——但並未解決主流社會接受他們的問題。當塞謬爾·葛里德利·豪（Samuel Gridley Howe）建立了全美國第一所盲人學校「柏金斯啟明學校」（Perkins School），他發現，在一個工業化國家，成功協助盲童社會化和提供教育，並不能帶給他們往後接受更高教育或更好工作的機會。結果，找工作受挫的學生，又回到了柏金斯學校。

一八四〇年，豪建立了一個工坊來訓練柏金斯的學生從事半技能的勞動——所謂「盲人行業」。在二十世紀的前半，盲人學校和獨立承包商建立了數百家這類「庇護工場」，支付數以千計的盲人僅供餬口的薪資來生產掃帚和拖把等產品，其中一些得到政府專賣的授權。豪寫道，「在這個部門，盲人感受到完全的獨立，確保了每日三餐；如果還

8.「福利皇后」（Welffart queen）在美國是一個貶義詞，多半用來形容濫用社會福利資源的人，他們以可能危害兒童的欺詐手段來操縱福利制度，以詐取各種福利金或保險。

有一些餘錢，將比十倍的施捨還珍貴。」

＊＊＊

我問威爾是否曾在 NFB 的某個中心接受盲人技能訓練——畢竟他看來如此熟練又自在。他告訴我，他沒參加過任何訓練，但覺得自己還過得去。他剛剛從日本回來，獨自在那邊旅行了幾天。不過他隨即對自己的本領輕描淡寫了起來：「老實說，手杖不是什麼複雜玩意，」他說。「它是低科技的縮影。」

威爾在柏克萊大學讀大一時左眼已經全盲，但其他方面都還「正常」——他開車，有交往中的女友，兩人還計畫暑假一起去巴黎旅遊。但接下來，他好的那隻眼睛開始惡化。他因為視網膜剝離接受了三次手術，為了讓眼睛復原，醫生要他連續三個月趴臥在床上。在那段充滿思索又痛苦的時期結束後，他成了法定的盲人。他和女友始終去不成巴黎，不久就分手了。

接著他慢慢重回這個世界。和我一樣，威爾在最初幾年也以手杖為恥，帶了卻從來不用，直到最後他終於意識到必須做出改變。一天晚上，威爾找不到廁所在哪裡，於是他在一個安靜的停車場就地解決——結果，那裡是警察局的停車場，他差點被逮捕。

類似的遭遇接二連三，朋友都知道他有視力問題，但除了他母親，沒有人鼓勵他去尋求協助。「沒有明眼人會說，『用手杖吧，老兄，』」威爾說，「沒有人會這麼想，因為明眼人把手杖當成一種悲哀的事，猶如悲劇。」

改變的契機，是一趟他和朋友去蒙特婁的旅程。最後一晚，他們通宵達旦參加派對，接著搭清晨五點鐘的巴士回紐約。過邊境時，其他人都下車通過海關，海關官員粗魯地把他們叫醒。威爾醉得厲害，緊抓著一個身材比他矮小許多的朋友帶路。他說，「我們看起了可能像嗑了藥。」他在護照檢查時被盤問了特別久，整輛巴士的人都必須等他說服海關人員他沒有吸毒。等他一回紐約，他決定要開始使用手杖。

那晚，他第一次帶著手杖出門。「我剛好和幾個好朋友在一起，他們說，『老兄，就帶著吧，沒什麼好擔心的。』」他們到了酒吧遇到了更大一夥人，包括一位未曾謀面的女子，她是朋友的朋友。他們佔據了幾張桌子坐下，威爾隔著兩張桌子聽到她對她朋友說，「那人是誰？」她指的是威爾。「我的天，」她說。「我室友一定會喜歡他。根本就是她的菜。」

威爾用充滿敬意的口吻談論這一刻的情景：「我是說，我拿著手杖走進去，納悶有人會跟我說話嗎？我會不會被大家排擠？我心情從未如此低落。然而這位女孩竟然有辦法看開這一切，彷彿她根本沒看到手杖。這就像老天給我的禮物，告訴我一切都會沒有問題，大家都會好好待你。」

我跟威爾談到了我的焦慮——我如何感覺自己像個冒牌貨，始終在視力太好不像個盲人、以及視力太差不像個正常人之間擺盪。他說，「你的失明可能還要經歷很久。」他思索了一陣：「然後到某個時刻，你就得拋棄『變成盲人』這個說法。這聽來有點刺耳，不過你會成為一個單純的盲人。接下來，你失明程度可能或輕或重，但你單純就是個盲人。」這種話的確刺耳——彷彿暗示我是為了做效果而渲染自己失明的體驗，甚至拿這話題跟他這樣的人說嘴，畢竟他才用戲劇化的強烈方式經歷了「失明」的那一刻。

甚至，**失明**（*going blind*）一詞的英文用在他身上也有疑義，威爾說，「失明這個詞蘊含了所有和盲人相關的孤寂和疏離。比較準確的描述方式是**變成盲人**（*becoming blind*）；眼盲的重點在抵達某處，而非離去。」

和威爾談話感覺很棒。在這之前，我遇過的盲人都比我至少大上三十歲，很難跟他們有像此刻這般輕鬆坦率的對話。威爾說，他希望當初失明時，也能有人像這樣子和他聊天。現在他來到 NFB，在這裡他的視力比許多人都好：「我可以靠這點壓制他們！」我們都笑了出來，儘管知道這不完全是個笑話。

關於視力的階級意識，我原以為是我自己才有的模糊感受，不過看起來是盲人共同現象。聽到他承認這點讓我鬆了一口氣。他說，「想像一下，來這裡參加 NFB 大會的，或許有八百個每天被當成沒有行為能力的人。但他們在這裡還可以幫助別人。那感覺一定很好。」

＊＊＊

早期的盲人學校並沒有幫忙安排學生上大學，或試圖消除一般主流雇主的偏見，但是它們確實形成了盲人群體意識一個新的、政治化的品牌核心，以及組織化盲人運動的種子。這股運動及美國眾多殘障者權益運動的搖籃，是加州的灣區。

一八八〇年代，紐爾．佩里（Newel Perry）在即將合併的柏克萊市加州盲人學校（CSB）就讀十年級。他認真思考畢業後的前景，徹夜和朋友討論未來何去何從。他回憶道：「我們從沒聽過有盲人上大學。」因此他們決定寫信給所有能找到的盲人州立中學校長，解釋自身的才能，並詢問接受更高教育計畫的意見。

佩里後來回憶，「大概有半數的人回信，但沒有人認為上大學是個好主意。」有幾個人說，「別做這種嘗試！」有人說，「受教育只會帶給你滿懷怨憤的人生。」意思是，如果我們真的唸完了大學然後什麼事也不能幹，我們將陷入悲慘的困境；或許保持無知還比較好。

儘管如此，佩里的老師對他的雄心壯志給予鼓勵，一八九〇年，他成為柏克萊高中的第一位盲生，隨後又成為第一批自加州大學柏克萊分校畢業的盲生，而且各方面都有傑出的學術生涯：在獲得柏克萊的數學教席之後，他在慕尼黑大學取得了數學博士學位。不過進入就業市場後，大學的數學系呼應了那些盲人學校校長們的低期待。他在一九一二年回到柏克萊，擔任加州盲人學校的教師。

從某層面來說，這可視為一個失敗——被明眼人的世界所拒斥，回到了盲人領域。不過，佩里為盲人未來所投注的熱情卻十分有意義。對許多盲人而言，這是常見的職涯軌跡：在主流社會取得成就，從大學畢業到社會工作，但之後又回到盲人領域，擔任教師、輔助科技的訓練員或無障礙顧問。這一方面是因為明眼人偏見帶來的挫折，但同時也是基於和盲人同胞團結在一起的想法。

佩里——被孩子們暱稱「博士」——成了加州盲人學校著名的導師，鼓勵了幾個世代的盲生追隨他的典範進入主流高中和大學。他搭火車在加州南北奔波，籌組「加州盲人理事會」（California Council of the Blind），這是由盲人所領導、為盲人爭取權益的州級組織。他有嫻熟的政治手腕，經常撰寫法案並鼓勵州議會採用。在他擔任第一屆理事會主席任內，他促成州政府支付所有大學盲生的教科書費用、為盲人學校雇用就業輔導員，並改革了「盲人法律協助」的法律。

正如每一個偉大教師，我們可以從佩里的學生身上見證佩里對世間的貢獻：他的學生成了議員、學者和企業家。

佩里和他最知名的學生雅各布斯・藤布洛克有許多相似之處。兩人都出身窮鄉僻壤，都因為童年意外而喪失視力：佩里在八歲感染到可怕的毒漆樹，導致眼球迸裂並短暫陷入昏迷；藤布洛克則在七歲時跟玩伴練射箭，他透過射箭的靶孔窺視，不料他朋友在當時已經把箭射出，而且不幸正中目標。這支箭弄瞎了藤布洛克的左眼，不久他的右眼也因交感性眼炎而失明。

被暱稱「小雞」的藤布洛克跟隨著佩里的腳步進入主流高中——奧克蘭的大學高中（University High）——隨後在一九三〇年代和幾位盲生進入了柏克萊加大。和佩里一樣，藤布洛克也取得了學術成就，在哈佛大學完成法律講座，並獲得加州大學的政治學博士學位。但儘管有傲人的履歷，他在就業市場遭遇到和佩里相同的偏見：一所中西部大型學校的系主任原有意聘請他教授公共法，在得知他是盲人之後，就打消了念頭。藤布洛克一度考慮追隨佩里回到加州盲人學校擔任教師，最後在柏克萊新成立的公共講演系找到了教職——不是他所渴望的法律教職，但這個重要的立足點讓他得以展開卓越的職涯。

這段期間，政府對盲人提供協助的模式出現了變化。在一九一〇和二〇年代，佩里把精力放在州的立法，而經濟大蕭條促使聯邦政府投入社會福利。史上頭一遭，美國成立了聯邦機構，專責為有需求的盲人提供協助。

佩里和藤布洛克了解到他們需要設想更遠大的願景，一九四〇年十一月，代表加州盲人理事會的藤布洛克來到了賓州的威爾克斯巴里（Wilkes-Barre），與其他十五位類似機構的領導見面。藤布洛克修剪了范戴克式的鬍子，穿上呢絨西裝，跟他戰前常春藤法律專家的身分相襯。出席者票選他為「全國盲人聯盟」這個新組織的第一任主席。「盲人問題如今具有全國性，」藤布洛克在晚宴演說中表示：「因此，盲人組織也必須是全國性的。」

＊＊＊

NFB的哲學跨足於在兩個看似相反的理念。一方面，該組織主張眼盲是一種偶然的屬性，幾乎對完成所有事情的能力都不構成影響。另一方面，NFB要求為盲人提供便利和特殊福利。這兩種想法很難同時成立：究竟盲人是和他人一樣平等，或者有其特殊需求？不過實務上這兩者並不必然矛盾，而且老實說，兩者代表的正是美國式生活緊張關係的核心問題。

我們的法律，在個人自由（例如在疫情期間取消強制的口罩令）與公共福祉（保護免疫能力較弱的人不受病毒攻擊）之間，始終存在著緊張。美國的共和體制所存在的悖論是，**它同時要維護福利，也堅持保障自由**——這也是盲人需要面對的悖論。絕大部分雇主對於一個盲人如何獨力搭公車或煎一顆蛋毫無概念，更別提要理解他們如何管理一家餐廳。在這樣的就業環境，年金和稅務減免的福利自屬必要，但是NFB主張，這些福利的管理需經深思熟慮，為盲人保留隱私、尊嚴，以及選擇自身道路和職業的自由。

藤布洛克回想到，在一九四〇年的全國盲人聯盟第一次大會上，議題主要著重在「社會安全署造成的災難、國民年金的可用性，以及社工人員無恥的卑鄙行為」。他認為當時的社會安全署看待盲人的觀念，倒退回到了英國伊莉莎白女王《貧窮法》時代，救濟措施的交換條件是終生在血汗工廠的卑微勞動，完全沒有槓桿幫助一個人脫離貧窮。

在美國制度下，福利是根據收入來決定——如果盲人幸運找到工作，只要他們的存款到達一定額度，福利就會被取消。藤布洛克主張採行中庸之道，讓盲人可以保留更多賺得的收入，以鼓勵他們工作。在NFB的大力遊說下，盲人在喪失福利資格之前，可以賺取比其他殘障團體高出近七成的收入。

不過，雖然盲人有時需要比其他殘障人士接受更多的訓練，但讓他們得到比其他團體更慷慨的福利補助，似乎也不公平。而且，姑且不論這些差異，分配社會安全收入（SSI）——這是美國殘障福利金的主要來源——的相關法律早已過時，只會更加確立接受福利金的人處於貧困狀態。

正如阿斯特（Maggie Astor）二〇二二年在《紐約時報》的報導，SSI 提供每一年最高九千五百二十八美元的補助，「是聯邦貧窮線的四分之三」；接受補助的人如果外部收入超過八十五美元、如果有超過兩千美元的存款、甚至如果他們接受「來自親友生活用品或住宿」的接濟，都會受到處罰；同時，福利金自一九七二年之後，就沒有根據通膨來調整了。

藤布洛克告訴全國盲人聯盟第一批成員，他們的目標只有靠一個有戰鬥力、強勢、具團體意識的全國性盲人組織才能達成。這些年來，NFB 確實信守了這個好戰的承諾。他們與美國社會安全局展開了立法戰，並贏得（時任）參議員的約翰．甘迺迪支持盲人「組織權」的法案，以保護他們對抗來自於各州的盲人委員會——類同於削弱殘障者工會力量的機構——的壓力（法案最終失敗）。

他們同時引領大眾關注到個別盲胞受到拒絕租屋、拒絕捐血、拒絕擔任公務員、拒絕擔任陪審團成員等遭遇。如今，NFB 持續為無法接受基本課程的盲人囚犯、在選舉時無法私下秘密投票的盲人選民、以及單純基於失明而跟子女分開的盲人父母親爭取權益。

藤布洛克以工會的模式打造聯盟，並且看出了盲人和產業勞動者之間的可類比之處。藤布洛克說，這兩者都被迫向彼此尋求相互的協助，並請求社會提供保護，甚至某些程度的援助。

佩里提到，人們都知道他在各方面傾向共和黨，不過「為了盲人，我是個社會黨人。」NFB 成員大致反映了美國的政治光譜，包括有相當多保守派鄉村白人構成了成員的主幹。不過在涉及盲人的議題上，整體團結的一致性往往優先於保守派立場。

我在奧蘭多遇見了露絲（Barbara Loos），她是來自內布拉斯加的盲人，在點字書展擺攤。我問她為何會參與 NFB 的活動，她自稱是個「相信公民權的共和黨員」，原本她對 NFB 不感興趣，因為它在外的名聲就是個激進組織。「不過我查了**激進**（radical）這個詞，」她解釋：「它的意思不過就是『在事物的根源』。」

NFB 的激進主張為它帶來了僵化、教條主義及獨裁的聲名。它的組織架構參照工會模式，如果換算它骨幹成員的選票數，確實給予它的主席相當大的權力；NFB 創立的前四十年，由兩位極具個人魅力的人物所領導，他們的聲音成了運動的代名詞。在聯盟裡，至今仍有人用懷舊的熱切口吻在談論藤布洛克的其中一位繼任者傑尼根（Kenneth Jernigan），彷彿他是「盲人界的麥爾坎．X」。

不過一九五〇年代末期，有一群聯盟成員對於藤布洛克在組織的全權在握越來越感到不安。他們指控他在行政上財務管理不當，並用不民主的方式鞏固權力。這導致了所謂的「內戰」時期，最終「異議份子」被掃地出門，並在一九六一年堪薩斯州的全國大會出現了戲劇性場面。數十位叛變的成員集體出走，過街到另一家飯店正式宣布成立新的全國性組織：「美國盲人理事會」（the American Council of the Blind，ACB）。ACB和NFB有許多相似之處——它的章程確保絕大多數成員皆為盲人，它有全國代表大會、各州附屬機構、地方分支單位、國會的遊說團體等。不過，ACB的規模較小，它對於NFB痛加批鬥的機構往往採取和解態度。

隨著NFB在分裂後重建，成員數再度增加，他們持續強勢干預會影響到——照他們話說，是壓迫到——盲人的各種政策，而這些動作有時讓他們和ACB等其他盲人組織出現了扞格。一九七〇年代，語音行人號誌引入了美國——用電子鳥的啾鳴聲來指示何時可以安全過馬路。NFB很快就出面反對使用，因為它會強化盲人無法在從車輛移動的聲音中分辨燈號改變的無助形象。

數十年來，ACB和NFB之間爭議性的分裂導致地方政府的困惑，官方無法理解互相敵對的盲人團體對支持和反對有聲號誌的爭執。此外，各自團體還有成員彼此鄙夷不屑：幾位和我談話的NFB成員用高高在上的態度，形容ACB大會充斥了過度依賴明眼人同伴協助的盲人。同樣的，也有ACB成員只要一提起NFB，就激烈批判它的教條主義和僵化作風。

不過這種怨憤大抵只限於老一輩會員，他們仍殘存了「內戰」時期的怨恨不滿。在兩個組織裡都有年輕一輩成員發起運動，主張拋卻過去恩怨，畢竟這兩個團體都有一致的目標：那就是移除掉妨害盲人過完整生活的障礙。

＊＊＊

我和威爾共進午餐的兩天後，冗長單調的下午議程結束，所有人都回到自己房間，為最後的晚宴準備換衣服。我坐在飯店大廳的瞌睡中醒來，看見他們從電梯中出現，容光煥發穿著正式的晚禮服。再一次，我發現自己又對盲人的基本尊嚴提出了疑問。盲人大會不是應該就像在家工作一樣嗎——我們不能只穿睡衣嗎？為什麼要強調這一套規矩和盛裝打扮？

在這裡第四天的尾聲，一次又一次面對自己和他人失明的情緒衝擊，已經讓我筋疲力盡。腦子裡一再出現人們對盲人會有的最糟糕想法。**你都看不見了，打扮得好看到底有何意義？**不過當人們從電梯走出來，確實看來都很美妙。我看出了這個想法的愚蠢，即使它在我腦海翻騰，就像一大團無法吞下又不敢吐出來的食物。晚宴的服裝規定是對自我的尊重，是每個人都有或有權擁有的尊嚴，是不論你所處環境如何，都要讓自己感覺體面和優雅的能力。

正因如此，我聽說在巴爾的摩的 NFB 總部，有你所見過最乾淨的洗手間。（我也聽說，聯盟的大學獎學金委員會招募了一位明眼人，由他來描述他們盲人申請者的衣著，藉以評估他們的個人外觀，做為決定人選流程的一部分。）

當我找到我的桌位，一位年長的女士和一位有智力障礙、年齡和我相仿、但坐輪椅的男子已經在位子上了。我做了自我介紹，那位叫蘇珊的女士立刻告訴我他們的故事。她跟我說明她兒子叫賈德，罹患了嬰兒搖晃症候群。

「當時我在上班，是我的丈夫在照顧他，」她說。「他喪失了視神經，最後發展成腦性麻痺。當賈德從醫院要回家時，他們跟我說，『噢，順便告訴你，他看不見了。』──所以我想辦法找人來指點我如何撫養一個失明的嬰兒。」這就是她找上了NFB的原因，它有一個照顧盲童父母的部門。

她說話的同時，我腦中出現了另一個讓我覺得自己是個健全主義者大混蛋的想法。我想的是，既然他在其他方面的障礙都這麼嚴重，那麼他看不看得見，到底有什麼重要？為什麼要在意失明，他還有那麼多其他的問題！他們不是應該去參加嬰兒搖晃症的大會？這是個嚴重思慮不周的問題，賈德和蘇珊在盲人社群裡擁有和我同樣的權利。那麼說來，為何他會讓我覺得不自在？

我一直在培養「眼盲不是殘障，而是某種罕見且美妙的文學特質」的想法：它觸動了如荷馬或波赫士的這類偉大詩人。我開始收集盲人傑作的剪報，例如從米爾頓（John

Milton）文章裡的一段話，他回應批評家拿他的失明當譬喻，來指稱他論證上的缺失。米爾頓的回應將「視力損害」和「智力損害」做了鮮明的對比：

> 閣下，比起你的盲目，我寧可要自己的盲目；你的盲目是一片雲籠罩了心智，蒙蔽了理智和良知的光；我的盲目只讓我看不見事物表面的光彩，但仍得以自由思索美德和真理的美和穩固。除此之外，我無意去看見的東西何其多；我不得不見到的又何其多；而我迫切想看見的又是何其少！

智力的障礙並不適用這種把失明抬高的想法。我太過於偏信威爾．巴特勒關於失明是開啟心智大門的那套故事。視力的喪失有其悲愴，不過那是像李爾王那種宏大、精緻的悲愴，他對盲眼的葛羅斯特公爵說：「你頭上沒眼睛……然而你能看到這世界是如何運轉的。」（葛羅斯特的回答令人嘆服：「**是，我感同身受地看到**。（*I see it feelingly.*）」）

賈德的故事挑戰了這美妙的幻想。回過頭來，我的反應是對身心障礙感覺到不自然和恐懼的可恥基本案例。我可以理解到，智力的障礙也同樣存在著多樣性的體驗，它同樣也被污名化、疏離感和恐懼所籠罩。但在當下那個時刻，我還沒想到要做如此的理解，而是在和他母親交談時直接忽略了賈德。

強森家族一家四口來自路易斯安那州，和我們坐同一桌：一個盲童，看起來大概是奧斯卡的年紀，還有他姊姊和父母親，都是明眼人。就像蘇珊一樣，男孩的母親馬上跟我聊起她兒子的醫療史，彷彿他人不在場。「他叫艾薩克，」她說。「他有視功能減退的異常增生。他六個月大時，我就想，為什麼他沒有像正常嬰兒這樣專心玩玩具？」

艾薩克坐在我旁邊。他個頭很小，很可愛。

「你幾歲了？」我問。

「十歲。」

「生日是哪一天？」

「我不記得了。我本來記得——但是又忘了。」

我們默默吃了一陣子，聽著台上大聲宣佈獎學金的得主。

艾薩克說，「這個沙拉很棒。我已經五個月沒吃過番茄了。」

「你愛吃番茄？」我問。

「我有一次在學校發現了一顆番茄，」他繼續說，「我把它交到辦公室。它是從籃子裡掉下來的。」

現在回想起來，這是整場大會中我最喜歡的一刻：想像在路易斯安那，一個眼睛看不見、喜歡番茄的十歲小男孩，在校園裡玩耍。他注意到地上有個東西。用腳踢它嗎？用手杖移動它嗎？或許他的腳剛好劃過。他蹲身下來研究。它溫暖、柔軟、堅實。他將它帶到臉邊吸氣。這一定是番茄。

如果艾薩克知道沒有人在看他，他會把它吃掉嗎？當你看不見的時候，你是否真的知道有沒有人在看？我還記得小時候偶爾感覺身邊沒有受到注視，得以享受片刻孤獨的滋味。不過艾薩克並沒有偷吃番茄，他跟學校當局報告，他們也證實的確少了一顆番茄，是老師提著籃子走過校園時弄掉的。

我喜歡這個故事，因為艾薩克講述時充滿了真實感的美妙，那時我想起了奧斯卡，我非常想念的奧斯卡。但我喜歡這個故事，也是因為經過了一個星期的盲人政治、盲人科技、盲人文化、盲人的奮鬥之後，讓我重新感受到盲人生活的常規輪廓。這個不算故事的故事——**我發現一顆番茄**——或許比其他我在這個星期所聽所見，更能體現 NFB 的創辦理念——**你並不是由你的失明所定義**。

艾薩克和他的番茄給了我希望，希望我仍能愛我所愛的東西，並在世界上找到它們。我不會把它壓碎，或是每一次都錯過它——有些時候我會用我的手杖或腳碰觸到它，而這會是個恩典。

我們的談話在 NFB 主席里克波諾（Mark Riccobono）上台發表晚宴演說時告一段落。當他宣布演講主題是「協同作用」（synergy），我心中興起了一絲驚恐。不過，事後證明這倒不是企業界的話術——或者應該說，這是特殊形式的企業界話術，透過庫茲韋爾（Ray Kurzweil）這位著名的未來學家兼 Google 工程總監傳達出來，他從一九七五年開始每年都出席 NFB 全國大會，目前正坐在講台後方桌位點頭表示同意。

里克波諾用「協同作用」來描述學術界和千禧世代（以及幾年後整體的文化界）可能會稱為「交織性」的概念：他說的是身分認同的協同。他說 NFB 就是女性，它就是 LGBT 族群，它就是盲人。里克波諾在演講中花了很多篇幅討論過去歷史上女性被低估的角色，但這種對女性主義的強調似乎太過頭了：他說，做為身分標記，眼盲必須超越所有屬性。

他解釋，「她們身為女性這個身分，重要性遠不如相信平等、對未來抱有希望、樂意積極參與全國盲人聯盟工作的**盲人**身分。」這是很奇特的一種交織性，在頌讚一個身分的同時，不去削弱另一個身分的絕對優先。這是 NFB 在創立之初，建立團體意識優先性所帶來的限制——盲人的團結優先於一切。

酒宴之後，我了解到這對聯盟而言是個尷尬的全新領域，NFB 的 LGBT 聚會多年來一直尋求認可——直到二〇一七年，也就是我出席的前一年，它才第一次召開正式會議。艾薩克大聲說，「我希望演講的人說完了。」

隨著演說接近尾聲，觀眾情緒逐漸高漲。「視力並非在世上成功的必要！」里克波諾大喊，我看到艾薩克正隨著群眾拍手。人們大吼大叫，互相擁抱，我的耳朵發疼。坐在輪椅的賈德充滿生命力，搖晃他的拳頭吼叫。當演說結束，我聽到背後傳來了哭聲；同桌三個人從位子上站了起來，彼此緊緊擁抱，其中一人情緒崩潰，哭得無法抑遏，由另兩人扶著。現場的情緒如巨浪般在房間裡掀起漣漪，這些人曾遭受歧視、被排斥、被孤立、被輕視和瞧不起，但在這一刻有難以遏止的不屈、團結和彼此激勵。他們一整年所等待的，就是這一刻。

在演講之後還有更多的簡報，不過強森一家已起身要離去——孩子累了。艾薩克說，「再見，安德魯先生。」我也跟他溫暖道別。在一陣尷尬的暫停後，艾薩克簡單地說，「手」——我馬上明白，我沒回應他伸出來晃盪的手，它就在我周邊視力的死角。我找到他的手，握了握，然後強森家族準備帶他回房休息了。

3. 因定義而失明

我第一次到麻州眼耳醫院（Mass Eye and Ear，MEE）看診，開頭就和一般驗光師約診一樣，從視力檢查表開始。使用良好的中心視力，我仍然可以看到最上方大大的E，借助鏡片和適當光線，我可以讀出底下幾行較小的字；我唸的時候加了點情感進去。「B-I-C，」我對著自己說，也是對著護士，對著在家收聽的觀眾說。（基於我想到要為失明過程製作播客的模糊念頭，我隨身開始帶上錄音機。）

「噢，D？L-K，Q-M-T。啊，P……。」隨著我往下面幾行進行，字母開始屈折變成抖動難辨，如星星般銀色畫素的集束。我錄音機裡的聲音多了點絕望。「K-T？？L-Z-K？？？噢，D，啊，Z-R……K?! ?!」

我希望護士可以直接拿《星艦迷航記》裡的三錄儀[9]掃描我的眼睛，然後就能得知她所要知道的一切。但視力是個極其主觀的東西，它最準確的測量方式仍然靠病人主觀的報告。醫生用這種方式來評量所有的感官，利用一些古怪的謎題把難於捉摸、各憑詮釋的印象予以標準化。

好比說，病患在一道情感的光譜上指出疼痛的程度，從一張笑臉，到愁眉緊鎖、臉色痛苦漲紅的糾結的臉。聽覺專家把聲音版的視力檢查表灌進了我們的耳朵裡，聽者必須重複他所聽到如「dog」或「child」這類無害的名詞。

成長在一個崇拜醫師權威的文化中，我發現自己很難完全信任自己做的報告。看著視力檢查表，然後回答問題，我覺得自己像個不可靠的敘事者，在描述一個理應無庸爭議的事：也就是我自己的直接觀察。

醫生用來測量視力的工具是個晚近的發明。在一八三六年，德國眼科醫師庫許勒（Heinrich Küchler）因為眼睛的檢查缺少一致性而倍感挫折，他從月曆、書籍和報紙剪下一些圖片——農具、武器、還有動物（他選的是駱駝、青蛙和鳥）——拼貼這些圖案，依尺寸從大到小依序排列，就如我看的字母視力檢查表一樣。庫許勒的青蛙和大砲取自分散的來源，圖片風格、印刷品質、線條的粗細各有差異。（同時，它們也取決於病人對範圍不拘一格的工業產品和動物種類的分辨能力。）這套拼貼的視力檢查表未能蔚為流行。

幾年之後，庫許勒捲土重來，這一次他用字母來製表。他選擇一套哥特體字型（類似《紐約時報》刊頭的商標字體，但是更繁複、更密集、字體也更窄），並印成完整的單字。病患可以從最容易辨識的字母猜出一整行的單字，同時，不同印刷廠使用的哥特體字型對字體大小造成很大的差異，在測量病患視力準確度上造成不一致。

所有這些問題，在二十年後由荷蘭眼科醫師斯內倫（Herman Snellen）找出了解決方法，他創造了類似我們如今所見的視力檢查表：成排往下逐漸變小的字母，以試視力字體（Optotype）印刷，這個字體由斯內倫所設計，不管是用什麼印刷機印刷，字母的粗細、大小和形狀都有所規範。

到後來，斯內倫視力表的製造商不得不印製字母順序不同安排的版本，因為這份視力表已經太過普遍——包括出現在咖啡杯、淋浴簾幕、和拼塊的地毯——有些病患可以背下最前面幾行的字母，就像默記流行歌曲的歌詞一樣。

* * *

麻州眼耳醫院離我住家有一百英哩，因此約診前一晚，我投宿在醫院院區外燈塔山（Beacon Hill）社區的一間飯店。我漫步在冷颼颼的醫學園區，用朦朧的視力掃視每個路

9. 三錄儀（tricorder）是電影《星艦迷航記》裡虛構的可攜式裝置，具備「感知、記錄、運算」三種功能，故名為三錄儀。

牌的輪廓，想找尋眼科醫院的所在。

我決定先去一家星巴克待一下。當我排隊時，突然感覺到一雙強有力的手抓住我的肩膀，引導我到旁邊。這是個想幫忙的陌生人，把我從我沒看到的女子身旁移開——我從頭到尾都沒看到她，只靠些微的周邊視力瞥見一個女性的模糊暗影——她顯然想從我身邊經過。我開始學到，陌生人經常會像這樣子，未經警告或徵求同意就在公開場合碰觸和導引盲人，認定有必要像傢俱、或動物、或幼童一樣處置我們。我不曾經歷這樣的遭遇，以致驚訝到說不出話來。

我在麻州眼耳醫院三樓找到了「遺傳性視網膜病變」部門。語音電梯的門在我背後關上，我走過了展示歷史文物的玻璃櫃——麻州眼耳醫院是全美歷史第二悠久的眼科醫院，堪稱一座慈善醫療的堡壘，原本設置目的是要治療「值得救助的窮人」，意思是指大部分為愛爾蘭裔、因為白內障或工業意外而失明的勞工。我在接連六位傑出麻州眼科醫師的油畫肖像前停了下來，用手機拍了幾張照片：它們成了我 Instagram 的素材，以這個怪異的視覺形式讚頌這些舉止溫文、為保健視力奉獻一生的男士。

在候診室，我怯怯地把錄音設備放在大腿上，還因為太難為情而不敢問人是否可以使用。我仔細地聽，希望有錄到聲音：一名妻子被帶去散瞳的男子說起自己老婆視力惡化的程度，老早就不應該再開車。有一天她追撞了一部砂石車，那車身要比她的車高出許多，因此她的車整個卡進了砂石車底下。

這個悲慘故事說到一半，他妻子剛好從檢查室回來，興高采烈地接下話題：「我差一點就要被斷頭！如果有人坐在副駕，脖子應該會斷掉。」她的丈夫承認，多年來他一直勸她，開車僅限於上下班：「就那麼短短一段路。」他說，「能有什麼害處？」她在七十歲時被診斷為 RP（視網膜色素病變）。

在舊金山主持「盲人燈塔」機構的巴辛（Bryan Bashin）跟我說過，「RP 是最容易讓人產生否認心態的玩意。」因為有 RP 的人在整段視力退化的過程中依舊可以繼續看到一點東西，「直到最後一個光子消失為止」，因此讓人有強大的動機認為，**嗯，我還看得見——我目前還不算真正的失明**。

在視力檢查表之後，下一步是視野測驗。我害怕這個測驗更甚於接下來像電影《發條橘子》一樣，要撬開我眼皮的視網膜電位圖檢查。我得坐在一張旋轉辦公椅上，護士要求我緊貼住一個有電流聲嗡嗡響的低矮金屬機器，彷彿給它一個尷尬的擁抱。接著，從側面的窺視孔往內看，我可以看到一個小小的圓形劇場，中央有昏黃的燈光。護士交給我一個像遊戲節目的按鈕，她告訴我，每當看到一個閃爍的光點從圓形劇場的邊緣移動到中央的光亮處，就按下按鈕。

對多數人而言，這個測驗就和視力檢查一樣只是例行公事，一個醫療嘉年華的小遊戲。但是當我等待著晃動的光點從已喪失的周邊視力出現，在漫長的寂靜中，我只能無助地緊握著按鈕，心裡很確定有正常視野的人早在幾分鐘前就已經看到那個光點，我的焦慮感就益發嚴重。到最後，一道光在我正前方出現，我壓下了按鈕，感覺自己就像益智節目《危險邊緣》（*Jeopardy!*）史上最爛的參賽者。

做完視野檢查，護士用一本正經的口吻告知我可以戴上雙重眼罩（double eyepatch）了，我花了幾秒鐘才懂她的意思。雙重眼罩不就是……一副眼罩（blindfold）[10]？我想到 eyepatch 這個詞時，只會把它跟單眼鏡片（monocle）歸為同一類——它們永遠都只有單數。這就像把腳踏車稱為「雙重獨輪車」。但是 *blindfold* 這個詞會帶給人冒險莽撞的聯想，在眼科醫院裡是不大合適的，它包含了那個只能輕聲提起的詞——（*blind*）——就像傳染病的媒介一樣，跟我把手杖帶入候診室一樣有種令人不快的氣氛。

在我的病歷表上，我有的是 scotomas（盲點），而不是 blind spots[11]。eyepatch 是醫療用的，有時小孩子可能需要戴上幾個月（莉莉五歲時曾經帶了一年，讓她的童年照片加倍又加倍的可愛），不過 blindfold 則是室內遊戲時的道具，是擂台主在從某人頭上射蘋果之前戴的東西，或者你面對行刑隊時要戴上的東西。

在我有機會完全參透這一套語意學之前，護士要求我把眼鏡拿下來。她拿了一片紗布遮住一眼，並且用膠帶固定在位置上。有一段短暫的停頓，彷彿雲霄飛車上升到最頂端的時刻，接著她對另一隻眼睛進行了同樣的程序。就這樣，我真的看不見了（blind）——這下沒有其他詞彙可以形容了。

護士導引我回到候診室的座位。它和我原本的位子不一樣，這微小的屈辱令我不快，因為我無法獨力找到自己的座位。我強忍著迫切想看手機的慾望，我的錄音機還在錄音，我把它放在雙腿上，讓它（還有我）盲目聽著從房間裡傳來的任何聲音。

視覺是一種向量：視線指向了一個方向。但是聽的時候，我們是在一個場域聆聽，藉由注意力來區別我們想聽的東西，而不是一個直接的凝視。聲響的哲學家（還有搖滾音樂會裡嗑藥狂歡的人）喜歡說，「我們擁有眼睛，但無法閉上耳朵。」要指示人們聆聽的方向比較不容易；因為聲音會自然朝我們湧來，不管我們想不想聽。

10. eyepatch 和 blindfold 在中文都翻譯成眼罩，不過二者所指的物品有些微的差異。eyepatch 多半指用於醫療或保護用途的眼罩，通常是單眼；而 blindfold 則多指為了遮蔽視力或阻擋光線用的眼罩，通常是一副（雙眼）。如作者所暗示的，在眼科醫院裡，院方可能有意識地儘量避免使用和 "blind"（失明）相關的字詞。

11. 「盲點」是視野中模糊或遮蔽的現象。scotoma 是盲點的醫學專有名詞，而 blind spot 則是盲點在英文的一般俗稱。作者這裡說他的病歷表寫的是 scotomas 而不是 blind spots，似乎暗示一方面可能醫院方面基於專業的原因，另一方面也是和前述「眼罩」的用詞一樣，有意避免使用和 "blind"（失明）相關的字眼。

在候診室，我聽到有人坐在我旁邊，我對著空無打起招呼，對著一個屁股接觸椅子的磨擦聲自我介紹。「嘿，你好。」一個聲音說。我不知這聲音是否出自我稍早前交談過的人，我和他聊起從州的西半邊到醫院來回的交通，然後我們被紙杯裝滿水的顫抖聲，以及飲水機塑膠出水口的撞擊低音所打斷。原來我就坐在飲水機旁，靠它意外的近！這讓平凡無奇的聲音化成足以打斷談話的爆裂音。

我發現帶著雙重眼罩讓我和這位男子的談話變得容易許多，沒有維持眼神接觸的壓力，沈默彷彿被製成實物，昇華成充滿整個房間令人舒緩的霧氣。他跟我談到了他妻子眼睛的問題；他正在等她接受檢查，然後我點點頭，一邊想到沒看到人卻點頭的怪異之處。他是否接收到我的點頭？這時候點頭是否還有什麼道理？

如此經過了半個小時，護士回來引導我到視網膜電位圖檢查室。我被戴上雙重眼罩，是因為我需要完全適應黑暗，才能讓這個測試順利運作。只有專門眼科醫院才有這種設備；自從我第一次被診斷之後，還沒有接受過這種檢查。在黑暗的房間裡，護士摘下我的眼罩，並幫我配戴上特殊的隱形眼鏡。這個特殊晶片有細小的電線拉出來，眨眼會變得很困難，就像喉嚨裡有一根粗塑膠管還要吞東西的情況。我設法在繞過線的周圍眨眼。

當我終於見到醫生，我們的對話等於是複製我與其他視網膜專家說過的話：**你這是典型的 RP，目前無藥可治，維他命補充錠也許有幫助，兩年之後再來回診。**我不禁懷疑這次的約診有何意義——許多罹患 **RP** 的人過一陣子就乾脆停止了診療，因為對一個不需要醫療設備就能觀察到的進展持續進行檢驗，實在太惱人了。

我的醫生讓我看了我在光學的《危險邊緣》節目——視野測驗——失敗的參賽表現。這就是那個曾讓我聯想到冰塊的示意圖，用來描述我已經失去了多少視力：兩張大致對稱的圖表，代表我的兩個眼睛，在它們的中央有個搖搖晃晃的橢圓形（我殘存的中心視力），兩側是兩片細長的弧狀物（代表周邊視力）。醫生說這狹長的弧形是我用來四處走動的視力，它有個臨床術語叫「**行動視力**」，也就是病患看見近距離物體的能力。如果一位病患無法用視力瀏覽一個房間，不管他還能不能閱讀大字體的印刷物、或是看出某人的樣貌，醫生都會判定他已經喪失了行動視力。

我的醫生看似無害的用詞——「你用來四處走動的視力」——接下來一整天在我耳中迴響——就這麼迴響了兩年，直到我再次回診。「行動視力」這樣的概念聽起來像是我一旦失去視力，實際上等於失去了雙腿。

在我的想像中，當我失去那兩小片的周邊視力，莉莉會點點頭，起身，默默走到地下室，拿出她早就準備好、藏在那裡的搖椅。她會溫柔導引我坐到搖椅上，再給我一張毯子，我把它攤放在膝蓋上。我會在咖啡桌上四處摸索找遙控器，找到之後接下來的五十年，我會緊緊抓著它聽著電視的聲音，直到安詳死去，依然坐在那搖椅上。**我正式的死因**

是：長期失明。

（我原以為**末期失明**（*terminal blindness*）是我自己捏造的虛構疾病——直到我讀了貝克特（Samuel Beckett）的《終局》（*Endgame*）。那部劇裡，半盲的克洛夫將一個不曾出現的角色佩格媽媽的死因歸咎於全盲的哈姆，因為哈姆不願為她的燈添燈油。「你知道佩格媽媽是怎麼死的？」克洛夫語帶責怪地問哈姆：「**因為黑暗。**」）

當然，醫生的意思只是說，少了行動視力，我將無法像現在這樣視力四處走動——她並不是否認盲人仍有可能去攀登聖母峰或獨立環遊世界，比過往的明眼人或盲人都還走得更多更遠。假如醫生引用某些鼓舞人心的盲人成就，或是描述盲人尋得獨立的可能性，可能只會讓人徒生厭惡和感傷，而且很可能對當下的我沒有太大用處。

但這並不是她的作風，她的預設模式是就事論事、懷抱同情的坦率，這對一個每天都必須告知或提醒人們，他們正緩慢失明且無藥可醫的醫生來說，或許是比較有效的態度。我感謝她的據實以告，但也馬上在腦中產生了某個無望的畫面——動彈不得的被囚禁在自己腦中——而她卻沒有設法做任何事去改變。

談話的最後，她認為我符合麻州的法定盲人標準，但是上午他們給我做的視野檢查並沒有按照州許可的標準進行。如果我想要得到官方的認定，需要再重新做一次測試。

美國直到一九三〇年代才有對盲人的法律定義，用來判定誰有資格獲得「新政」時期為盲人提供的一系列聯邦服務和福利。正如盲人退伍軍人協會主任後來指出的：「比起其他原因，有更多的人是**因為定義而失明**。」如今，有兩種主要方式可以達到法定失明的標準。第一種是「視力極差」：如果你看不到斯內倫視力檢查表最上方巨大的E——即便戴上矯正鏡片，用你較好的那隻眼睛都看不到——你就是法定的盲人。我的法定失明則是根據另一項標準，「視野範圍」，它測量的是隧道視力的狹窄程度。正常的視力大約一百四十度，二十度或以下就會將你歸類到法定失明的範疇。

我的醫生對這個建議似乎突然顯得尷尬，這跟她先前告訴我即將失去行動能力時的態度截然不同。她巧妙提供我做第二次視野檢查的選項，並強調這完全由我自己決定，如果我不想做，她完全能理解。但是，為什麼我不想成為法定盲人？她說，有些病患會非常抗拒，他們不覺得自己失明，不想成為盲人，也不希望它成為身上的標籤。其中許多人還在開車（雖然他們不該開車）或是仍然從事需要視力的工作，他們不想因為某個其他人的定義而成為盲人。

我瞄了一下我的手杖，它忠實地靠在角落。成為法定盲人正是我一直等待的認可。有了法定盲人的身分，我更能好好擁抱失明。

很快地，我又去窺看那座小圓形劇場，緊抓我的搶答按鈕，進行最後一輪註定失敗的視力《危險邊緣》遊戲，它將決定一份新的獎品。

做完檢查之後，醫生回來告知我已經合格了，他會給我一份表格，讓我可以寄給州的盲人委員會來註冊相關服務。她用嚴肅的語氣說明著，以防我突然跟她提過的病患一樣，因為法定身分加入了「**盲人**」這個詞而崩潰。不過我對這個消息有一股興奮感，彷彿值得一番慶賀。那天，是第一次我感覺自己似乎通過了一次測驗。

＊＊＊

幾年之後，我的家人在住家附近的猶太會堂參加了戶外的猶太新年儀式。我們以前從未參加這種活動，不過奧斯卡很快就要上希伯來學校，因此我們認為每週把他丟到學校兩次之前，我們也該設法參與一些活動，讓他可以早點習慣。我母親剛好也來訪，天氣晴朗，我們一起坐在白色的大帳篷裡。

我們到的時候，沒有人過來和我們交談——COVID的疫情規定是大家不許閒聊——我感覺到我的手杖引來習慣性的注視，特別是孩子們；小孩子的注目眼光總是比較不委婉。儀式進行得很甜美、無聊、順利——放了許多音樂，孩子們陸續走到台前讀禱文或領唱。奧斯卡要跟著過去並沒有讓我特別欣喜，但我也不覺得需要反對。

接著，拉比請負責兒童活動的領導人分享一首詩，說是科林斯（Billy Collins）以小男孩口吻寫的，小男孩的母親在他每次抱怨時，就命令他「**跪下來感謝上帝給你好視力**」。我感到全身緊繃，如同每次聽到電影或電視節目用負面或憐憫的方式提到盲人時一樣的反應。「我的腳踏車只有三個檔，」他們朗誦道，「**跪下來感謝上帝給你好視力**。」這首詩就這樣不斷反覆這句話，詩人從容易抱怨生氣的童年，逐漸變成對母親滿懷感恩的成人——顯然，也很感恩上帝——「賜予我雙眼來看世界，來認清這些字。」

儀式結束後我們走回家，莉莉、我母親和奧斯卡都熱切表示這首詩令他們感到不自在，奧斯卡似乎很高興加入我們對於猶太會堂和科林斯七嘴八舌的批評。我的家庭團結氣氛真美妙。我們簡略地聊到如何對這首詩做不同的詮釋——我們是否漏掉了什麼？它是否真如我們所記得的那麼糟？不過緊接著我在手機上找到了詩歌的本文——它曾經出版在進步派的猶太雜誌《復興》（*Tikkun*）上面——沒錯，我們記得沒錯，它確實很糟。有什麼好誤解的？**跪下來感謝上帝給你好視力**。

一個星期後，莉莉轉發來她寫給拉比的電郵。「我的丈夫安德魯是法定盲人，」她寫道，「我們全家都覺得不自在，因為我們加入了新的社群，卻聽到一首詩指示我們要為好視力表示感謝。我希望你們在未來對這個問題能夠留心，也多注意這類文字強化的健全主義概念。我相信還有許多有趣且較沒有爭議性的感謝詩可用。」

奇怪的是，這種感覺像我們婚姻關係的一個里程碑。不光因為莉莉站出來捍衛我——

如果我真的很生氣而不只覺得不開心，那麼我會自己寫信給拉比。但是她寫的訊息意味著她開始內化我的眼盲經驗，她對那首詩感到不滿，不僅是為我打抱不平，那是她自己的不滿。這令我感動。

拉比的道歉回應，把問題的重點放在我們自身的反應上（「我很抱歉這讓你們覺得不自在」）。我把它當成是另一個常見的健全主義者偏見，但是我也隱隱然有不安的懷疑——我這是盲人的偏執嗎？——覺得它反映了對於失明某種特殊的宗教態度。拉比想到的，會不會是《妥拉》[12]裡頭，禁止殘障或身體殘缺的人做奉獻或擔任神職的經文？

> 任何有缺陷的人都不符資格：盲人、瘸子、某個肢體太長或太短都不行；斷了腿或斷了手臂都不行；駝背的、或侏儒、或眼睛長瘤、或有癬疤、壞血病、或睪丸破裂的都不行。

在《塔木德》[13]有段經文把盲人列入四種「類型」（另三種是窮人、痲瘋病人，以及沒有子嗣的人」），這些人被認為「和死人沒兩樣」。

奧斯卡很抵觸猶太學校的開課。不過等到他發現學校多半時間在玩遊戲和唱歌，沒有那種節日的冗長儀式，就喜歡上它了。同時，我也開始找別的理由將失明和我的猶太身分連結在一起，它始於繼兩年前的看診之後，在波士頓的另一次眼科約診。

＊＊＊

我即將失明，不僅一次，而是一次又一次。即使我失去的是臨床上極少量的視力——比如說，八分之一度的視野——這種衰退感仍是一種大災難。**又一大塊視力沒了！**我心想。**整棟樓一定就快塌了……**。不過接著又回穩，幾個月都沒有新的變化。原本感覺像傾頹廢墟中的巨大缺口開始變得正常、消失了，成了如常景觀的一部分。

我在心理上治好了我自己，之後又來回好幾次重新診斷自己。一旦我適應了某個變化，並感覺有一陣子很穩定，我就會開始幻想：其實我的 RP 並沒有那麼糟，我可以跟這種程度的失明共存。我又回到診斷最初的那種感覺，淡然面對 RP 相關資訊——以及整個

12.《妥拉》（*Torah*）是猶太教的核心。它的意義廣泛，可用來指《塔納赫》（希伯來聖經）二十四部經的前五部（即一般人通稱的《摩西五經》），也可以指涉《塔納赫》的所有內容。「妥拉」的希伯來文原意為「指引」。

13.《塔木德》（*Talmud*）是記錄猶太教律法、條例和傳統的宗教文獻，在猶太教中具有重要地位。「塔木德」在希伯來文的原意為「教導」或「學習」。

失明者的世界，就像漠不關心的學生看待英國宗教改革一樣：它想必對某個人很重要，但那個悲哀、孤單的人離我們太遙遠。接著，我的視力又受到一點侵蝕，新診斷的戲劇性又重新被開啟。喔，這是真的！我得了退化性的視網膜疾病！

在這種情緒患得患失的狀態下，日常生活出現狂亂的改變。某天早上，我拿了把刀子和一顆白蘿蔔放在砧板上。當我從冰箱放個東西再回來，刀子就不見了！我驚恐地盯著白蘿蔔看，因為我知道它仍舊在刀子旁邊，但是刀子不在那兒。我到底有多瞎！我仔仔細細掃視砧板周圍，最後刀子終於又出現在我的視線裡，就靜靜躺在我把它放下的地方。我心煩意亂，開始削蘿蔔。

到麻州眼耳醫院複診的那星期，我正處在這種災難性的情緒當中，感覺整個世界就要消失。我第一次看診，醫生就告訴我會在二十幾、三十幾歲時視力會慢慢衰退，然後隨著接近中年，惡化將會加速。如今，接近中年的我拿著手杖走過麻州傑出眼科醫師的熟悉畫像，經過一般檢查後，我坐在無人的檢查室裡擺弄我的錄音機。

一位年輕醫師走了進來，他說他是研究員，擔任我平常看診醫師手下的住院醫師。他問我視力如何——這是個狡猾的問題，因為他面前就有早上出爐的檢查結果。我帶著面臨災難的心情，迫不及待跟他說：終於來了，我青少年時期的預後——加速的退化，視力如跌落懸崖般下降——如今即將到來。

我和他分享了菜刀在砧板上消失的不祥故事。他讓我把話說完，然後用實事求是的口吻說：「RP 並不是真的會這樣。它衰退的情況比較像線性的，不是像對數那樣。」這些數學的表達方式幾乎無法用我腦海裡的小黑板推算理解。「RP 不會突然間惡化，」他解釋，「衰退往往會保持一個穩定的速率。」我仔細咀嚼他話中的含義。它跟我過去二十年來的認知完全相反。「真是意外，」我說，「這是好消息！不過……真是讓人意外的消息。」

他問我，是否接受過州盲人委員會的協助服務。眼科醫師對他們所診斷和量測的視力損害的實際生活體驗，多半沒有深刻的認識；跟盲人會面並聆聽他們說話，在絕大部分醫學院裡並非訓練課程的一部分。但我的視網膜醫師們甚至知道我有資格參加哪些盲人復健（有助於我思考如何在沒有視力的情況下，繼續過上充實而有生產力的生活），這已經讓他們領先大部分的醫生一大步。

在取得法定盲人資格後——它甚至附送一張有特殊護貝的身分證！——我接受了專家提供的第一輪訓練課程。他們教導我正確使用手杖，而不是像過去一樣純粹儀式性地帶著它四處走，彷彿馬上要轉交給在附近等候的某位盲人 CEO 一樣。

我的指導員建議我，想像每走一步都踢到手杖，當我的左腳伸出去，手杖就擺動到我的右邊，反之亦然，如此一來，我向前走時就可以清除每一步的道路。委員會也介紹了一堆我因為視力還太好以至於用不上的輔助科技，例如掛在杯緣的小裝置：倒咖啡時，杯子一裝滿就會發出刺耳的尖叫聲。有幾位職業訓練顧問似乎暗示我**還不夠瞎**，無法接受他們的服務：「我還以為你的視力……不是這個樣子。」我告訴研究員，我打算等我到達即將來臨的關鍵點，也就是喪失行動視力和閱讀文字的時候，就去接受第二輪訓練。

「你不會那麼快就沒法看書的，」他用惱人的輕鬆口吻說著，這消息應該是令人歡樂的驚喜，但我的開心卻夾雜著古怪的失落感。前晚，一個熱門的播客剛接受了我寄給他們的提案，內容是關於盲人的閱讀科技。我原本構想了一個以即將喪失閱讀能力的感受為主題的故事，但現在，我該提出什麼樣的觀點？我還有辦法寫一本關於盲人的書嗎？我正要告訴自己還有其他人有關於失明的故事，巴特勒說我或許已經準備好跨過那個階段，但此刻我越來越困惑，我的旅程究竟已經走到哪一段？

緊接著又接受一些檢查後，我終於跟真正的醫生面對面說上了話。雖然研究員再次跟我解釋，沒有證據顯示我失去視力的速度像我所說的那麼快，不過我的醫生這時緩頰說，我會覺得視力喪失得很快，可能另有原因，只不過檢查只能做到這麼多。這很像是空洞的保證，很顯然他們都對檢查結果很有信心，只是基於責任感，才會對病患主觀但畢竟是錯誤的認知，做些口頭安慰。

接下來是另一個意外：我上次看診完曾經抽血，以安排基因的檢測。由於我不想為了快速檢測而多花幾千塊，所以我的樣本排了一年多的隊才交由醫療單位評估。它的結果剛剛送回來，醫生終於可以跟我分享，是什麼樣的基因突變導致了我的 RP。它叫「MAK-1 基因突變」——她跟我說，這最常發生在阿什肯納茲猶太人（Ashkenazi Jews）身上。**我正是！**我對這兩位毫不感興趣的醫師露出誇張的笑臉。

這個資訊有幾個重要意義：它代表如果這個突變的基因療法要進行臨床試驗，我將有資格參與。在這之前，我只有資格接受一般療法，不過治療 RP 最有機會的做法牽涉到標靶的基因療法。MAK-1 基因突變是超過六十種可能導致 RP 的突變之一（研究人員每年都會發現更多），一直到二〇一〇年才被確認出來，對這類病患的研究仍然非常少。

醫生告訴我，其中一份研究觀察了二十四名帶有這個突變的人，有五人直到七十多歲都還維持少部分的中心視力。**到七十多歲！**先前因研究員懷疑我的失明體驗以致於覺得自己像在騙人的感受，如今已然消失無蹤，取代的是未來幾十年可能仍有視力的興奮之情。

各種畫面腦海中快速閃過：奧斯卡的高中畢業典禮、莉莉充滿濃情的凝視、陌生的幼兒面孔——那是我的孫兒們，還有夕陽、三明治、電影、C-SPAN（美國的公共事務有線衛星電視網），這個世界為我的歡樂和啟迪而創造的所有景象，將可一直延續到二〇六〇年！片刻之後，我想起了那年稍早到我家的輔助科技指導員。他跟我說，「RP 就是慢。我幾個有 RP 的老客戶，有些人現在還看得到螢幕！」我問他們能看到什麼程度——還看的到字嗎？「噢，不行，」他說。「我的意思是，他們能接收到有事件發生，有快訊跳出來。」

研究報告裡，七十多歲老人還擁有的視力，是否就是這種幾乎可以略而不計的中心視力？（我想像著一個擠滿了年邁眼盲猶太人的實驗室，正抱怨著研究人員提供的小點心品質。）或者，它代表更多的視力，可以讓某些人看到文字、臉孔、風景？

接下來還有我是否會把疾病遺傳給奧斯卡的問題。這在我們知道我有什麼樣的突變之前，根本不可能判定，但現在可以簡單查出來，而且有很高的確定性。遺傳諮詢師耐心解釋基因遺傳的基本原則，這是我在八年級就該記得的事：我的 RP 形式是一種染色體隱性遺傳的疾病，這代表如果莉莉有 MAK 基因突變，那麼奧斯卡就有四分之一的機會有 RP。莉莉也是阿什肯納茲猶太人，她有較高的機會是這種基因的攜帶者，但如果她不是，那麼奧斯卡就不大可能有這種病。我跟諮詢師保證，莉莉會接受檢測。

突然間，我感覺到失明除了是生物學上的遺傳，也是一種文化上的遺傳。生物學當然和文化密不可分：你的父母親是誰，是你存在的基本生物學事實，同時也是大部分人文化 DNA 的來源。在我的大半生，我隱約從生物層面、大致在世俗層面、深刻在文化層面，感覺到自己身為猶太人。我的外祖父成年後就不再去猶太會堂，但他一輩子編寫舞台劇和電影表達出世俗而被同化的猶太人特質，他的作品讓所謂「猶太人特質」在二十世紀中葉轉變成一個廣大觀眾所接受且喜愛的美國文化風味，成了影集《歡樂單身派對》的前驅。

而另一方面，失明對我而言完全不帶文化意涵，或者說，它是我過去自我認知中完全陌生的一個文化。在我過去的觀念裡，殘障就是建立在憐憫和慈善之上，與智力被貶低的感覺密不可分——就像在我上公立學校時，那些從來沒有聊過天或一起玩耍的特教學童。如今失明成了我傳承的一部分，雖然猶太人和這個疾病似乎有著特殊關係，但過去我從不曾把它和猶太人的身分聯繫在一起。

我的猶太遺傳諮詢師告訴我，MAK 基因突變的發展是因為猶太人維持封閉的人口，在小的離散群體之間通婚，讓基因庫一代代窄化，因此有些特定疾病——乳癌、囊腫性纖維化——在我們之間變得更為常見。

我外祖父的自傳式劇本《少年十五二十時》中，我很喜歡的一個橋段和疾病有關：劇本裡的母親凱特有個迷信：她害怕大聲說出嚴重疾病的病名，像**癌症**或**肺結核**這類字眼，她只敢輕聲地悄悄說。她的兒子尤金是劇中的敘事者，也是我外祖父的化身，此時會大肆嘲笑她，然後刻意悄聲說著那些「較不嚴重」的疾病，比如氣喘。

我後來讀到桑塔格（Susan Sontag）的《疾病的隱喻》才得知，外祖父是呼應斯湯達爾（Stendhal）在一八二七年的小說《阿爾芒斯》（*Armance*）率先提出的觀點——究竟是有意或是無意，我無從得知。桑塔格指出，「主角的母親不願意說『肺結核』這個詞，擔心說出來會加速她兒子病情的發展。」

儘管外祖父嘲笑這種醫學上的迷信，但他自己也是世界級的慮病症患者。當我告訴母親，我感覺自己強烈抗拒去理解 RP——關於這疾病如何作用的基本細節、哪種幹細胞療法最有希望等——她回答說：「我老爸也一樣。『告訴我吃哪個藥就好了。』」他會這樣跟醫生說，只想盡快結束話題。

我外祖父的喜劇風格——抱怨、嘲笑、執迷於疾病、死亡和苦難，但最終充滿同情的關懷——感覺是深刻猶太式的。如今，在我與盲人世界接觸時，我開始好奇是否存在一個東西叫做「盲人的幽默感」。在奧蘭多的 NFB 大會上，我不時聽見講台上的盲胞領袖那種黑色的荒謬幽默。NFB 主席里克波諾在一次抽獎活動時說：「好了，如果你中獎了，請把手舉高或發出一點聲音，或高高舉起你的導盲犬用力揮舞。」

我以前聽過這笑話的另個版本。丹・高德斯坦（Dan Goldstein）是 NFB 最近退休的明眼人律師，他告訴我的一個故事說明了這個組織對幽默的態度。

丹在二〇〇〇年協助 NFB 發起對企業的第一起數位無障礙的訴訟，控告美國線上（America Online）。當時的 NFB 主席莫瑞爾（Marc Maurer）對他的工作表達了讚賞。丹說他來自德州，有著鄉巴佬的口無遮攔，於是他未經思索就用鄉下老粗的方式回敬了莫瑞爾的讚美：「嗯，就算是一隻瞎了眼的豬，在暴風雨的半夜有時也能在玉米田找到橡實。」所有人在那一刻剛好安靜下來——他們在巴爾的摩 NFB 總部的餐廳裡，周圍都是正在用餐的盲人專業人士——丹差點就要羞愧而死。

那天稍晚，丹的電話響了。「你還在介意嗎？」莫瑞爾醫師問道。「好吧，」他接著說，「讓我來跟你解釋，盲人的笑話有兩種。」莫瑞爾告訴他：第一種，是不可接受的盲人笑話，它是基於刻板印象。例如，「脫線先生」[14]這個笨手笨腳、老態龍鍾、不知道即將大難臨頭的卡通人物，是不可接受的，因為他老是危害自己，和任何他一路會碰到的東西，這放大了無能盲人的刻板印象。莫瑞爾可以舉出長長一串嘲笑盲人的類似例子，包括中世紀巴黎的公園裡，眾人觀看全身披甲的盲人試圖殺豬的景象。

而相對之下，可以接受的盲人笑話，往往是荒謬式的。莫瑞爾的例子是：「一個盲人走進一家百貨公司，開始抓著導盲犬的尾巴在牠頭上揮動。店員問他，『有什麼需要幫忙的嗎？』『不用了，謝謝，』男子回答，『我就是隨便看看。』」

14. 脫線先生（Mr. Magoo）最早是在一九四九年由 UPA 動畫工作室創造的卡通人物。他是一位年長、富有、身材矮小的退休人士，由於罹患嚴重的近視，加上他頑固拒絕承認這個問題，因此陷入一連串滑稽的處境。這個好萊塢的知名角色多次被改編成動畫影片、電視影集和真人電影。

＊＊＊

在巴黎的 Quinze-Vingts 收容所，住這裡的盲人穿著有黃色百合花徽章的制服，表明收容所和皇室的附屬關係。而正如惠特利（Edward Wheatley）在關於中世紀歐洲文學中的盲人的書中所指出的，創辦 Quinze-Vingts 的法王路易九世先是強迫法國猶太人配戴黃色徽章，之後他的繼任者才對住在 Quinze-Vingts 的盲人居民做出同樣要求。

惠特利寫道，猶太人和盲人同樣被指控貪婪而懶惰，這兩個群體都被當成是社會中的異類，與不誠實和犯罪的活動有關，而且「這兩個群體被邊緣化，至少有一部分要怪他們自己，猶太人是因逃避皈依基督教，盲人則因充滿了罪惡或缺乏信仰。」

在二十世紀，猶太人和盲人被理解成生物學上的事實令人很難否認。納粹也讓猶太人戴上了黃色徽章，而一九三〇年代前半，納粹公務人員至少為三十萬人進行絕育，特別是針對兒童和有遺傳疾病的人，包括了因遺傳因素失明的人。二戰期間，納粹從絕育進一步演變到所謂的「安樂死」，在使用毒氣對付猶太人之前，納粹科學家用毒氣室謀殺數以千計的殘障人士，包括許多盲人，這項代號「T４行動」的計劃在戰爭期間總計謀殺了超過二十萬殘障人士。

到今天，殘障可以被視為生物學上的事實（你的眼睛無法正常運作），或是社會的建構物（失明之所以有問題，是因為這個世界是為明眼人打造）。不過盲人實際生活的現實就和猶太身分一樣，是存在於兩種極端之間的某處。研究殘障的學者正試圖擺脫醫學和社會的二元對立，而朝向——評論家史騰（Jonathan Sterne）提供的說法——「一個具有歷史向度的生物學概念，以及具有生物學向度的歷史概念」。

我是猶太人，因為我父母是猶太人，但也因為一些更難以言喻的東西，我的身分感覺是奠基於文化上而更甚於生物學上的。我與其他盲人因為這種共同經驗而親近，儘管我經常理解到這種親近感是膚淺的，而且有所誤導。有時我很確定自己和這些團體沒有任何關聯，也不想建立關聯，儘管我無可避免是這兩個群體的成員。憎惡自我的猶太人已經是老掉牙的說法。那麼，憎惡自我的盲人呢？

＊＊＊

結束眼科的約診後，我回到飯店房間，吃了一包在迷你吧裡無敵貴的 M&M 花生巧克力，試著用點過散瞳劑的眼睛閱讀電子郵件。我的醫生意外地打了電話過來告知驗血結果。（我定期服用的維他命 A 提高了肝臟受損的風險，因此我每年都要驗血追蹤狀況。）她說看起來一切正常。當她準備掛電話時，我攔住了她。

「我知道稍早你們都解釋過了，」我說，「但我還是有點搞不懂。」雖然他們用不同方式講了好幾次，我仍不確定我聽的對不對。「當初診斷時，醫生告訴我，中年之前退化速度緩慢，之後就會加速。但你們今天說它會穩定而緩慢的退化。為什麼說法不一？」

她提醒我，我被診斷出來是在二十年前，如今醫生預測視力喪失的度量標準已經進步了。中心視力的穩定性是出了名的難以預測，但他們剛發現的基因圖譜，加上我看診至今的視力變化，可以判斷出我視力退化的速度比當初被告知的還要緩慢。

「我已經開始學習點字了，」我聽到了自己平淡的聲音，「我一直假定自己只剩幾年有用的視力。」醫生說，「如果是我，就不會急著學點字。第一，我聽說對成年人而言，它真的很難學，也因為我認為你的視力還會穩定好一陣子。我不希望你覺得像在搭雲霄飛車那樣即將往下暴衝。沒錯，你的中心視力可能出現變化，」她做了結論，「但有機會在未來二十年都不會出現變化。」

我打電話給我父母，聽到了他們的興奮反應，讓我感覺真實了些。二十年呢！我打電話給莉莉。「你的出書計畫泡湯了！」她開起玩笑。我等著她也做出興奮反應，但她的反應較具有批判性——她試圖用分析法來理解這件事。她問，「那麼，那些黑石榴是怎麼回事？」我決定每次覺得視力衰退，就用一些隨意取的代號來形容，而不是說「我覺得今天眼睛又更糟了！」免得奧斯卡知道。**黑石榴**就是我想出來做為失明的代號。「你之前不是瞎掰的吧？」這是個好問題——這也是我該問自己的問題。這些黑石榴是不是我編造出來、用來告訴別人「我覺得今天眼睛特別糟」，以得到同情的擁抱？

那晚我在飯店酒吧和幾位南岸（South Shore）的商人喝酒，在喝得相當醉的時候，我把醫生的好消息告訴了他們，他們堅持再請我喝幾杯。隔天醒來我出現嚴重的宿醉，準備到南站搭巴士回家。

那是個明亮的早餐——不像前幾天那麼寒冷，不過沿路仍有成堆的冰雪。我以前不曾走路到車站——通常都是搭地鐵——我有兩次轉錯了彎，最後走到了一個鋪著圓石子路的殖民時期村莊，此處體現了新英格蘭古色古香的魅力。我沿著一條路旁是十八世紀連排別墅的巷道走著，街道空蕩蕩，寂靜無聲，沒有任何活動。

我的視力感不一樣了。我對視力的喪失一直保持不敬的態度；我想製作的播客節目名稱暫定為《可惡的漿塊》（Vile Jelly），這是我從《李爾王》作品中引用的詞。在這部劇中，康華爾把葛羅斯特的眼珠挖出來時，他說：「出來，可惡的漿塊！你現在還會發光嗎？」我的視力已經不管用，我試著讓它去，用冷硬的喜劇氣魄迎向這個失敗。

但那天早晨朝著燈塔山步行，失明的感覺消退了，就如晨霧在午間消散。或許，我可以規劃一下有視力的生活。我一直活在視力的死刑即將到來的陰影下，而在昨天，一位年輕的眼科醫師不經意為我減了刑。我望著手中的白手杖。我還需要它嗎？還有哪些事是我搞錯了的？

我從石子路的街道走到了波士頓公園，一片由雪、草地、和低矮石牆組成的空地，突然間我停了下來——我差點從陡降到公園的幾級樓梯摔下去！在我的手杖揮空之前，我完全不知道有個樓梯。好吧，我的心臟猛烈跳動，不得不承認手杖還有些用處，畢竟我仍是盲人，至少在一般人眼中是如此。

走過公園，我明白了過去這幾年，我從未真正讓自己享受視覺之美。一個即將失明的人，溫柔欣賞著山坡、青鳥和孩子的臉，這麼做感覺太心酸、太俗氣、也太痛苦了。一想到我看到的是將來看不到、可歸類為美的事物，立刻讓我感到退縮。我應該牢記這些景象嗎？不可能的，有太多東西要看，而且我無法控制有哪些景象會被記住或遺忘——這正是觀看的樂趣所在，它帶來的驚喜最終成為腦海中不可磨滅的印像。

另一方面，我好奇身為盲人要如何體驗這些景象——我可以掌握到什麼聲音、觸感或氣味元素？屆時我能感受到什麼？如果我請莉莉或是奧斯卡描述，他們會怎麼說？

這是保護性的反應，一種一再被拒斥的視力。但是穿越白雪反射光芒的公園，蜿蜒走在樹木、鳥類、慢跑者及小徑間，我體驗到多年來第一次允許自己享受的純粹視覺愉悅，整個世界的影像彷彿同時在我眼中湧入又湧出。

我的視力曾經被阻塞、停滯、凝結，看東西時困難、掙扎、昏暗，但那天上午我感受到看東西的輕鬆自如，視線毫不受阻，不費力氣就延伸到數英哩之外。這是許久以來我第一次不是看著世界消失，它充滿了驚奇，單純就出現在那裡。如果我沒有跪下感謝上帝給我視力，至少我離那兒更近一步了。

這個感受延續了約一個月，直到我的視力再度衰退。

第二部 失落的世界

The Lost World

4. 男性凝視

一天晚上，我們到剛認識的某個家庭吃晚餐。搬到這裡後，我曾與這家人的爸爸一起喝咖啡，發現彼此有些共同點。這一餐原本的安排是期待兩家人可以成為朋友：媽媽跟媽媽、爸爸跟爸爸，還有孩子們。晚餐時，奧斯卡和他們家的孩子很快就吃完，在精心佈置的後院跑來跑去，而這位爸爸則決定把「大人的話題」引導到對我視力的質問。

說實話，這不是平常的好奇探問，而是更強勢、侵入式的質問我對這一切感覺如何。我過去也遇過這種情況：隨意刁難的提問者，把輕鬆的晚餐對話當成磨練他們新聞採訪技巧的機會。我有些不悅，但不至於過分生氣。最後他問完轉向了莉莉：「有個快要失明的**丈夫**一定很辛苦喔？」他嚼著剛烤好的肉一邊問道：「那是**什麼樣的**感覺？」

我感覺像被一支魚叉給釘在了椅子上。莉莉和我不曾討論過跟一個將失明的人結婚有哪些辛苦；我憤怒的是它成了茶餘飯後的話題。而莉莉為什麼得在這種時候，在這裡，面對這個英俊但討人厭的爸爸？她有些慌亂地避開了這個問題。

一兩年後，莉莉在地方報紙上看到了這個英俊而討人厭的爸爸的名字。她故意逗我——她知道從那之後我就對他很感冒——她說，「嘿，你看看誰上報紙了！」「我恨死那傢伙！」我回答，隨即發覺不該說這種話——我並非真的恨他，我也不希望奧斯卡有樣學樣，說他也恨某某人。奧斯卡已經學我們會用誇大的口氣，開玩笑地把無傷大雅的不方便（牛奶喝完了、或是玩 Uno 打壞了一張牌）說成「爛透了」——所以我努力注意我的用詞。

想當然耳，奧斯卡馬上聽到了我的回應：「你為什麼恨死他？」他問。我支支吾吾：「我沒有恨他，」我說，「只不過……」我解釋，「我們去他家時，他跟媽媽說，『哇，跟一個快要失明的人結婚一定很辛苦。』」我聽著自己的說法，覺得這根本不是令人滿意或合邏輯的答案。但奧斯卡卻接的很順口：「為什麼跟一個盲人結婚會**辛苦**？」我判斷不出他是在否定這種想法，還是真心好奇，不過我選擇把他的提問當成對那位討人厭爸爸的自以為是，表達出他的不可置信。

「就是說嘛！」我說。心中對他充滿疼惜。他是站在我這邊的！跟盲人結婚到底有什麼好辛苦的？我們攜手對抗起那位講話不懂分寸的爸爸。但下一刻我不禁想，我們的結盟，是否對抗的是**任何一個**膽敢暗示失明是種負擔的人——我也要對抗莉莉嗎？我看了她一眼。她默默聽著我們說話。

* * *

莉莉和我一起打造和維護的世界，是個越來越盲目的世界。我緩慢適應我的失明，比我視力喪失視力的速度稍慢了幾步，而一般來說，莉莉又落後我幾步。

當我們初遇時，我的視力損害幾乎完全看不出來，她喜歡我們走入黑暗的酒吧時，她導引我到桌邊的感覺，還覺得我得把手搭她肩上很可愛。不過在我們戀愛過程中，黑暗空間裡微小的親密動作並未讓她意識到失明的廣大現實。她不曾認識過盲人。

在我使用手杖之前，莉莉的朋友有時會因我的視力而感到困惑。我會錯過他們伸出來準備握手或擁抱的手，之後他們私下問她到底怎麼回事。直到最近，莉莉才告訴我這些事，有些朋友會強烈關切我狀況的各種細節，並對我之後將會全盲表示震驚；有些人則單純意會不過來，用懷疑的態度聽著她的解釋。

莉莉也同樣感到困惑。經過我多次撞上東西和錯過別人的手之後，她才總算理解我的視力是怎麼回事。此後當我視力一再變化，她也必須趕上配合。隨著視力惡化，我不再開車和騎自行車，退化的部分也越來越明顯。

和許多伴侶一樣，我常認定莉莉在親密關係中能接觸到我的想法和感受，因此我將經歷的一切對她而言應該是顯而易見的，但我忽略了和我最親密的人畢竟不會讀心術，每當我提到失明，我總用一種含混的玩笑語氣帶過，就像談論所有讓我覺得不自在的事一樣。當我第一次將手杖拿出來，對她而言只是布魯克林的某個平常夜晚，她其實完全沒有意識到我是看不見的，頓時就像失明突然闖進了我們的生活。後來我們聊起這件事，她說，當時我看起來好脆弱，令她感到害怕，就像有人要搶劫我一樣。對她而言，失明和脆弱是同義詞。

我討厭莉莉把我視為脆弱者——而且不是那種治療師和愛人希望你勇於展現的「正向」脆弱。對她來說，失明代表著你的敵人希望你出現的脆弱，意味著你的弱點將成為容易下手的目標。在策劃製作關於「失明」主題的播客時，我邀一位朋友帶著錄音設備到家裡來，錄製一段我和莉莉關於這個話題的對話。我們將進行那個不懂分寸的爸爸想聽到的對話。配戴了麥克風，還有我朋友在場——他扮演類似帶著編輯視角的「伴侶治療師」——讓我終於敢於去詢問莉莉那些我原本選擇迴避的問題。我們坐在奧斯卡遊戲室的小椅子上，這是屋裡最安靜的房間，至少在他去幼稚園上學的時候是如此。

「我認為失明會給男人帶來特別的挑戰，」莉莉說。「有很多方面會讓人覺得喪失男子氣概。一般觀念會認為男人應該主掌一切、保護他人。」她試著坦白——帶著同情心、體諒我內心可能的感受——但在我聽來就像一種告解。疾病正逐漸奪走我身為伴侶的價值，這種弱化會隨著視力的喪失而加深。我早已感受到這種對男子氣概的打擊：她或許會覺得我在酒吧裡把手搭在她肩膀上很可愛，但在潛意識裡的某個角落，我可能覺得應該是我要帶著她穿過那些桌椅。

或許當奧斯卡問我為什麼討厭那位爸爸時，我應該這麼說：因為他用一種越界、不該有的親密口吻，暗示失明會讓我和你母親的關係變得複雜。即便這是事實，也不是他應該說的，並且這讓我們很不自在。他的問題暗示了失明讓我成了一個不夠完整的男人，一個打了折扣的丈夫，而且就算我能想像出你媽依然愛我、尊重我這個失明者——一個眼盲男人——的人生，仍然有些不可避免的痛苦和情感矛盾，是我們尚未去探索的。而且，當時他就像 L. L. Bean 名牌服飾模特兒的模樣，刻意炫耀他為人父親的氣概，而我則彷彿被閹割般坐在椅子上，放縱自己吃著洋芋片和沙拉。

這樣有回答到你的問題嗎，孩子？

＊　＊　＊

莉莉和我搬到紐約市一年之後，我們發現，上街時我突然跟不上她的腳步了。她覺得惱火，之後演變成吵架。我的態度是：**妳到底是有什麼問題？妳就不能等等我嗎？**她的立場則是：**我當了一輩子紐約客，走路自然會快速繞過堵塞人行道的觀光客啊，我就不**

懂，你為何不能跟上？我無法相信我還得提醒她：**退化性視網膜疾病咧？被落在後面不難受？**她思考。她理解。她道歉了。她為了我在人行道減慢了速度，不然我就是抓著她的手臂，緊跟著她繞過大群的遊客。

後來，手杖自行解決了這個問題，用它強大的符號象徵沖散了聚集的路人。不過，接著又是新一輪重新調整適應的過程：比如在廚房掃地，我會遺漏掉幾堆污垢，或是擦拭櫃台檯面只擦了四分之三，卻以為事情已經處理完畢。莉莉一開始的反應是不高興——為什麼你的打掃變得這麼沒效率？——之後才理解是怎麼回事。然而，她因我喪失視力而生氣的那些短暫片刻，卻似乎令人難以忍受。

有些時候，我試著讓莉莉為我即將面臨失明的兩大里程碑做好準備：喪失文字閱讀能力，以及喪失行動視力——也就是我用來辨認門、出入口和街道地址的視力。我嘗試解釋我們需要做的調整，但事實上，我自己也沒有真正理解那是什麼。在學會使用點字標籤機之後——我還沒用上它，那是我在點字課上最早學到的單元——我開心告訴她，「我們以後可以把買的所有豆子罐頭都貼上標籤！」我講得信心滿滿，掩蓋了我完全不知道自己在說什麼的事實。

稍後，在我們的播客治療療程裡，我驚訝地聽到這句話對她造成的衝擊。她說，她試著想像為每罐食物貼上標籤的景象，那令她感到未來無比艱難！我想我不經意給了她一種印象，認定她將成為我全天候的個人看護，每星期花好幾個鐘頭為所有生活用品貼標籤，而且（我自己聽到的潛台詞）誰知道還有些什麼別的事：幫我把食物切好、幫我穿衣服……她的職涯結束了，取而代之的是她得照顧我，她的新巨嬰。如今我們還沒解決豆子標籤的問題，它純粹仍屬臆測，這個問題已經被延後，等我無法分辨黑豆和鷹嘴豆的時候再說。

隨著視力惡化，我們之間的這類對話也日益改善，主要是我們逼自己進行這些對話，不再需要有個播客製作人來引導我們踏入這個領域。

最近，我請她不要把她新奇的潤髮乳和神秘去角質素等瓶瓶罐罐排在浴缸邊緣，因為我每次進出淋浴間，都會把它們撞翻而砰砰作響。

在過去，這類小要求總是充滿了緊繃的壓力，她也是在緊張的談判氣氛中接受這些要求——她想要的生活方式，又多了一些因我視力而帶來的負擔。她討厭我提要求的糟糕口氣，一方面像高高在上做出指示，一方面又擔心她的反應而畏縮討好。但現在，當我提起浴盆雜物的問題，她會直截了當地回答：「聽起來有道理。我可以做到。」然後我們相安無事。這個家已經調整到了適應目前的失明程度。

＊＊＊

奧斯卡還是個嬰兒時，晚上每隔幾個鐘頭就會大哭，我會把他抱在胸前，坐在皮拉提斯球上做點猛烈的彈跳。他臉朝著我的背後，而我則注視前方看著第一季的《陰屍路》（*The Walking Dead*）。那是一種不大協調的經驗，殭屍的血腥畫面有如裝滿牛肉燉湯的人形水球在螢幕上爆炸，而我則抱著珍貴嬌弱的小生命，哭聲伴隨著殭屍受害者的尖叫。但是我有幾個月無法好好睡上一覺，我在皮拉提斯球上無止盡彈跳時，也需要有東西填補我。

「陰屍路」很快成了我們的家庭用語，做為「末日情境」的代稱。我會說，「如果是『陰屍路』的情況，那我就吃那個。」或者，「如果這是『陰屍路』，我會用那個做武器。」這個節目吸引人之處是它有種荒謬的急迫感，有點像新生兒帶給我們的生活感受：當情況已經不可能更瘋狂，又有一打殭屍從林子裡跑出來，四面楚歌的主人公該怎麼從**這團難關**中找到出路？

即使奧斯卡出生前，在莉莉懷孕時，我就感受到一股新的強烈保護意識。在購物商場，在去餐廳的路上，我會警戒地環顧四週，注意可能的攻擊者和危險。奧斯卡出生後，這個感覺更強了，在半夜兩點觀看《陰屍路》則加劇了這種感覺。我在皮拉提斯球上狂亂彈跳時焦急想著，如果那群殭屍攻擊我的家，我該如何保護他們兩人？我甚至無法開車逃跑。我或許只能用球棒、或者獵槍——如果家裡有這些東西的話——給他們一般性的傷害。但是，萬一殭屍等待我失去行動視力之後再發動攻擊怎麼辦？

殭屍等候著他們的時機。我勤勤懇懇地換尿布，帶奧斯卡上圖書館，組裝郵購的傢俱。男子氣概被削弱和被貶低的感覺依然存在，不過這是潛伏而緩慢的滲漏，我只能盡我所能阻止它的流失。

在我們的播客診療會談中，莉莉承認她會擔心當奧斯卡和我單獨在公共場合，別人會怎麼看待我們。當時奧斯卡還在讀幼稚園，她認為有些人會認定一個拿著白手杖的男人單獨帶著一個小孩並不安全。**她**認為很安全，因為她知道我會很小心，但其他人會怎樣看？這是她的「陰屍路」情境。

在我幻想的情境裡，我需要保護家人的情況，是萬一我們成了氣候難民，或川普政府把社會帶向真實世界版的《使女的故事》（*Handmaid's Tale*）[15]。而莉莉的恐懼則沒有那麼虛幻，她著重在家庭層面的災難：萬一有人看到我拿著手杖時心想：「綁架那個盲人的

15.《使女的故事》是加拿大作家瑪格麗特．愛特伍（Margaret Atwood）於一九八五年所著的反烏托邦小說，描述在不久的未來，美國因為戰亂及災禍而瓦解，極權主義基督教重建主義取而代之。在基利國（Gilead），多數女性地位低落淪為雜役，少數仍具備生育能力的則被選為「使女」成為權貴的生產工具。

小孩應該很容易」？（當時我們還不知道有真實案例，的確有社工人員會認為父母失明無法安全照顧小孩，而迫使盲人父母和他們的嬰幼兒分開。）不過，我們兩人的擔心都是基於眼盲代表著「脆弱」的老觀念，我視力的喪失，讓我難以成為我原本認定應該、以及我想成為的男性角色——那個在末日情境中拿著球棒和鏈鋸的硬漢守護者。

＊＊＊

很顯然，性是一種觸覺行為，不過對有視力的人來說，性慾通常始於視覺。我們的眼睛首先相遇，隨後才是身體的其他部分。我們渴欲對象的影像，象徵著我們對其他部分的愛意——接下來，如果幸運的話，就會相愛。

當我和莉莉剛開始約會，我坐在離她公寓幾條街之外的辦公室裡，反覆看著她發布的幾張照片（我們剛剛加了彼此臉書），儘管我們整個週末都在一起，而且當晚還要見面。吃晚餐時，她的雙眼看著我，混合著羞怯、聰慧，以及至今我無法確定的神秘、熾熱的內在元素。

我很幸運能和她相愛，我不擔心失明會削弱那種感覺。我知道我會想念看她的日子，首先是看她的眼睛，當奧斯卡說出驚人之語時，我們那種心有靈犀的交換眼神。我也會非常想念看著她一天結束後，換下她優雅、迷幻的外衣時的儀式。不過，這些都不會是感覺相愛或彼此吸引的先決條件。

澳洲神學家赫爾（John Hull）在中年失去視力之後開始做錄音日記，記錄他所經驗和觀察到的世界變化——他與家人朋友的關係、對聲音和空間的感知、他的夢境等。赫爾將一切轉錄下來出版成《觸摸岩石》（*Touching the Rock*）一書，這是關於成人失明經歷最詳盡的現象學描述，同時比任一集《陰屍路》更讓人覺得害怕，那是我讀過最嚇人的書。

當赫爾安靜地描述自己的情感生活，這書開始讓人覺得心痛。我閱讀這本書的速度，簡直媲美我讀恐怖小說的慢速度，看著赫爾耐心地衡量他恐懼、幽閉、孤獨、抑鬱和悲傷的程度、構成和原因。我不只一次在睡前讀了這本書之後，在一小時之後驚醒而陷入徹底的恐慌，在黑暗的臥室裡無法呼吸或看到任何東西。耳鳴震耳欲聾，我感覺自己被活埋了。

赫爾在一九八四年一月七日的日記不算太恐怖，不過確實說明了**失明如何改變了對自我的感知**。赫爾寫到慾望和影像最初是統一的：他說，看到一個物品，是讓我們對它興起慾望的原因。他也許有生理上的飢餓感，但失明讓影像和慾望脫節了，他體驗不到原本看到食物在盤子裡的那種渴求感。「有人說，『你的湯來了，』或者說『先別急，服務生還在給大家上菜。』」赫爾如此寫道。

「不過，這是什麼？」我問。「這是炸牛小排。」噢，我知道了。但我知道了什麼？我聽到了句子，也相信此話不假，卻少了激發實際慾望並將慾望轉向這食物的視覺線索。

對赫爾來說，性也是同樣的道理。**慾望已經和影像脫鉤，興奮感因而減弱**。他仍能感受到生理上的悸動，但是「香水的殘痕和聲音的微妙變化，和有視力的男人見到有魅力的女子所感受的全身衝擊相比，是如此微不足道。」

值得一提的是，大部分早年失明、或失明已久的人會覺得赫爾的觀察很荒謬——他們能夠享受食物和性，就跟明眼人坐在餐桌前沒兩樣。因此，赫爾的回憶錄或許不是描述盲人的一般經驗，而近於一種哀悼視力減退過程的記錄。

我隱約覺得如果莉莉看過赫爾的書，就會理解我的恐懼，以及我內心逐漸萌生了一個想法：失明本身會帶來智識、哲學及心靈擴展的可能性。

一個星期六早晨，她靠在廚房櫃枱上很配合地翻看這本書，並讀到了前文所述的段落，赫爾在探討不知道他人長相在社交上所代表的意涵。赫爾寫道，有時他會請朋友「簡單描述」他剛才遇到的人的相貌。如果對方是女性，他希望知道她長什麼樣的渴望尤其強烈：「我想知道她頭髮是什麼顏色？有什麼穿戴打扮？長相漂不漂亮？畢竟我是男人，出身在明眼人的文化裡，有些被制約的男性期待心理。」

赫爾對自己的好奇心感到矛盾，但他忠於日記的懺悔形式，忠實記錄了感受：「或許我該做些改變，」他說，「不要讓我對女性的判斷受到男性被制約心理的影響；但是單純因為失明而強制我做出這種改變，實在很痛苦。」他就這樣繼續時而記錄自己想知道女性長相的渴望，時而譴責自己：

> 如果一位同事見過我剛認識的女性，評論她長得美貌或平庸，確實會影響我對她的感受。這裡存在著雙重的不理性。首先，我的感受不應如此依賴於女子的外表。這點我明白，我也要道歉。但我還是有這種感受。其次，外貌這個對我毫無重要性的判別標準，我竟受它影響而如此缺乏獨立判斷力，實屬可悲。

「呃——喔，」莉莉一邊說著把書闔上，我懂她的意思——應該赫爾也懂——但我很意外自己突然變得這麼有防衛心。我原本期待這書能引來一些同情，相反地，身為敏銳的學者，莉莉卻直擊了最具意識形態的癥結點：赫爾選擇了暴露並探索他自己反女性主義的盲點。

而我的防衛心態又說明了什麼？我是否也有和他一樣落伍的感受？我是糟糕的女性主

義者嗎？每當有人問我，以後可能會懷念看到什麼東西——這問題就像度假一樣，大概一年會發生一次——我總是在回答時夾雜著一些不合宜的玩笑話，試圖消解這種令人沮喪且無解的答案。我會告訴他們，我會懷念的是看到雲霧半掩的湯姆峰（Mount Tom）。弗朗茲．克蘭（Franz Kline）在當代美術館巨型的書法繪畫。還有屁股，包裹在如瑜伽褲一般彈性十足的摩登牛仔褲裡。

笑話從來都不管用。已經有太多人跟我說過，所以不管這問題多令我惱火，我已不再用這套說法來回答了。我短暫把它轉化成哲學思索——**沒了視力之後，男性的凝視會變什麼樣子？**——不過我朋友跟我說，這並不是個有趣的研究方向。然而私底下，我仍然糾結這個問題：赫爾想知道女人長什麼樣子錯了嗎？或者，我把女性列入我將會懷念的視覺現象清單裡，這不對嗎？

我不禁懷疑，我對這問題的持續關心，是否刻意為了讓自己分心。畢竟去思考那些真正令我懷念的東西：比如和奧斯卡玩耍時，彼此快速交換的會心眼神；或是莉莉遞來毫無預警的微笑，每每令我卸下防備——這些實在太過傷感和顯而易見了。

另一位同樣是中年失明、認真觀察的大學教授海因（Robert Hine）提到，「對盲人而言，沒有別的損失，會比愛人面孔變得模糊黯淡更嚴重。和愛人之間彼此交換的微笑，是無可取代的。」

不過海因也承認，視力和性有著不可避免的連結。在失明十五年後，他在六十五歲時透過一項實驗性手術恢復了部份視力，此後他承認自己沈迷於性事，他談到與「樂於配合」的妻子雪莉一起閱讀《性的愉悅》（*The Joy of Sex*）[16]和續集，而且用大量的性來慶祝失明的結束。

或許我只是嘗試用失去屁股的笑話，來軟化喪失容顏的痛苦。我知道這個笑話為何不明智：女性並非**視覺現象**——她們擁有複雜而內在豐富的主體。沒錯，但我想知道，她們不也同時是視覺現象，就和其他不是極微小、透明的、或被遮蔽的任何人或事物一樣？我認為，解決的方法在於認知到女性不是中性的凝視目標，男人觀看女人的方式，牽涉到一段漫長而暴力的歷史。

有天晚上，我在試圖釐清這些想法時，莉莉提醒我，男性的凝視把女性固著在一個索求、物化的視角，這種自以為是、侵入性的觀看方式成了系統性暴力的源頭。我在找尋的，是讓盲人保留他們的性慾，去觀看有魅力的人們的能力（即使是透過旁人描述的協

16. 《性的愉悅》是英國作家艾列克斯・康佛特（Alex Comfort）於一九七二年出版的圖文並茂的性愛手冊。新版於二〇〇八年九月發行，曾在《紐約時報》暢銷書排行榜上高居榜首達十一週，並有超過七十週位居前五名。

助），而不參與可能伴隨出現的物化過程。

我知道，就像赫爾一樣，我會好奇人們究竟外貌如何——而且如果假裝不對女性產生這樣的好奇，恐怕是不誠實的。我是否能保留這種好奇，而不致延續了貶抑女性的文化？這聽起來像是笑話，不過順著這個邏輯推論下去，我最終的完全失明有可能是女性主義的勝利——又一個男性的凝視終於熄滅了！

但是，視力的喪失並未真正終結男性的凝視。盲人同樣也是人，基於和明眼人同樣的理由，也想知道他人的相貌；當然，因為性而將對方物化的理由也包括在內。生活在一個以視覺為主導的社會，外貌在所有交流——不管是工作、情感、家庭和日常生活——之中都扮演著核心角色，某人外貌的細節帶有巨大的份量。

我認識一位二十多歲的盲人，他仍有殘存視力，但不足以在實際會面時好好看清別人的樣貌。不過當他用手機查看約會應用程式時，他可以準確控制放大倍數和對比度，清楚辨認這些被發布出來的女性照片。而另一方面，線上交友就和求職一樣帶給盲人許多挑戰：一旦他們透露自身殘障的事實，對話幾乎總是戛然而止。

於是，我的朋友藉由參加派對，盡力跟他看不大清楚的女性交往。他跟我說，他發現不知道這些女性的長相讓他快要抓狂，為此他發展出一套有關視覺吸引力的理論——我從其他盲人那裡也聽過類似說法——這是關於聲音的理論。

他的想法是，如果某人具有魅力，他們從小就會得到同輩和家人的正面強化，而產生因出眾外貌而帶來的自信。我的盲人朋友認為，在經過多年制約之後，擁有美貌者的自信，自然會從他們的聲音中透露出來；也就是說，聆聽某個人說話，你就可以判斷他們是否外貌火辣。

這種理論我個人認為是鬼扯——大部分有聽力的明眼人都有這類經驗，在看過自己喜歡的電台主持人照片之後，驚訝於他們的聲音所召喚的影像與現實中的長相存在了巨大落差！我的盲人朋友之所以執著於這個論調，是因為身為在約會情境下的盲人，這論調讓他重拾了失去的力量，他可以根據視覺偏好來評估他的性伴侶。顯然，他對自己的理論也是半信半疑，但他依舊堅持以此做為某種慰藉。

我們可以嘲笑它的膚淺——賴瑞．大衛（Larry David）在《人生如戲》（*Curb Your Enthusiasm*）裡把它當成一再上演的笑話：一個膚淺的失明男子執迷於找美女約會（賴瑞設計他跟一位穆斯林女子見面，她的全身上下包含臉都被罩袍遮住了）——但這種執著在盲人男女中尋常可見，同時他們也希望自己呈現出視覺上有魅力的樣子。盲人學校經常會開設教盲人如何表現自我的課程，這個技巧對他們融入主流職場及廣泛社交關係非常關鍵。

盲人 YouTuber 伯克（Molly Burke）有好幾支關於她自己身為女性盲人如何化妝的教

學影片。（其中最受歡迎的一部，她為網美 YouTuber 查爾斯（James Charles）化妝的影片，有兩千三百九十萬的瀏覽數。在影片下方兩萬六千多則評論之一說：「真難過，她是這麼的美，自己卻不知道！」）

即使是天生失明的人，在成長過程中，也會被塑造出他們關於美的概念而衍伸出的各種形象所淹沒——透過音樂、媒體對話、書籍和雜誌，以及朋友家人的評論。這和明眼人形成美的概念的過程是一樣的。現今尤其是如此，許多盲童可以透過手機或電腦螢幕閱讀器來上網（包括越來越多的色情語音內容）。至於過去幾個世代的人們，如果他們成長在保守家庭或就讀充滿壓抑的盲人學校，往往無法接觸到主流媒體或性教育，必須等到他們獨立生活之後，才有辦法找到超越小學程度的性知識材料。

儘管是這樣的現實，許多人仍然認為盲人不該在意外表。金摩（Jimmy Kimmel）在深夜脫口秀就用非常露骨的方式表達了這種非人化的態度。當時，演員兼音樂家葛洛佛（Donald Glover）擔任節目嘉賓，提到了如何取得史提夫・汪達（Stevie Wonder）的許可，才得以在他的 FX 電視劇《亞特蘭大》（*Atlanta*）某一集中順利使用了汪達的歌曲。最初，他送了那集的粗剪影片給汪達，結果汪達非常喜歡。

葛洛佛對金摩說：「他是怎麼辦到的？」現場觀眾都因為盲人能夠欣賞電視劇的奇聞而大笑。「這和他專輯封面的情況一樣。那些封面都做得好棒！他怎麼知道他的封面這麼棒？」金摩打斷葛洛佛，興致勃勃接下了話題：「你看看跟他結婚或跟他約會的女子，你會覺得說，『哇，她真美！』」

不管是葛洛佛或金摩，都無法想像汪達身為盲人，怎麼有辦法欣賞自己妻子的美？他們的對話暗示了一件事：汪達的專輯封面和愛侶，應該外貌平凡一點比較合理。金摩和葛洛佛的玩笑話圍繞著這些問題打轉：視覺上的美，對盲人有何意義？盲人有什麼資格和視覺上的美扯上關係？

十八世紀的法國哲學家狄德羅（Denis Diderot），就不像金摩那樣無法想像一個盲人如何欣賞妻子身形的魅力。「對他而言，皮膚表面的差異，細膩程度並不少於說話的聲音。」他在《給明眼人的論盲人書簡》（*Letter on the Blind*, 1749）如此寫道，「沒有理由要擔心他把妻子誤認為別的女人，除非他會因此得到好處。」

有些盲人採取這樣的立場——他們透過四種感官來掌握關於「伴侶魅力」所需要知道的東西。而且，確實在多數情況下，我們對一個人美的感知，遠超過他們在視覺上的外貌，他們的吸引力是眾多因素的組合：一個人的氣味、他／她的聲音、皮膚觸感、自我表達的方式、他們對待我們的方式，以及我們在腦中為他們編織的故事。

不過，如果要說實話，許多盲人還是希望了解他們視覺上的部分。我朋友海伊從小就全盲，他告訴我，「到了某個階段，你就會想問這個問題。這個人長什麼樣子？因為我們會好奇！」

我參加NFB的麻州大會時，全國委員會的朗恩・布朗（Ron Brown）發表晚宴致詞，他提到和同為盲人的妻子珍在一起的經過。他們相識不久，朗恩約珍出去，他拜託他弟弟將他送到珍的家門口。「咱們計畫一下，」朗恩跟弟弟交待，「如果她長得不怎麼樣，你就說，『看起來好像快下雨了。』如果她長得不錯，你就說，『**噢喔，今天真是陽光明媚！**哇，多麼美好的一天！』懂我意思嗎？」

朗恩和弟弟來到了珍的家門，他敲了門。珍開門出來，她在二十出頭因為視網膜色素病變而失明之前，曾經簽過模特兒的經紀約！「我弟弟站在那裡看著她，」朗恩說，「我一直在等他的信號。」最後弟弟說，「**哇喔，今天真是陽光明媚！**」珍回答，「是啊，天氣真不錯。」但朗恩的弟弟說，「不，我意思是，陽光真的**非常非常**明媚。我是說，今天是**非常美好**的一天！」

他弟弟就這樣說個不停，珍心想：「你弟到底怎麼回事？他是氣象預報員嗎？」現場NFB會員都被這個故事逗樂了。朗恩在結婚六年後才跟珍解釋這件事，她罵他真是個壞蛋！「各位知道嗎？」朗恩洋洋得意地下結論：「如今我們結婚三十三年了，今天陽光**依舊燦爛**。」

當然，女性盲人也想知道人們的外貌長怎麼樣。人類學家漢默（Gili Hammer）對女性的性別和性意識經驗的民族誌學研究中，訪問了四十位以色列的失明女性。一位受訪者說，「我真的對人們的外貌感興趣。當一位新講師來到大學教課，我朋友肯定都會問我，『艾薇亞，有人告訴你他的長相了嗎？』」漢默也發現，一些盲人女性經驗到不同於明眼人女性的男性凝視。「我感覺自己像空氣一樣，」一名受訪者說出自己身為盲人少女的經驗。「我感覺就像直接被他們給透視過去……我並未被當成女人或某個特定性別來看待。」

這顯然還不是最糟的。一位跨性別的女性盲人布拉瑟斯（Emily Brothers），當她被工黨提名為國會議員候選人，英國八卦小報《太陽報》的專欄作家問：「身為盲人，她如何知道自己生錯了性別？」在這種文化中，盲人成了獨身者、無性者，甚至無法認知到自己的性別或性取向。

＊＊＊

近年被控性侵的兩位高知名度的男性，喜劇演員比爾．寇斯比（Bill Cosby）和賭場大亨史帝夫．韋恩（Steve Wynn），他們在面對審判時都已經是法定盲人。寇斯比在晚年聲稱自己出現了「圓錐角膜」，這個退化性的眼疾導致他的角膜隆起。

面對被控下藥和性侵一名女子——以及其他五十九人類似、可信的指控——他和他的律師試圖挽回他的公眾形象，他們把寇斯比的失明當成回復名聲的關鍵：「一個七十九歲的失明老人，不可能為半個世紀前、他可能只見過一次的人所提出的性侵指控做抗辯。」寇斯比的律師在聲明中寫道。「失去了視力，寇斯比先生甚至無法確認他是否見過某些提出控訴的人，更不用說做出辯護和收集無罪證據。」這樣的論點實屬荒謬：失明並不會妨礙某人去辨認指控者和從事基本的法律抗辯行動。

韋恩的律師採取另一個不同的途徑，他主張盲人根本無法做出有敵意、或帶有性慾的凝視：「韋恩被指控『色瞇瞇地』看著舞台上的〔隱去人名〕時，就已經是法定盲人了。」一個盲人如何色瞇瞇地看？事實上，雖然視網膜色素病變有可能損害、甚至抹去韋恩的視力，但是男性凝視本身強烈而持久，並不會因為缺乏視力這種偶發的情況而受阻礙。

在訪問 NFB 全國大會的期間，我發現「靠北 NFB」性質的推特帳號發布了一些爆炸性傳聞，指稱 NFB 領導階層在明目張膽的濫權狂歡中，性騷擾其成員。在當時，我把這些指控當成刻意搞笑的誇大，但是兩年後，二〇二〇年，社群媒體爆發出了數十則來自 NFB 內部成員關於性虐待和性騷擾具可信度的指控，以及 NFB 高層無法適當回應的失職行為。NFB 聘用了律師事務所來進行調查（總共有九十三件申訴），結果找到了組織內廣泛存在不當性行為的重大證據。

其中一個NFB的知名領袖施羅德（Fredric K. Schroeder）在盲人領域有傑出的事業，包括曾擔任美國教育部復健服務行政室長官，負責管理二十五億美元殘障人士服務的計畫；擔任NFB主席近三十年的莫瑞爾似乎支持他擔任接班人。不過，外界調查發現施羅德涉及了「對由他負責督導的年輕女性，進行掠奪式的引誘行為，並且在飲酒過程中，進行猥褻和侵犯行為」。這項調查揭露，這種行為模式NFB高層最晚在二〇〇二年就已經知情，而且儘管有眾多申訴，「莫瑞爾卻無意介入干預」。這份調查說，「為保護年輕成員不受施羅德不當行為的侵害，還有女性成員建立了非正式的社團，她們設計了一套創意技巧來避免、或儘量減少和他的互動。」

施羅德悄悄辭去NFB的職務，沒有對廣大會員提出解釋或道歉。但是他並沒有離開NFB，於二〇一六年在NFB的支持下成為「世界盲人聯盟」（World Blind Union，一個連結全球主要盲人團體的組織）的主席。

二〇一九年，NFB在拉斯維加斯舉行的全國大會上，一名演說者在最後一刻取消了出席，令與會成員震驚的是，施羅德在此時上了台，當他被介紹出場的同時，有數十位成員立刻起身離席抗議。十八個月後，NFB總算展開調查。

當被攻擊的女性是盲人，她會面對更多一層的質疑。我參與的盲人團體中，有位女性告訴我她遇到這種雙重質疑的親身經歷。某天下午，她帶著導盲犬在住家附近走著，在路口等待過馬路時，聽到右邊傳來了腳步聲。突然間，一隻手猛然抓住了她的胸部，她對著看不見的攻擊者大聲喝斥。回到家之後，她立刻報了警。

兩名警探前來詢問：「妳有沒有聽到嫌犯的聲音？」

「沒有——他全程不發一語。」

嗯，警探還想知道：這位女士說攻擊事件發生在下午三點三十五分，但她怎麼會知道確切的時間？

她告訴警方，她戴了點字手錶。「他們懷疑我怎麼會知道時間，也質疑我為何要單獨出門，以及為何在那個時間出門，因為那時是冬天。最後，他們說還有更重要的案子要辦，例如抓毒品，但或許可以派個人跟著我，以防再度碰上類似事件。他們甚至建議我換個時間出門，不要在下午出去。」

她的故事摻雜了任何明眼人女性都可能遭遇到的懷疑和冷漠，另外還加上了因為她的殘障而產生的責怪和質疑——彷彿認定她根本不該一個人出門。**怎麼會帶著導盲犬在下午一個人出門！妳到底在想什麼？**

＊＊＊

八卦小報對寇斯比的失明額手稱慶，形容這是對其罪惡的天譴。「他的受害者可能會因為他陷入自身的地獄，而感到一絲安慰。」一個匿名來源告訴《紐約郵報》的娛樂版。「他遭遇退化性眼疾，如今已經全盲……他的好萊塢朋友全都棄他而去。」

在中世紀的英國，一位十三世紀的律師寫道，強暴應以失明為懲罰，「要挖其雙眼、取其睪丸，因為姦淫者的貪欲會從眼睛進入，性交的熱氣則進入他的腎。[17]」把失明視為象徵性、懲罰式的去勢，可追溯到古希臘戲劇和索福克里斯的《伊底帕斯王》神話：國王得知自己在不知情的狀況下殺死父親、睡了母親之後，拿著長針刺穿了自己的雙眼。

一位《華盛頓郵報》讀者評論說，「當我看見比爾．寇斯比戴著深色墨鏡，步履蹣跚地進出法院，手拿拐杖由代理的女兒（安蒂岡妮[18]？）攙扶著，我腦中閃過了失明的伊底帕斯離開底比斯的影像。」不過，這位投書者也指出，寇斯比並不像伊底帕斯那樣，是命運多舛的悲劇受害者。當然，寇斯比的失明也不是自我傷害造成的——但這無礙於大眾將他的失明解讀成因他的過錯而顯現的病徵，以及他罪行所得的報應。

17. 古代人認為睪丸和腎相通。
18. 安蒂岡妮（Antigone）是伊底帕斯的小女兒，也是索福克里斯另一部悲劇的主角。

伊底帕斯關於失明和性的意象，對我來說並沒有太大用處。理由很簡單，我想避免把失明視為象徵性的閹割，不管慾望和視覺多麼密切被連結在一起。相對之下，比較吸引我的是在索福克里斯的劇本裡，預告了伊底帕斯毀滅命運的盲人先知提瑞西亞斯（Tiresias）。

在奧維德（Ovid）版本的提瑞西亞斯起源故事裡，他見到了兩條巨蛇交配。他用手杖拍擊蛇，這個行為立即讓提瑞西亞斯的性別由男變女。提瑞西亞斯當了七年的女人，直到有天她遇到了另外一對正在交配的巨蛇，她再次用手杖拍打蛇，立刻又回復了「這個底比斯人出生時的形狀」。

多年後，宙斯和赫拉飲了神酒酩酊之際，爭論起究竟是男人或女人更能享受性的快感。他們想起了提瑞西亞斯兩者都體驗過，於是召喚他來仲裁爭議。提瑞西亞斯確認了宙斯是對的：做為女人，更能享受性。這使得赫拉大為惱火，於是令提瑞西亞斯眼盲。宙斯無法解除赫拉的詛咒，但為了彌補突然失明的提瑞西亞斯，宙斯給了他能看見未來的能力，「讓痛苦和預言相伴」。

我對提瑞西亞斯的故事也有點意見：他能通靈的超能力更強化了對盲人的迷思，讓人們認定喪失一個感官之後，其他感知就會變得格外敏銳。（這類故事讓人們經常問我，**你能比我聽到更多的聲音嗎？你聽音樂是不是覺得特別美妙？**）但是，我也深受他的變形記所吸引，包括其中各種怪異的性暗示（交配中的巨蛇、以長木杖打擊、導致突然的性別轉換）。

提瑞西亞斯做為一個男人和女人，做為一個盲人和明眼人，經歷了生活和性；他是在不同形式之間轉換和變形的象徵。他的失明，顯然和他逾越了性的常規有關：赫拉弄瞎他的眼睛，因為他膽敢宣稱比她更了解身體的愉悅。（在另一個版本的神話裡，提瑞西亞斯則是不小心撞見了裸體沐浴的雅典娜，於是這位女神弄瞎了他的眼睛。）

我個人的失明經驗，有時感覺像一場變形記的開始。性別（gender）和性向（sexuality）的政治學，雖然是和殘障無法相提並論的經驗體現，但是它們仍為我的經驗提供了一套有用的語言和框架。

當我走路時，我將折疊手杖收藏在提袋裡，感覺就像是入櫃的一種形式，而當有一天我終於把它拿了出來，這是具有風險的自我暴露——一種盲人的出櫃。殘障就和同性戀一樣，背負了一種污名，當我思考要如何克服污名時，我能想到最強大的例子是同志驕傲和

19. "crip" 是英文口語，是「瘸子」（cripple）的短寫，原本是語帶貶損的傷害字眼，旨在羞辱身障人士。如同「酷兒」在主流語言使用中，原先是恐同人士拿來辱罵同性戀者一樣，後來 "crip" 一詞被障礙權益運動者挪用，改寫成驕傲的詞彙，以抵抗主流文化的污名與負面標籤。

LGBTQ權利運動。我還不太能自在地稱呼自己是「殘兒」（crip）[19]——殘障人士權益運動裡類比於「酷兒」（queer）的挪用——但我仍舊從這個例子中汲取了力量。

如果某人改變了新的形貌，我們如何能說他仍是原本的那個人呢？尼爾森（Maggie Nelson）的《阿爾戈勇士》（*The Argonauts*）借用另一個希臘神話來理解性別認同的流動性。尼爾森的書名指涉到希臘船阿爾戈號，她融合了「忒修斯之船」這個古代的思想實驗，這艘忒修斯之船的船板被逐一更換，多年後已經沒有任何一片原本的船材還保留著，到這個時候，它還算是原來的那艘船嗎？「阿爾戈號的零件或許已經更換，」尼爾森寫道，「但是它依舊稱作阿爾戈號。」提瑞西亞斯作為「在兩個生命之間顫動」（艾略特在《荒原》裡對他的描述）——男人與女人、明眼人和盲人——但仍叫提瑞西亞斯。

當我顫動著逐漸深入失明的境界，我面臨了一個選擇：我可以繼續堅持自我的舊有形象，或者，我也可以就此放手，嘗試和接下來將出現的一切和平相處。

要堅持我舊有的男子氣慨，就像走在通往災難之路，一如阿爾戈勇士想要繼續航行，卻不去更換船上任何破敗的船板。假如我不調整自我的期望，我將永遠活在哀傷之中，充滿妒意地憎恨所有明眼人父親的生活體驗，他們可以毫不費力帶著家人去公路旅行、陪孩子做長途的單車健行、穿過人群與伴侶交換會心的眼神……一想到要放棄這些東西，就令人感到揪心的痛苦。

不過，我也想嘗試找到一個適合我的新形式，即便那個形貌和過去曾經的我全然不同。

5. 暗箱

二〇一〇年十月某個星期二早晨，艾蜜莉・葛肖（Emilie Gossiaux）的男友跟她說了我愛你，然後幫她戴好自行車安全帽。他們倆都是二十一歲，同住在布魯克林的公寓。她從紐約市的一所藝術學校柯珀聯盟學院（Cooper Union）休學一學期，在綠點（Greenpoint）擔任一位藝術家的助理。她打開人工耳蝸，把助聽器置入另一邊耳朵，跳上了單車準備去工作。騎車行過一條繁忙街道時，一輛十八輪大卡車右轉撞上了她。她最後被送到了表維醫院（Bellevue Hospital），在醫院裡她心跳暫停了整整一分鐘。她經歷了腦部創傷和腦中風，而且骨盆、雙腿和臉部都有骨折。兩天後，一位護士告知她的母親，說她已經走了，詢問家屬是否願意進行器官捐贈。

等葛肖在醫院病床醒來，她什麼都看不到，同時她的夢跟現實混雜在一起。每當有人要幫她戴上助聽器或把人工耳蝸裝回去，她都有激烈的反應，會用力把對方的手掐住或拍開。「我真的很需要睡覺，」她回憶，「我不想被打擾。」

回想起來，她認為當時醫院給了她大劑量的藥物治療，這應該是加重她解離狀態的原因。「我記得一直在等人開燈，等著太陽出來，這樣我才知道已經天亮，該起床去上班。」葛肖告訴我，「感覺就像是無盡的睡眠，一個無盡的黑夜。我同時身處好幾個地方。我知道有人碰觸我，但是我不知道他們是誰。」

她的醫生判斷，除了其他傷勢，她在這場意外中完全喪失了視力。他們拔掉她氣管的插管之後，她語無倫次地說話，間或咒罵或稱呼每個人為「達斯伍女士」（她和她男友才剛看過了電影《理性與感性》）。醫生認為已經對無法跟她進行溝通，安排送她到安養院。她母親白天照顧她，她男友則整晚陪坐在她身邊。

無法溝通的情況經過好幾天，耳科醫師建議他們嘗試「掌印溝通」（print on palm），這是一些聾盲人使用的溝通技巧，在葛肖的手掌上描畫大寫的字母。她開始能回應男友提的問題——她知道自己的名字，也知道今年的年份。她母親說，「問問她能不能讓我們幫她戴上助聽器。」葛肖隨口就答應了。他們為她戴上助聽器之後，葛肖也從她的夢境中醒來。頃刻間，她說，「我又回到了這個世界，重回了現實。」

完成物理治療之後，她必須學習如何像盲人一樣生活。最後她聯繫到了弗利特（Chancey Fleet），她是紐約市的輔助科技訓練師，也是 NFB 領導人。弗利特向她介紹了 BLIND, Inc.，它是 NFB 在明尼亞波里的寄宿訓練中心。

葛肖在那裡住了十一個月，學習閱讀點字和使用手杖行走。她也參加了一門工業藝術課程，學習用車床製作杯子和碗，和用槌子製作木雕。在晚上，她搭兩段公車到城市另一頭學陶藝，她是在那裡唯一的盲生。訓練課程結束後，她決定回到柯珀聯盟學院復學，並完成了藝術學士學位。「一開始我覺得這是不可能的事，而且有點可怕，」葛肖說，「我懷疑自己能重回校園，直到我去了BLIND, Inc.並遇上其他有雄心壯志的盲人，這件事才成為可能。」

畢業後，她在紐約大都會美術館擔任博物館教員，提供導覽和繪畫課程。她最後還進了耶魯，取得藝術碩士學位，如今在畫展辦個展，也在PS1當代藝術中心（MoMA PS1）、雕塑中心（SculptureCenter）和德國法蘭克福現代藝術博物館等地展出作品。

葛肖作畫時會把一張紙放在軟橡膠墊上，拿原子筆用力往下按壓作畫，讓紙上浮出和她繪畫線條一致的凸出痕跡。她可以用手指觸碰浮起的線條來構圖定位。她使用蠟筆著色，殘留在上的蠟質讓她靠觸碰就可以感覺得到。至於她的陶瓷雕塑，就像她繪畫作品的３Ｄ版本：俏皮而有卡通風味，帶著扭曲歪斜的不完美，這或許歸因於她的失明，或單純是她富有表現力的印象派風格。

在藝術上，這種視覺障礙和創新形式之間的關聯，至少從印象主義畫派誕生以來就存在。隨著晚期視力逐漸惡化，莫內在色彩的使用上也變得越來越狂野（最後他雙眼白內障卻未曾接受治療）。「紅色對我而言顯得混濁，粉紅平淡無味，介於中間或色調太低的則已經看不清了。」這時期的莫內如此說，「我的畫越來越暗，越來越像一幅『舊的畫』。」

後印象派的畫家塞尚有近視眼，而且覺得眼鏡過於「粗俗」而拒戴。有些評論家認為，他的視力不良影響到他繪畫在形式上的激進作風。與塞尚同時代的藝評家于斯曼（J. K. Huysmans）形容他是「視網膜罹病的藝術家，因視力缺陷而惱火，並因此發現了一門新藝術。」

葛肖將她二〇二二年在翠貝卡（Tribeca）的個展命名為《重要的他者》（*Significant Otherness*），這個展名稱借用自哈若薇（Donna Haraway）的論文「同伴物種宣言」（"The Companion Species Manifesto"），這論文是關於人類和狗之間複雜而交織的物種史。葛肖設定的既疏離又相聯繫的雙關語標題，乃是身心障礙者體驗的核心部分：她的導盲犬，一隻名叫「倫敦」的黃色拉布拉多犬經常在作品中出現，既是她的伴侶——一個「重要的他者」——同時也標誌了葛肖身分的差異。

二〇二二年五月，我出席她的展覽並和她見面那天，她把倫敦留在了家裡，這是為了保護她的髖骨，不想讓她為了搭地鐵而走樓梯。許多狗主人會像家人一樣談論他們的寵物，不過導盲犬的使用者和他們的狗有著更特殊的親密關係。由於幾乎在所有公共場合都需要仰賴導盲犬的安全引導，因此擁有一個依賴自己、同時你也（至少在情感上）需要仰賴的動物，這種如父母、甚至如伴侶般的感受會變得更加強烈。

展覽中的許多雕塑是倫敦在生活上的小配件：頸圈、牽繩、背帶、各種咀嚼玩具。另外有幾件雕塑和繪畫的主角，則是被葛肖稱為「狗女孩」的生物，她有些時候和葛肖創作的倫敦形象難以分辨，但有時則是人狗混種的形態，有著三排乳頭和長長的人腿。展出作品中還有幾件「短吻鱷女孩」。

在一幅名為《另我》（*Alter Ego*）的畫作中，一個女孩的臉從鱷魚的嘴裡探出來。她看起來並沒有因為成為短吻鱷的一部分而生氣；她眼神好奇而開放。她並不是被吃掉，而是變形了：一個女孩和動物的融合體。

我在畫廊和葛肖見面當天，她正在等候同樣也來參觀的朋友卡洛琳。卡洛琳過去和葛肖在大都會博物館就認識，她們曾一起擔任導覽工作。卡洛琳導引著葛肖在畫廊裡行動，不過實際上是葛肖導引我們參觀她的展覽。當我剛走入畫廊時，館方人員見到我拿著手杖，告知我有需要的話，他可以為展品提供描述——我拒絕了他；我還看得到圖像。

不過，當我跟著卡洛琳和葛肖在展廳內四處走動，我意識到我需要一些幫助——我差點就踩到了幾件倫敦的咀嚼玩具的雕塑，同時完全錯過了牆上眾多的小畫作。葛肖邀請我們碰觸她的雕塑，用手指摩擦表面上她混合油畫顏料的蠟，這是她憑觸感為陶瓷上色的方式。

我們的參觀在一幅名為《倫敦仲夏一號》的大型墨水和蠟筆畫前結束。葛肖無法再用手觸碰它，因為它放在玻璃後方，不過她當然對這作品瞭若指掌。「這是我的導盲犬倫敦，」她解釋，「不過牠們是一群倫敦，圍繞著仲夏柱[20]跳舞。仲夏柱其實是我的白手杖，它是可以折疊的，像這個一樣。」她原本挽著卡洛琳的手臂，現在她拿出那根大小和形狀就像根警棍的手杖，展示它如何伸長，立直幾乎和她鼻子齊高。

我看著她的手杖，再回頭看她的畫作，畫中的手杖宛如一座紀念碑，被三隻導盲犬圍繞著，牠們用後腿站立，並抓著延伸直到手杖把手處的紅色絲帶——實際上，它是牽繩——在綠色的鄉間開心地跳舞。這幅畫的細膩程度令我深受感動，散落在地面的葉子有鮮亮的紫色陰影，狗臉上有幸福洋溢的表情。卡洛琳說，「真是一幅充滿歡樂的畫。」

我對於那些因一幅畫而落淚的人，或者是聽交響樂會哭泣的人有類似的看法：我並不懷疑他們的情感，但是面對如此正式的藝術形式而產生這樣的情緒反應，實在有點不可思議。我一向用冷靜的眼光看待藝術，認為它確實值得討論和思考，但很少覺得它會激發有血有肉的情緒。不過聽完卡洛琳的評論，站在她和葛肖身邊的我卻為這幅畫而流淚了，為藝術家在盲人世界的束縛中找出歡樂而深深感動。

定向行動（orientation and mobility，簡稱 O&M）是盲人的終極技能，指的是對未受過訓練的盲人可能會感到敵意和困惑的環境中，安然找到出路的能力。白手杖和導盲犬，就是盲人的錘子和鐮刀、盲人的星條旗，代表著完全的獨立。但在實際生活中，對我而言，O&M 同時也帶來一種恐懼感——我偶爾會戴上眼罩來強化那些技能，因為如此一來，我就無法借助我的殘餘視力；光是嘗試不靠視力走過幾個街區，我的焦慮和所耗費的能量都令我感到氣餒且筋疲力盡。

不過，在葛肖的繪畫中，手杖和導盲犬不再只是工具，它們自輔助性的性質解脫出來，在風景中自在歡欣。在它們頭上的天空，橘紅太陽和藍色新月同時高掛，彷彿白天和黑夜融合在一起——這是一天之中的盲人時刻。

* * *

《倫敦仲夏》讓我聯想起馬蒂斯的《舞蹈（一）》（一九〇九年），同樣描繪圍成一圈跳舞的人物。馬蒂斯和葛肖都用優雅簡約的手法呈現主題；疏略的筆觸似乎強化了他們

20. 西方文化中，五月一日的五朔節（May Day）是春季傳統的慶典活動，人們圍繞著仲夏柱（或稱五月柱），手拉著從柱子頂部垂下的彩帶跳舞。

在舞蹈中尋得的頌讚氛圍。

馬蒂斯的作品高約八又二分之一英呎，寬十三英呎，它也是我印象中第一幅因為我日益縮窄的視野而無法完整看到全貌的畫作。那是在多年前剛開始使用手杖的時候，我在MoMA（現代藝術博物館）為了觀看整幅作品而不斷後退、再後退，到最後我不得不站到相鄰的展廳，從幾十英呎之外通過展廳的入口來看這幅畫。

之後我聽了MoMA的語音導覽對作品的描述。「對馬蒂斯而言，重點不在於寫實描繪圍成一圈的舞者樣貌。」MoMA策展人特姆金（Ann Temkin）在導覽中說，「《舞蹈》這幅畫用這樣的方式畫出來，你會了解它不是在某個可指認的特定地點，而在某個心境，存在於你的**心靈之眼**。」這讓我想到，心靈之眼也正是葛肖努力打造的所在。不過她的作品也引出了一個悖論：藝術的一個神奇之處，在於它用視覺呈現了不是用肉眼觀察的事物——但是你仍需要一雙看得見的眼睛，才能看到它。

在一八六三年，英國一個文藝雜誌刊登了一篇未署名的文章，名為「一個盲人如何觀看國際展覽」。這位盲人作者用他敏銳的四個感官漫遊在倫敦世界博覽會的會場。探索到博覽會的奧地利館附近，他聽到了隆隆聲響，彷彿他所站的地底都在震動。他寫道，「幾步路的距離就引領我到了全新的區域，」並提到「一進去，迎接他的除了腳下的震動，還有撲鼻而來的熱油氣味。」

他找到了博覽會的機械展區，在那裡待了很長的時間，仔細聆聽以破解各種工業聲響，並和工作人員愉快交談，他們為他描述了機器的功能和排列。整個會場中，他遇到許多像這般熱心的參展者，不只允許他碰觸展示品，還為他做口頭的說明。「他顯然很開心能為我介紹許多稀奇古怪的東西，」這位盲人提到在日本館的一位參展人員，「他仔細向我解釋每個物品，讓我在心中留下深刻的印象。」

只有到了畫廊，他的經驗才開始走調。「在這些人多卻安靜的休息場所，」他寫著，「一切都趨於沈默；甚至連走路腳步聲也被消音了。遊客的聲音壓低至喃喃低語，間或聽到通常在藝術評論才會使用的術語。」

在博覽會的其他地方，他是個參觀者，但在畫廊裡，他自己成了奇觀。他聽到參觀者悄聲評論：「天啊！不知道他來這裡幹什麼？」或是「他來這裡想幹嘛？他看不到畫吧？」另一個人則回答，「天啊，當然看不到！你看不出他是個盲人嗎？」這樣的經驗直到今日，在盲人參觀畫廊或博物館時仍然很常見。

不過，有些機構正努力讓空間變得更有包容性。大都會美術館和現代藝術博物館如今都提供所謂的「觸碰導覽」，邀請盲人參觀者觸摸一般大眾不能觸碰的藝術作品（通常會戴上塑膠手套），包括雕塑、大型作品的縮小複製品、甚至是畫作或素描的浮雕再現。

作家克里格（Georgina Kleege）在著作《目光所及之外：盲人為藝術帶來什麼》

（*More Than Meets the Eye: What Blindness Brings to Art*）中，描述了提供「觸碰導覽」給盲人參觀者的各種效益。對於複製品，她基本上不屑一顧，因為它們雖然提供了作品的結構，卻少了或可稱之為「觸覺真實感」的東西。她在大英博物館碰觸帕德嫩石雕（Parthenon Marbles）的模型時，對它的感受相當失望：「石膏有著滑溜、經過加工的感覺，和天然石材冰涼的趣味幾乎毫無共通之處。」不過在現代藝術美術館，克里格發現，馬蒂斯銅器的直接體驗給了她對藝術品具有啟發的獨特觀點，這是只能用眼睛觀察的觀眾會錯失的經驗。「當我用手掌心包覆著頭髮上巨大的突起，」克里格寫道：

> 我感受到，我的雙手或多或少就放在藝術家的手曾經放著的位置、在鑄成銅像前的泥塑像上。就我的了解，觀賞藝術品的樂趣之一，是站在繪畫或雕塑面前，感覺自己彷彿站在藝術家創造作品時站過的位置上。人們會產生一種錯覺，認為自己正透過藝術家的眼睛觀看這個作品。在這裡我擁有類似的感受，感覺自己和藝術家在塑造這個造型時的觸感，有著隱約的相關。

然而，克里格這種福至心靈的感應力，並未能延伸到對作品視覺上的理解。她寫道，「對於那個東西看起來會是什麼樣，我連最模糊的概念都沒有。我無法確切地說，那雕塑和一個活生生女子的頭顱到底有多相近。」

倫敦世博會上那位十九世紀的盲人參觀者也有類似的領悟：「如果我想向盲人呈現人的臉孔和身材的正確概念，」他寫道，「我絕不會考慮做雕塑，最簡單的理由是，這對盲人沒用，因為他根本無從理解。」

聾盲詩人克拉克（John Lee Clark）認為，觸感的美學有其自成一格的文法，完全脫離了物品視覺的表象。在談論觸感藝術的論文中，克拉克否定了攝影記者歐爾森（John Olson）的做法，他的公司 3DPhotoWorks 專門把平面影像製成浮雕的再現作品。「為什麼我們會想要一個再現某個東西的再現作品？」克拉克問。「為何不是那個東西在觸覺上的再現，完全跳脫視覺呈現？」他想像一個示威活動的展示品，裡面有著造型逼真的玩具坦克碾壓示威人群。「就觸感而言，」他寫道：

> 玩具坦克根本是個笑話，因為它用的是脆弱的塑膠零件，而且很輕，是中空的，沒有鎮重物。如果我想設計一個展品是關於極權主義的恐怖，坦克輾過人群如同壓過紙板般，那麼我需要有相當沈重份量的坦克。示威群眾，嗯，的確可用紙板製作，甚至可以比坦克還高。但是威力在於重量，這是坦克所擁有的。

碰觸導覽可以提供這類啟發，具有創意的策展人為視覺藝術創造了一些非常巧妙的轉譯，例如克里格所引述在倫敦的泰特現代美術館的展覽：「壓克力的大塊碎片用來暗示立體主義的支離破碎，而一塊類似隆乳用的矽膠片，則用來呈現達利融化的手錶的垂墜質感。」

不過碰觸導覽可遇而不可求，只有少數機構會提供這種服務，而且它往往少了參觀藝術展的自發性：你必須要幾個星期前預約，同時，你被允許碰觸的藝品數量也很有限（通常是相當陳舊）。要參觀完整的收藏品或是新的展覽，盲人參觀者仍必須仰賴口頭的描述。

＊＊＊

失明的問題，主要在於資訊的取得。書籍、雜誌、傳單、菜單、標籤、號誌、地圖、圖說、圖表、試算表、投影片、白板、照片、影片、藍圖、表格、圖解、插圖、數字：這些媒介的預設都是高度視覺化的。一位盲人朋友告訴我，他小時候去玩具店，會請朋友為他閱讀玩具盒背後的文字——並不是因為他想要買新玩具，而是因為他知道，這些文字所提供的資訊世界是無法用其他方法取得的。

在葛肖康復後，教導她如何使用電腦的弗利特是數位無障礙工具的領導者，她形容這種狀態是一種「圖像貧窮」。弗利特在紐約公共圖書館擔任輔助科技協調員，熱切推廣各種科技——3D列印機、點字地圖——讓盲人可以設計自己的圖像。她說，「如果我們仍然沒有生產觸覺圖表的工具，如果觸覺的圖表仍是由別人交給我們、不是我們自己創造的，我們就無從進步。」

從「圖像貧窮」的論述，以及盲人要取得生產工具的說法，我覺得弗利特就像某種視覺無障礙的馬克思主義者——一位鼓動和支持盲人無產階級的革命者，因為這群普羅大眾不僅受困於物質貧困，也被排除在無所不在的視覺資本流之外。

有兩個盲人播客節目，各自用其有限的方式試圖彌補視覺資訊的巨大鴻溝。《把描述告訴我》（*Talk Description to Me*）這個節目中，把新聞裡取得的影像（烏克蘭總統澤倫斯基的社群媒體動態、美國國會一月六日暴動的新聞畫面）或是其他盲人可能從未聽過其視覺細節的經典影像（洞穴畫像、亡者節的裝飾、月球），認真且完整地加以描述。

至於另一個節目，是威爾·巴特勒擔任共同主持人的《說我的迷因》（*Say My Meme*）也用同樣的方式來處理網路上的迷因，描述它的圖像和文字說明，並協助解釋笑話的笑點。（「想像畫面上一個很疲倦的海綿寶寶……他把雙頰鼓得像氣球一樣，明顯是在緩緩的呼氣，」主持人解釋，「你知道自己在充分享受當下的時候會呼一口氣的樣子嗎？然後，上面的說明寫的是，『自己把床單在床上鋪好之後的我。』」

作家布朗寧（James Browning）告訴我，一九九〇年代後期他在約翰霍普金斯大學讀研究所時，曾擔任退休盲人教授普萊斯（Kingsley Price）的助理。普萊斯是第一代的NFB成員，他就讀藤布洛克所就讀的大學中學，隨後也在一九四〇年代取得加州大學柏克萊分校的文學士和哲學博士學位。

布朗寧會為普萊斯閱讀書籍和文章，並協助他購物和對外通信。「他需要一個善於為他閱讀垃圾郵件的人，」布朗寧告訴我。「他真的勤於將**所有的**垃圾郵件看過一遍！」布朗寧必須幫普萊斯閱讀所有的東西，不管是信用卡的提供方案、或哲學期刊的退稿通知。布朗寧說，「他會挑出垃圾郵件中文字的明顯錯誤和近音詞的誤用，而且隔一個禮拜之後還說個不停。他在腦海中會想像出一整套的理論，想要推斷出：到底是哪個笨蛋會寄給我這種東西？」

布朗寧告訴我這件事時，我感到心有戚戚。在思考喪失視覺的世界時，我會覺得有必要優先考量某些所謂「重要的」圖像和資訊：我妻子和孩子的臉龐、瀕危動物、畢卡索。但是我同時也著迷於一些細微、隨手可拋棄的事物——留在路上某件令人玩味的垃圾、反方向的地鐵上瞬間瞥見某個入睡男子的面孔——這是羅蘭・巴特（Roland Barthes）所謂的照片中的「刺點」（*punctum*）：這是好心為盲者描述內容的人認為不值得一提的細節，但是它們遠比圖像中巨大、重要、明顯的主題，更能刺痛觀者。

「一張照片裡的**刺點**，就是會戳刺我的意外事件，」巴特寫到，同時補充：「但也會挫傷我，帶給我辛辣強烈的感覺。」我想，這就是普萊斯要布朗寧為他閱讀完每個信用卡方案和報紙分類廣告所想找尋的，這是種私人性質的尋找；當一個人需要依賴別人來幫忙做找尋的工作，這些可能就是最令他懷念的事物。

幾年前，奧斯卡開始上幼稚園，巧的是，班上有個孩子的父親也是盲人。孩子的母親叫由美，她在開學前幾週的迎新晚會上和我們寒暄：「我們家也有個盲人爸爸！」奧斯卡和這個孩子很快成了好友。如今我們兩家人常常聚會，我有時會看著由美和她丈夫海伊互動的方式，想像著將來我眼盲程度和海伊接近時，莉莉和我的互動會是什麼樣子。

奧斯卡八歲的生日派對上（時間是疫情發生前八個月，我們在一個玉米田迷宮舉辦派對），我們一起走過一個小型遊樂場，我聽著由美為海伊描述眼前的景象：「我們正經過一個關著動物的圍欄，」海伊的手抓著由美的手臂，「在這裡，你可以買用杯子盛裝的動物飼料；現在我們經過一個平台，你可以爬上去俯瞰底下的迷宮⋯⋯」在人數更多的人群中，由美的做法變得更有技巧，把她的描述盡可能自然地穿插在對話之中，實際上是為了幫助海伊容易理解。

園遊會的一大亮點是一個真實的暗箱，它從漆黑的小帳篷伸出一個瞭望鏡，把園遊會上下顛倒的影像投射在帳篷內壁，它運作的原理就和照相機或眼睛一樣：只有當光線從一個小孔穿過，影像才有辦法透過折射和投影而被辨識出來。當我們一踏入黑暗的帳篷，我什麼都看不到——感覺從園遊會的明亮歡樂走入了一顆失明的眼睛裡。不過奧斯卡導引我到裡頭的長椅坐下，隨著我的眼睛逐漸適應，我可以辨識出在牆壁上，那個外頭世界的倒置影像隨著帳篷布料起伏而起波動，模糊但依舊可辨。

＊＊＊

當盲人和他們的明眼人朋友一起看電影或電視時，與海伊和由美相同的互動模式也會在戲院或沙發上演。一些對話較多的節目，例如情境喜劇或益智遊戲節目，幾乎不需要什麼描述——大部分你需要掌握的內容，都可以在對話或敘述中聽到。但難免有些時刻會讓盲人觀眾感到困惑，或想知道發生了什麼事（或者，有時他們甚至不知道自己錯過了什麼）。他們或許會輕推朋友的肋骨，悄聲問，**怎麼回事？**

正是這種輕觸肋骨的經驗，讓舊金山創業家佛萊澤（Gregory T. Frazier）開發了提供電視和影片語音描述的最早一批正式節目。一九七〇年代初的某個夜晚，佛萊澤和一位盲人朋友一起觀看了電視上播的電影《日正當中》（*High Noon*）。他的朋友請他解釋裡頭發生的情況；由於《日正當中》是美國西部片，裡頭混合了各種令盲人觀眾難以分辨的音樂、槍響、馬蹄聲，以及喊叫。佛萊澤開始即時而快速地說明起來，在影片對話間提供簡單扼要的描述。

「賈利・古柏開槍打死法蘭克・米勒的時候，他已經變了一個人。」[21]《紐約時報》訃聞版是如此形容佛萊澤。佛萊澤報考了舊金山州立大學的廣播碩士課程，並在一九七五年交出關於「提供盲人解說服務新可能性」的論文。畢業後他得到了校方的聘僱，他的系主任奧古斯特・柯波拉（August Coppola）還和他一起成立了最早的語音解說公司，名為AudioVision。一九九〇年，奧古斯特幫佛萊澤聯繫上了他的弟弟法蘭西斯・柯波拉（Francis Ford Coppola），他的電影《塔克：其人其夢》（*Tucker*）成為第一部在家庭版發行時附有語音描述音軌的商業電影。

到了一九九〇年代後期，美國盲人理事會（ACB）呼籲政府立法要求電視網提供部分節目的語音解說，就如他們必須有一定比例的節目附有閉路的字幕。NFB堅持了在那個

21. 這段《紐約時報》的訃聞，是在模仿佛萊澤為影片所提供的語音解說。在電影《日正當中》接近尾聲最緊張的經典場面中，飾演警長的影星賈利・古柏（Gary Cooper）開槍打死了影片中的大反派角色法蘭克・米勒（Frank Miller）。

年代和ACB唱反調的立場，對於透過聯邦政府命令提供語音解說表達強烈質疑。不過，ACB的努力最後仍得到了成功，一九九九年美國聯邦通訊委員會（FCC）規定，要求四大電視廣播網和主要有線和衛星電視供應商必須提供語音的解說。

FCC的新規定促成了一些提供電視網語音解說的小型店家蓬勃發展。瑞克．波格斯（Rick Boggs）這位極少數在影藝界佔得一席之地的盲人演員，就成立了一間這樣的公司。

波格斯聽到關於語音解說的新規定之後，他用拍戲賺的錢在北嶺（Northridge）打造了一家先進的工作室，並為他的語音解說公司取名為We See TV（後來改名Audio Eyes）。全國性的規定只要求每個電視網在每週提供三個半小時的解說服務，不過他很快就拿到了ABC電視網的合約。他說，「電視台重播的期間，我們就沒飯吃了。」

瑞克早期的員工之一，是他曾負責指導的年輕盲人工程師克里斯．史奈德（Chris Snyder），他有著驚人的聽力——克里斯可以光憑你撥電話的音調就記下電話號碼。他小時候住在亞利桑那州的史考特岱爾（Scottsdale），靠著錄下《銀河前哨》（*Deep Space Nine*）等他喜歡的電視節目音效，建立起自己的音效庫。

他的父親是個自行車銷售員，克里斯就用他的四軌混音器和雙帶錄音座，來提升他從國會圖書館免費盲人有聲書計畫取得的有聲書，再加入音樂和各種從電視錄下的音效，製作出類似於廣播劇效果的有聲書，供他父親在美國西南方自行車店之間奔波的長途車程中收聽。

這聽來就像是他後來在Audio Eyes公司所做工作的原始版本：有電視音效、旁白及音樂，搭配在一起成了連貫的有聲劇。如此一來，有語音解說的電視節目，達成了與《Radiolab》和《This American Life》這類精緻後製的敘事播客節目相類似的美學效果。

幾年之後，Audio Eyes事業發展順利，為《左右做人難》（*Malcolm in the Middle*）和《七〇年代秀》（*That '70s Show*）等節目製作語音解說。不過NFB仍然堅持對語音描述的反對立場。即使是有個別成員樂於享受有語音解說的電影和電視節目，NFB做為一個組織，對於盲人團體要動用資源推動娛樂需求這種小事，依舊是表達不屑一顧的態度。

二〇〇三年，「美國電影協會」正在華府的巡迴法院向提供語音解說的聯邦規定提出挑戰（而NFB也提供了一份支持的意見書），當時一位NFB領導者就提到，「比起趕上黃金時段電視劇進度，盲人有更多重大的事需要關心。」他說，「我即刻想到的問題，包括工作年齡盲人的高失業率、盲人兒童點字識字率的下降，以及盲人長者無法取得獨立生活訓練以致不能入住養老院的困境。」

在判決中，華盛頓特區巡迴法院引述了NFB的立場，「這項規定應該因其專斷和反覆而予以駁回，因為FCC並未評估，視覺損害的人士是否真的想要或需要影片的解說。」這正是NFB在公開的對抗中經常提出的主張：因為他們沒有被納入成為參與決策過程的團體，自然就代表了未充分諮詢盲人的意見——這是他們用來駁斥和削弱ACB或其他任何團體代表盲人利益的一種說法。

法院的判決支持美國電影協會（及NFB）的立場，在二〇〇四年取消影片解說的規定，這個產業也因此瓦解。接下來這十年，美國幾乎沒有生產任何的語音解說。克里斯搬回了亞利桑那，瑞克則把團隊縮編至少數的骨幹成員，找了些零星工作設法維持營運，例如，在爾文（Irvine）的法學院有幾個盲人學生，因此需要教學影片的語音解說；還有美國國家公園管理局想在遊客中心提供有語音解說的影片。

大約過了六年，瑞克在二〇一〇年再次跟克里斯聯絡，並開心地告訴他，「**我們把規定要回來了！**」ACB和美國盲人基金會持續的遊說，在國會中找到了馬基（Ed Markey）（馬基是麻州的聯邦眾議員，ACB在這個州有強大的影響力），以及全國聾人協會這類殘障消費者團體的盟友。馬基在眾議院提出了一項法案，同時歐巴馬總統簽署了《二十一世紀通訊和視訊無障礙法案》，重新制定了聯邦規範，要求廣播業者提供語音解說。克里斯回到了洛杉磯，大量工作需求湧入了Audio Eyes的工作室。

* * *

我來到他們的店裡拜訪瑞克和克里斯，觀察兩位盲人如何製作語音說明的音軌。他們的辦公室在一個呈現七〇年代後期風格的辦公園區，地點在聖費南多谷（San Fernando Valley）的北嶺，這裡是全國絕大多數專業色情影片的拍攝地點。（在二〇一六年，色情網站的龍頭 Pornhub 透過它旗下的慈善機構 Pornhub Cares 發起了一項活動，提供其網站最受歡迎的五十部影片的語音解說。）

克里斯大約在中午進了辦公室，抱怨自己只睡了三個小時，因為整夜都在為一部劇情片的語音工作收尾。瑞克為我們介紹了彼此，他解釋說，我是手杖的使用者，但仍有相當管用的中心視力。「所以說，你**幾乎**快成為我們一份子了！」克里斯對我擠了個友善的笑臉。

瑞克邀我坐下，說他自己要坐在斑馬椅上。我腦海又出現一個明眼人的想法：**他怎麼知道這張椅子有斑馬條紋？**接著我馬上想到，為什麼明眼人——即使是像我這樣的人——會這麼難以接受盲人關於視覺世界的認識？後來我鼓起勇氣詢問瑞克這個問題。原來，他曾經和第一任妻子一起為工作室採購傢俱，突然間她脫口而出：「嘿，有張斑馬椅子！」從此這張椅子就一直跟著他。

瑞克告訴我，他大部分童年對自己的失明感到悲傷、挫折和憤怒，老覺得自己不如明眼人。不過二、三十歲之後，他的想法有了轉變，他領悟到「嘿，失明這回事，其實有點有趣！」如今他發現，依賴明眼人幫忙解說一件事情的細節，有趣的成分要大過於惱人的部分。解說方式不可預期的多樣性讓他很開心：他會拿同一件襯衫給他的三個孩子看，問他們衣服是什麼樣子，然後得到三個天南地北的答案。

瑞克的頭髮花白、身材削瘦，他說話時經常用編號條列的方式，讓人容易跟上他複雜而快速的思路。我從製作廣播節目學到一件事：編號條列是一種極佳的口述敘事形式，對盲人說話者和聆聽者都非常實用。對視覺的讀者來說，只消看一眼就可以看出想法在書頁上是如何安排，但對聽者而言，列表提供了可依賴的框架──它們等於是聽得到的路標。

在我們的對話過程中，瑞克會停下來注意他手機裡的通知，間或跟螢幕閱讀器的機器人做語音對話，並快速發訊息給他團隊的眾多腳本作者和工程師，接著──歸功於他編號條列這個便利的記憶工具──順利地從中斷處繼續我們原本的談話。

瑞克告訴我，經過多年的製作經驗，他對語音解說發展出一套理論。「你可以從街頭隨便抓個盲人，問他喜歡什麼樣的語音解說。如果你告訴我他的答案，我就可以告訴你：第一，他是什麼時候失明的；第二，他有多少殘存視力；還有第三，他聽過多少語音解說。」天生就失明，以及沒有任何殘留視力的人，多半偏愛最簡約的解說：只給他們需要的訊息，其他不要多說。你只需描述那些無法從對白中得知的東西，不要添加主觀意見，不要解釋情緒，也不要暗示事情發生的原因。

瑞克說，解說應該要「絕對客觀」，「不要說『美麗的金髮女子』——只要描述她的**外貌如何**就好。」瑞克五歲便失去了視力，他偏好的正是這種簡約風格的解說——不過，由於他確實仍有一些視覺記憶，因此他有時也樂於聽到如物品顏色這類的細節。

另一個類型，也就是有些剩餘視力或晚期才喪失視力的人——一般說來仍保持對世界的視覺取向，或仍有強烈的視覺記憶的人——則喜歡盡可能豐富的解說。「他們想要大量的色彩，面部的表情。」瑞克說，「他在生氣嗎？請繼續告訴我故事線的發展。」這正是我即將落入的類型，我想知道所有一切：想知道在新聞報導中，羅蘭巴特式的**刺點**，不管這個刺點是氣象預報員的牙縫，或是新聞主播笑起來時，她如安全帽般的金髮抖動的樣子。

瑞克對盲人語音解說消費者做過調查，並閱讀數量日益增加的語音解說文獻，他的結論是，曾經擁有視力的人在某種程度上，都希望回復視力——他們在觀賞節目時，希望語音解說能取代他們的視力。不過，最終他還是抱著懷疑的態度。「一張圖畫或許勝過千言萬語，」瑞克在斑馬椅上輕輕轉動身體，「不過那些文字終究無法和圖像相匹配。」

因為要服務兩種盲人觀眾，Audio Eyes 試著把「豐富派」跟「簡約派」做出區隔。瑞克認為重要的一點，同時也是被其他業者遺漏的（幾乎所有這類公司都由明眼人經營），是他和他們的團隊都把重點放在盲人事先已知的是哪些部分。瑞克說，語音解說最過分、最惱人的事，就是去解釋盲人觀眾從故事前後脈絡或音軌內容就可以猜想出來的事。

瑞克說：「別告訴我電話鈴響了，或是約翰因為媽媽的事很傷心。也別在我們聽到車門砰一聲關上時，告訴我們他上車了。」有太多明眼人在不自覺的情況下，對盲人抱著過低的期待。太多時候我們採取了居高臨下的保護態度：**他怎麼會知道那是張斑馬椅？**根本沒考慮到那是他的椅子，而且就擺在他自己布置的辦公室裡。有一天，一位送餐到Audio Eyes辦公室的外送員把幾袋食物交給瑞克時，順口問他：「**你要怎麼吃？**」這種家長式的呵護態度會不知不覺溜進明眼人寫的語音解說裡，這也正是NFB基於反監護立場而反對這項科技的理由。

作家切文尼（Hector Chevigny）在一九四三年失明之前和之後，在廣播的黃金年代擁有成功的事業。他在回憶錄中，將好的廣播寫作——也就是留給聽眾較多想像空間——跟自己身為盲人的經驗連結在一起。糟糕的廣播寫作過度使用旁白，解釋了聽眾可以自行推論的事情。因此，他寫道；

> 我們會覺得有點被看低了，彷彿被當成了小孩子。或許這說明了盲人會有的感受，當他們已經充分了解整個狀況，仍有某些出於好意的人，堅持將剛才聽到

的對話再重頭解釋一遍。

我到訪的那天，瑞克和克里斯正為 Panasonic 相機的宣傳影片錄製解說的音軌。瑞克的一位明眼人員工看過影片後撰寫腳本，在影片既有的旁白和對話之間填補上一些解說。另一位盲人員工完成腳本編輯，確認其中沒有可能讓人迷惑、傲慢、冒犯或令人分心的部分，最後便交由瑞克閱讀點字腳本來錄製語音。克里斯和我坐在隔壁錄音間，他在裡頭指導瑞克的表演，當場將他念的口白剪入影帶中。

在觀察他工作一陣子後，我終究提出了一個令我耿耿於懷的問題：為盲人觀眾提供照相機的宣傳影片，到底意義何在？瑞克大笑，在解釋它重要性的同時，他也認知到這份工作表面上的荒謬性。他說，首先，有些盲人會使用照相機——他正巧是知名盲人攝影機霍爾（Bruce Hall）的朋友。除此之外，不管是什麼理由，有誰說盲人就不會想去了解照相機？瑞克的第一任妻子是個攝影師，他曾為她買了一部相機做為禮物。他說，「我總不能說，『我沒辦法幫你買台相機，因為我是個盲人！』」

瑞克的團隊也為油漆製造商舍文威廉斯（Sherwin-Williams）製作了近三百五十部宣傳影片的語音解說。瑞克說，「盲人無法欣賞一種油漆相對於另一種油漆的色澤。」但他們仍可能會希望聽聽它的宣傳。某天，當瑞克十來歲的女兒想粉刷房間，他提醒女兒選的顏色太暗了，可能很快就會感到厭倦。女兒並沒有聽從他的建議。但六個月之後，事實證明他是對的。

在 Audio Eyes 時，他們如薛西弗斯推巨石般的業務讓我覺得難以招架：一大堆電視節目需要語音解說，每天又有大量內容加入堆積如山的任務中。大部分情況下，商業性質的工作是隨機的，由工作室和電視網挑選出來以符合法律的配額規定。我們忍不住設想處理這些內容的優先順序：當然，最優先的是緊急的警報發布，接下來呢？教育性質的內容、兒童節目、新聞和紀錄片？

一位盲人朋友抱怨，「標準收藏」（Criterion Collection）[22]的節目幾乎完全都沒有語音解說，我心想：整個影片藝術史也是如此。再接下來，我們希望有些娛樂影片，從最經典的電視節目到最新一季《人熊大戰》（*Man vs. Bear*）。再往下，接近最底層的應該是專門給廣告保留的語音解說。

不過這種態度看似務實，到頭來仍像是為人家長一樣，指點盲人應該對什麼內容感興趣。我寧可毫無目標的在媒體世界漫遊，隨意挑選自己覺得有趣的東西，不管是藝術或垃圾，而不是接受自然紀錄片和緊急警報等組成的慈善套餐。正是這樣的衝動，讓金斯利．普萊斯雇用了一位主修創作的研究生來為他閱讀垃圾郵件。

我也想擁有自由，以得知古怪的健身產品在電視廣告上沒說出的連結網址，那可能是我羞於承認自己有興趣的產品。我想觀看每個人會看的節目，不管是令人心靈受挫的訓練影片、或糟糕的情境喜劇、或是一支油漆的電視廣告。

克里斯倒轉 Panasonic 的影片，重新聆聽他們剛才錄音的部分——畫面顯示一群模特兒站在動畫特效處理的城市風光中，以展示相機捕捉色彩的優異能力。「一位身穿酒紅色服裝的金髮女郎站在窗前，背後的地平線有一抹鮮艷的粉紅色。」透過錄音室的螢幕傳來瑞克的過音。

「我不懂色彩，」克里斯聆聽著瑞克的口白，他悄聲自言自語，「不過……這幅景象真有意思。」

22. 標準收藏（The Criterion Collection，簡稱 CC）是美國的一家私人公司，號稱專門發行「重要的傑作及當代電影」的「權威」版本。

6. 巴別塔圖書館

為了讓飽受折磨的眼睛稍事休息，喬伊斯（James Joyce）在創作和修改《芬尼根守靈》（*Finnegans Wake*）時，有時會召集朋友幫忙聽寫。幾十年來他經歷了虹膜炎、青光眼、和沾黏等毛病；他接受了近一打的眼科手術，得到成效不一的結果。待他構想《芬尼根守靈》時，他已近乎失明。他為這部小說寫的筆記使用了大得誇張的手寫字體，同時他步行時也常帶著手杖。

一九三〇年代初的某一天，喬伊斯的友人薩謬爾．貝克特負責幫他聽寫，門口有人敲門。貝克特並沒有聽到敲門聲，因此當喬伊斯說「請進」時，貝克特如實把它記錄了下來。稍後，貝克特為他朗讀了手稿，喬伊斯停在了這個句子上。

「這個『請進』是怎麼回事？」喬伊斯說。

「沒錯，你是這麼說的。」貝克特回答。

在考慮片刻之後，喬伊斯說，「把它留著吧。」

《芬尼根守靈》是一部極富聽覺（及口語）的小說，充滿了多語言的雙關語和自創的擬聲詞，例如小說第一頁惡名昭彰一百個字母的閃電裂隙的狀聲詞）——bababadalgharaghtakamminarronnkonnbronntonnerronntuonnthunntrovarrhounawnskawntoohoohoordenenthurnuk!——它結合了**噪音、雷電，以及排便**的相關字詞。

喬伊斯本人似乎很樂於推廣這部小說的聽感體驗，他為一九二九年劍橋大學的正統學院錄下了他所演出的其中一段，並告訴他朋友塞克斯（Claude Sykes）：「我寫的都很簡單，如果有人不明白某個段落，他只需大聲唸出來就懂了！」

不過，他的傳記作家艾爾曼（Richard Ellmann）則不認為《芬尼根守靈》的聽覺性跟作家的視力不良有任何關係：「認為喬伊斯為了聽覺效果而寫作這部小說，是因為他看不到，這樣的理論不僅是對創意想像的污衊，也和事實不符。喬伊斯看得到，他曾有過一段半盲時期，這和永久性失明完全是兩回事。」

我可以證實最後一句話的真實性，不過正如在艾爾曼提到喬伊斯因為聽寫而生成內容的軼事所顯示，眼盲確實影響了喬伊斯的寫作。大部分的作家都經驗過，在自己的手稿中吸納了每日生活的元素，不過這種傾向在喬伊斯這樣的作家筆下變得極端明顯，日後貝克特更形容他是個「合成者」：「他想把所有一切，整個人類文化，都放入一兩本書裡，」貝克特如此說。「它不是提供來閱讀的——或者說，它不僅是提供來閱讀，它是提供來觀看和聆聽的。他的書寫不是關於某某事情，他的書寫本身就是那個『某某事情』。」

有些盲人作家也承認殘障對他們的文學風格帶來的衝擊。在散文式紀錄片《視力肖像》（*Vision Portraits*）裡，導演伊凡斯（Rodney Evans）透過刻畫三位盲人藝術家來對抗自己因 **RP** 導致的視力喪失。其中一位主角是作家奈頓（Ryan Knighton），他同樣罹患了 **RP**。

紀錄片的一個場景是奈頓在卡皮蘭諾大學（Capilano University）的辦公室，他在這所學校裡教授創作課程。奈頓向伊凡斯展示他可以多麼快速聆聽電腦讀出他所寫下的文字——這等於是他私人機器人版貝克特。奈頓跟伊凡斯說，「我還可以更快一些，」背後傳出他的東芝電腦發出快速而難以辨識合成音：「但我發現，我思考的速度跟不上我聆聽的速度。」奈頓已經無法閱讀銀幕上的文字，他告訴伊凡斯，失明在根本上改變了他身為作家的寫作風格，「我與這個做為媒介的電腦合成音，有一種持續發展且非常古怪的三角關係，」他說：

> 但我非常迷信，所以我不會改變它。我的寫作出現了口述風格，非常的口語——這是我的閱讀經驗。明眼人閱讀，他們的腦中會浮現一種聲音，而我沒有那個聲音。多年來我一直沒有過那個聲音，因為我從沒有讀給自己聽過。

在我著手寫這本書的這些年來，我告別了印刷讀物。剛開始寫的時候，我仍與一般規格的印刷書籍奮戰，不願意放棄在書頁邊緣記筆記的權力、快速瀏覽和略讀的便利、以及實體書架不會當機、延遲或需要重新啟動的井然有序。但如今這變得耗費心力而難以為繼，於是我轉投到了電子書。

我的電子書閱覽器的字體大小設定就如燠熱夏季不斷破紀錄的溫度計，而溫度還在持續升高。我在第二大的字體設定停留了好一段時間——因為如果換到最大的字體，我需要每讀五到十個字就向前翻頁。所以我忍耐著。每次我想最後一次放大字體，我就會充滿警戒看著字體設定的溫度計上最後一點點未塞滿的空間，然後又退回去。失去我在閱讀時腦中聽到的聲音似乎難以想像。一旦我把字體放到最大，甚至連它都還無法令我舒適閱讀，那接下來我該怎麼辦？

＊＊＊

打開電腦內建的「螢幕閱讀器」，讓我感覺像初次使用電腦，忐忑地測試各種指令，期待它們能順利執行。螢幕閱讀器是讓盲人使用者無需視力輔助就可以操控電腦的一套軟體。啟動螢幕閱讀器，所有電腦的功能——整理檔案、編輯文字、點擊連結、瀏覽 PDF

文件——都移到鍵盤操作上。它遇到任何文字，不管是選單項目、部落格貼文、或是Word檔案，都可透過文字轉語音的合成器大聲讀出來（你可以想想Siri或Alexa）。

不過前提是，這個文字的編碼方式是螢幕閱讀器可以處理的，所以當代盲人必須不斷應付無法讀取的網頁、文件、和使用時會損壞或省略關鍵資訊的軟體。不過，如果螢幕閱讀器運作順利，它能讓盲人閱讀到網路的大量內容和日益龐大的數位版圖書館，包括了公領域的服務如古騰堡計畫（Project Gutenberg）和網際網路檔案館（Internet Archive），數位市集如Kindle Store和Apple Books，以及專為印刷品閱讀障礙讀者提供的館藏，像是Bookshare和國家圖書館服務。

在過去，盲人如果想閱讀（或寫作）一本書，他們能採用的選項非常有限。在點字這類觸覺閱讀系統發展之前，盲人讀者唯一可用的資源是找人為他朗讀，而寫作則需要一個抄寫員。從一六五〇年代開始，米爾頓（John Milton）開始在腦中構思《失樂園》（*Paradise Lost*）的詩句，然後由身邊的人記下他一整晚創作出來的段落，他把這過程稱為「擠奶」。他的家人、來訪的朋友及他所雇用的抄寫員，會把這些零散片段寫成清楚乾淨的版本。

盲人獨立閱讀的歷史始於十八世紀末的法國（儘管之前已有些值得注意但零星的案例），源自一個幸運的巧合。阿維（Valentin Haüy）在一七八四年於巴黎創立全世界第一所盲人學校，他雇用了一個早熟的學生當助理。有天，這位名為勒胥爾（François Le Sueur）的助理從他書桌文件中交給他一份訃聞，說他有辦法很清楚感覺到上面印的字母。阿維當時正在發展全世界第一套盲人課程，他大受啟發，開始研究和設計凸字的閱讀系統。

這第一批盲人的書籍非常龐大：我在波士頓附近的柏金斯啟明學校的檔案室看過（並且觸摸過）一本，它看來像一部爆裂、浸水的魔法書。它的大小如超大型的公事包，重量接近十磅，而且文字像瘢痕般從頁面高高凸起。凸字的系統好處在於明眼人和盲人都能閱讀，因此受到教導盲人的明眼人教師的青睞。不過，用手指追尋凸起字母的形狀，對盲人讀者而言並非理想的方法，特別是阿維保留了十八世紀的印刷傳統慣例——採用哥特字體，華麗而繁複。

光是用手指分辨簡單的字母，都是一項挑戰——閉著你的眼睛想像，如果遇到大寫字母C，你用食指由左至右觸碰是什麼感覺。現在想像用同樣方式，要分辨它和大寫字母O的差別。你必須等到觸碰到字母最邊緣時，才能辨識出來，而且你可能要手指來回好幾次才能確認其中差別。這並不是流暢、有效率的閱讀方式。

凸字印刷的書籍的尺寸大小也造成搬動和存放的麻煩，同時印製費用非常昂貴。學生們在阿維的學校裡學會了凸字印刷，但畢業後就無法再取得這類書籍，很快就會失去他們的讀寫能力。

不過這個時刻畢竟標誌了盲人識字的開始，阿維的學生們也用熱情擁抱他們龐大的新書。在柏金斯圖書館檔案室裡，一名研究員讓我看了一本早期觸覺書的某一頁——馬可福音的一個段落——指出一個明顯變黑的字 spit（吐），那個句子是描述耶穌在伯賽大（Bethsaida）吐出聖潔的唾液，將之塗抹在盲人眼睛上而治癒盲人的神蹟。

學者認為，這個字發黑是因為被反覆觸摸，遺留指間的油脂所造成——這是閱讀和反覆重讀的磨損。這讓我回想到紐約市地鐵系統張貼的地圖，代表你所在車站的那個點，因為每天被數以千計的手指觸摸同樣的位置而被抹去，人們指著那個點說：**我們現在在這兒**。

一八〇八年，曾在法王路易十六的軍隊裡擔任軍官的巴比耶（Charles Barbier），開始發表他發展來替代性書寫系統的實驗結果。在點字系統的通俗歷史中，常把巴比耶描繪成為了軍事應用而創造這套編碼的職業軍人，目的是讓法國士兵互相聯繫時無需點燈，以避免敵軍察覺他們的位置。不過在十九世紀的第一個十年，巴比耶就已經告別了軍旅生涯；他以工程師和發明家的身分投入工作，撰寫通用語言可能性的著作。

他對通用語言的研究興趣，讓他開始思考盲人閱讀的挑戰：在一八一五年發表他最成功的觸覺閱讀系統的著作中，他提到了它可供「因天生眼盲而永遠被剝奪閱讀書籍和寫作能力的人，以及在正確描繪字母形狀有重大困難的人」來使用。他的新書寫系統被稱為 *écriture nocturne* ——即「夜間書寫」。與阿維的書籍不同，它運用的是一套凸點的編碼，用一把錐子壓印在頁面上。

不久，巴比耶開始與位於巴黎的國家盲人青年研究院（National Institute for Blind Youth）的院長皮尼耶（Alexandre-René Pignier）通信。皮尼耶把夜間書寫介紹給他的學生們，他們很快就看出這套系統優於他們所使用的凸字印刷的價值，並針對它的缺點進行討論並做出修改。

參與修改的人當中，有一位名叫路易．布萊葉（Louis Braille）的學生。他的父親在家族土地上的工坊擔任馬鞍匠，路易三歲時模仿父親拿一把錐針在皮革上穿孔，意外弄傷了眼睛，以致失明。十二歲時，路易使用類似的工具來修改和優化巴比耶的系統，以配合盲人讀和寫的需求。他把每個格子的凸點數量減半——巴比耶有十二個凸點的點格，需要手指頭上下左右移動摸索才能辨認所有的點。至於布萊葉所設計二乘三的格子，只有六個可能的凸點，編號依序從左上（1）至右下（6）。這六個點哪幾個凸起，決定了它所代表的意義：凸起的只有點（1），代表的是字母 a；點（1）和點（2）凸起，則是 b；點（1）和點（4）是 c；以此類推。布萊葉的六點格，即使是小孩子的小手指，也可以一次就完全觸摸感覺得到。

布萊葉也改變了這套編碼和法語之間的關係。巴比耶希望他的系統是音標式的，根據音節的發音來記錄，每一個點格代表的是聲音、而非字母，同時也不包括大寫。但是布萊葉的點字摒棄了巴比耶的音素法，把字母按照墨水印刷的出現形式轉錄下來，包括標點符號在內，如此一來，盲人讀者可以掌握和明眼人相同的讀寫程度。這也代表了盲人讀者可以聽到萊恩・奈頓說他伴隨視力一同失去的所謂沈默、內在的閱讀聲音。運用布萊葉點字的讀者，當手指經過書頁時，他們也可以像視力正常的讀者一樣，聽到自己內心默讀的聲音。

一八二九年，在院長皮尼耶幫助下，布萊葉出版了《程序》（*Procédé*）（完整的書名是《點字書寫語言、音樂和詠吟的程序》）。我在柏金斯圖書館看到了一個版本的《程序》，內心湧起興奮感，有如見到羅賽塔石碑一樣。我看見兩個觸覺書寫系統在同一頁上出現，一半頁面是用凸起字體的法語，解釋它的系統，另一半則是新的布萊葉點字系統本身。如一位盲人評論者所說的，凸起的字母，仍只是明眼人教師「用視覺的語言對手指說話」；而隨著布萊葉點字的發明，手指頭找到了它們自己的母語。

盲人學生馬上接受了這個系統，但這個系統卻受到許多他們明眼人老師的抗拒，後者喜歡凸體字母的熟悉感，不需要再去學一套新的、「任意的」代碼——先不論羅馬字母組成的符號本身也同樣是任意性的。點字系統相對凸體字有巨大的優勢：它比較小巧、閱讀起來更快，而且更關鍵的是，它讓盲人有能力獨立書寫。他們需要的只是一張相對較厚重的紙，一個把紙頁固定在位置上的框架（稱為「點字板」），和一支錐子（稱為「點字筆」）讓書寫的人可以壓出一排排的凸點。

學習用點字板和點字筆寫字仍稍微有點棘手，因為寫字的人需要像排版師傅一樣反向書寫；一旦紙頁從點字板拿下來並翻轉顯露反面的凸點，原本凸點由右至左的順序就會顛倒過來。

點字在歐洲各地的盲人學校傳播開來，這些學校依循阿維的模式建立，原本也採用了各自語言的凸體字系統。不過，點字的推廣在各地都遇到了相似的情況：盲生立刻感受到點字的強大功能，而明眼教師則對其陌生且看似任意的外表抱持抗拒的態度。他們認為，如果視障教育的目標是融入主流社會，那麼像凸體字這樣的系統——視障者與明眼人可以共同閱讀相同版本的書籍——是否比點字這種看起來晦澀的符號系統更為理想？這種態度或可說是脫胎自巴比耶發明「通用語言」的理念，他設想的語言是所有人都能使用的。按照這種普遍主義的觀點，最多人能夠理解的系統，似乎才是最好的系統。

美國第一所盲人學校的創辦人塞謬爾・葛里德利・豪，在一八三一年到訪了巴黎的盲人學院。

大約在布萊葉研發點字系統的同一時期，豪也正在開發和推廣波士頓直線體（Boston

Line Type），這是一種稜角分明但大致基於標準羅馬字母的系統。到了一八五〇年代，點字在歐洲的盲人學生間蓬勃發展的同時，美國卻成為觸覺閱讀系統激烈競爭的戰場。在接下來的幾十年中，盲人學校的圖書館出現多達六種觸覺閱讀系統的書籍，包括凸字系統如穆恩體（Moon Type）、波士頓直線體和費城直線體；點字及其衍生版本，如美式點字（American Braille）和威廉・韋特（William Wait）的紐約點字系統（New York Point）。

為了嘗試整合，聾盲作家黑迪（Morrison Heady）發明了一種名為「雙文打字機」（diplograph）的機器，它透過開關的切換，可以生成三種不同類型的凸體文字（布萊葉點字、紐約點字與標準羅馬字母）。

海倫・凱勒和她同時代的盲人被迫要學習所有這些系統，因為任何一間盲人圖書館都很可能包括了各式系統，各自有著激烈的推廣者和捍衛者。滿腹怨氣的盲人學生形容這是「點字戰爭」，為了閱讀盲人可取得的少量書籍，他們必須保持對各種代碼的熟悉度。

在整個十九世紀，布萊葉點字在美國一些學校仍屬違禁品：在密蘇里盲人學校，學生們用點字偷偷傳遞紙條——據說還有情書，因為他們知道，就算被老師逮到，老師也沒辦法閱讀。據說在一九七六年接任豪成為柏金斯學校校長的阿納諾斯（Michael Anagnos）曾說過：「如果有人發明新的盲人印刷系統，格殺勿論。」

我最初是從名叫麥克・哈德遜（Mike Hudson）的盲人史策展人得知這段歷史，他是個開朗愉快的明眼人，在肯塔基州路易斯維爾的「美國盲人印刷所」博物館擔任駐館歷史學家。這個印刷所自一八五八年起就透過美國聯邦政府的贊助，成為提供盲生教科書和教材的生產中心。

麥克告訴我，「點字戰爭」在一九〇九實際上有了結論，當時紐約等迅速發展的城市首次發現，他們已經有一定數量的盲童，足以成立盲人的日校。「於是，」麥克用優雅的肯塔基口音博物館導覽員語氣解釋說，「他們在紐約教育委員會召開了為期兩天隆重的會議，以決定紐約市的學校要使用哪一種系統。」

麥克和我談話的當時，我們正在哈佛參加盲人和讀寫能力的學術研討會。會議空檔，我們一起坐在哈佛園（Harvard Yard）邊緣的玻璃牆團體研究室。麥克描述在紐約教育委員會的那場辯論，語氣充滿了興奮：「實在太棒了！他們聚集了所有重量級人士。他們找了韋特先生；也找了各學校的校長；他們還找來美國盲人印刷所的所長。我是說，在盲人領域有頭有臉的人都在委員會上作證。到最後舉行表決，大家投票選了點字；而且他們選的不是改良版的美國點字，而是法國的布萊葉點字法。各種系統相互競爭的情況終於告一段落。」

到了一九一七年，一套標準化的新點字法成了教導美國盲童閱讀的主要方式。如果盲人有能力獨立閱讀和書寫，有助於融入主流社會——有更多盲童可以進入公立學校，之後在大學就讀。點字的速記法在一八九〇年代在英國開始發展，幾年後出現了第一部點字打字機，讓許多盲人得以在辦公室裡擔任秘書和速記員。

不過儘管點字在歐洲和隨後在美國成為標準系統，仍有學習這套系統的閱讀者覺得不可能辦到。透過正確的教導，盲童可以跟明眼孩童學習印刷字體一樣輕鬆的學會點字，但是成年的學習者則須費好一番功夫來發展必要的手指敏感度，之後還得辛苦熟習這套系統幾十個看似任意的縮寫法。就算克服了這些障礙，成年的點字學習者仍舊很難把閱讀速度提升到接近從小就學習點字的盲人、或明眼人閱讀印刷品的速度。

＊＊＊

我個人的經驗也是如此。我知道學習點字不容易，需要幾年時間才能掌握，但是身為一個以閱讀和寫作為生活核心的人而言，不去試試就太愚蠢了。從放棄正常大小字體的印刷物之前，我就開始著手學習。我的視網膜專科醫師宣告我是法定盲人後，我得以合法取得麻州盲人委員會（MCB）的服務，因此我聯繫了 MCB 社工人員，跟她說我想學習點字。

對方告知我，如今的科技時代，「螢幕閱讀器」已讓大多數盲人不須再依賴點字，就可以聽任何想要聽的文本，不管是有聲書或是電子郵件。她也補充說，要熟練使用點字需要一段很長時間，以我的年紀，花的時間可能更久。她讓我感覺自己像是個讀了一點翻譯本史詩和看了幾部古代戰爭電影，就宣布想學古希臘文的中年男人。

自從有聲書出現之後——在一九三〇年代出現了第一批專供盲人的有聲書——幾個世代的盲學生一直被鼓勵放棄點字。繼有聲書之後，視訊放大器、光學字元辨識（optical character recognition，OCR）軟體，以及螢幕閱讀器相繼問世，教師和社工人員提出了跟MCB工作人員對我所提的類似建議：認為學生可以「利用科技」來閱讀，借助放大功能或是讓裝設了螢幕閱讀器的iPad，來學習所有學校想教的東西。

如今，很多在主流學校上學的盲學生，只能接觸到很有限的盲人教師（全國性的教師短缺）；即便有，可能一星期也只能上一次點字課。明眼孩童不論到哪兒都被大量的視覺語言圍繞，彷如理所當然，但要讓盲孩童沈浸在大量點字的環境，仍需很多人的齊心協力。

不過，一些點字的倡導者主張，就某方面而言，依賴螢幕閱讀器會導致學生成了實際上的文盲。因為，只憑聽覺來接觸文字或許能從大學畢業，也能寫作報告、閱讀書籍並通過考試，卻沒有直接接觸文本的拼音、標點、正體寫法——這些是點字倡導者心目中真正讀寫能力的核心。

即便是依賴放大器閱讀的學生，也可能隨著年紀漸長而喪失視力，或必須放大字體以致過度依賴視覺閱讀，每次只能逐字把斗大字體的文件翻頁閱讀。（我聽過一個盲人說「我用鼻子看書」——意思是臉幾乎貼到書頁上來辨識字母——「然後用手指讀點字。」）

但是，怎樣才算識字？如果一個盲人能靠聽覺閱讀並理解大學程度的書籍，並能用聽覺撰寫論述精闢的論文，那麼他們記不得 their（他們的）和 they're（他們是）之間的差別，或是忘了 pseudoscience（偽科學）的開頭字母是 p，有什麼要緊？對錯別字特別敏感的人，可以調整螢幕閱讀器讓它大聲讀出每個字母和標點，不過，這種讀法當然不常見——更常見的是讓它以每分鐘五百個字的速度，暢快淋漓念出文本。

這種超高速的合成器說話聲音，就像嗑了藥的 C-3PO[23] 試圖錄製有聲書一樣，聽不習慣的人可能難以分辨，不過透過練習，聽者可以分辨每分鐘超過六百字的聽讀速度。我遇到的大多數盲人都把他們的螢幕閱讀器調快到這樣的速度，特別是當他們要快速瀏覽一連串選單的選項時——他們遇到訊息較密集或具文學性的文本會放慢速度，但是沒有必要慢慢欣賞垃圾電郵或是已聽過一千次的電腦警告。

23. C-3PO 是電影《星際大戰》系列中著名的機器人角色。

明眼人的聽者同樣也會加速聽讀，主流的播客和有聲書應用程式上有2x和3x的倍數設定就是明證。此外，雖然許多盲人作者使用聽寫，多數人也使用觸控打字，因此稱呼他們是功能性文盲充其量只是誇張的說法，他們只不過需要依賴電腦的拼寫檢查和自動更正，就和許多明眼人的同儕一樣。若按這些人的這個邏輯，米爾頓在創作《失樂園》的時候，不也成了文盲？

然而，**精讀**（close reading）只能透過眼睛或手指才能進行嗎？腦神經科學家已經發現，當一個盲人閱讀點字時，他們的視覺皮層被啟動的情況就和明眼人的讀者類似。我們在聆聽語言時，視覺皮層也會啟動，不過一項研究顯示，被啟動的程度會降低許多，即使是天生眼盲的人也是如此。這個研究印證了我做為讀者的親身經歷：當我聆聽一本書，我也可以完全投入其中，但到頭來會覺得，自己掌握文本的程度——對於它的語言和結構——仍比不上用眼睛閱讀。

我最近用雙倍速度讀了（應該說「聽」了）杜斯妥也夫斯基的《地下室手記》。一開始的聲音讓人覺得有些荒謬，但是耳朵會適應，到最後我感覺可以理解書中的一切，至少跟我用眼睛閱讀一樣好。不過，假如這部小說是一片森林，它就像我以四十五英哩的時速開車經過，而不是用走路——或慢跑——穿越這片樹木茂盛的林地。「如果我決定用點字閱讀一本書，」一位終生使用點字的讀者告訴我，「它代表的是榮譽的徽章。代表我對那本書的文學價值有極高的敬意，我想慢慢品味它。」

在某些盲人專業人士的圈子裡，點字帶有地位象徵的味道。我訪問過熟練使用點字的知識工作者，他們的辦公室陳設令我讚嘆不已：在他們的標準電腦鍵盤前方，一定會有一台四十格（甚至更大）的可更新式點字顯示器。這個顯示器的大小和正常電腦鍵盤差不多，但更厚實些，如同它名稱所暗示的，它可以展示來自數位來源的一行點字，接著迅速更新再顯示下一行。

在顯示器前約正常鍵盤空白鍵的位置，有一排空白的點字格——它是上面鑽了小孔的一個長條金屬片。顯示器接收到數位來源的文本後，會從這些小孔中推出軟針，用正確的點字文字和符號顯示它所讀到的內容。當閱讀者按下前進鍵，軟針會縮回去，隨即回彈展示出下一行，彷彿是一部一次只能顯示四十個字元的觸覺版 Kindle。

如果電子顯示器的閱讀者要校對電子郵件、或仔細解析文件、或他們電腦的語音合成因為遇到外語詞彙或人名而出現亂碼，他們的手會立刻從鍵盤移到點字顯示器上，就像明眼人為了更仔細確認而戴上眼鏡，或把身子湊近電腦螢幕一樣。一位朋友告訴我，她在使用螢幕閱讀器快速瀏覽文件時，會「漫不經心地」把左手放在點字顯示器上面；她的聽力閱讀要比觸摸這些字速度快得多，不過她的手指在聆聽時可以提供她關於文本一些實用的文字快照。

我知道許多盲人成功人士——包括多產的小說家和編劇——從來不曾學過點字，但是我渴望自己能加入專業級點字使用者的行列。雖然有過半數視覺損傷的成人找不到工作，不過有研究發現，使用點字的盲人有較高的就業率，與較高的工作滿意度。「任何時候，當我想投入一個文本，真正地沈浸其中，我就會用點字閱讀。」萊斯大學語言學教授恩格布瑞特森（Robert Englebretson）告訴我，「我的點字顯示器始終跟電腦連結在一起。我靠點字成長茁壯。」

＊＊＊

我的第一堂課，是由一位和藹可親的明眼人職業復健教師來授課——州立盲人機構和我多次爭論，既然有了方便的文字轉語音科技，是否還需要點字？並一再提醒我，成年人學習點字有多麼困難之後，終於同意派這位老師來到我家。他親切又有耐心，但是我很快就對他的專業技能產生懷疑。

當時用一根手指頭閱讀，我發現自己習慣傾斜手指使用指尖的側邊，似乎這樣更能感受凸點的位置。我問他這種做法是否可行，他告訴我，「我從沒見過有人這樣做過，不過你想怎麼做都行，就用你覺得最有效的方法。」他自言，「我是靠視力閱讀點字，不過教我學點字系統的女士是個盲人，她閱讀時運用雙手的多個指頭。我不懂那是怎麼回事，但那真的很進階。你要學的話，最好還是只用一根手指頭。」我不禁好奇跟一位明眼人學習閱讀點字，會不會像是跟本身不騎車、只是看過很多騎車 YouTube 影片，並認識幾位騎士的人學腳踏車一樣？

大約這個時候，我第一次參加了 NFB 大會。在當天的展覽即將結束前，我走進了點字書展的展間。當時會場內幾乎已經沒人了——我倒是看到了成排折疊起來的桌子，上面堆滿了書，在我眼中，它們就像是影印中心用線圈裝訂的一大疊空白紙張。

在靠近大廳的後方，我看到芭芭拉．露絲就站在擺滿點字書的一張桌子後面。露絲是位盲人，她最近剛從內布拉斯加州林肯市點字和輔助科技的教職工作退休。她年近七十，戴著深色、流線型的太陽眼鏡，這副眼鏡即使戴在滑雪教練臉上也不會顯得突兀。芭芭拉詢問了我的背景、以及我眼盲的程度。

幾乎就在那一刻，我成了她的學生，求教於這位盲人資深學者，她有著一輩子參與盲人社會運動和點字閱讀的經驗。她建議我參加 NFB 的住宿訓練中心，它提供為期九個月到一年的課程，教導盲人獨立生活所需的各項技能，包括密集的點字課程。當我對學程的時長有所遲疑，她鼓勵我：「就把它當成上大學。讓自己沈浸在失明的環境中。」

芭芭拉跟我提到了惠特（Jerry Whittle），這位 NFB 訓練中心備受敬愛的點字教師，那一年剛剛過世。曾有人問他，點字的成年學習者要如何達到快速閱讀的能力，他成了名言的答案是：「努力讀，**讀到手指出血為止！**」

我告訴芭芭拉，這讓我回想到自己的食指在練習半小時之後指尖發燙的情況。我可以想像，按壓太用力和閱讀太久，最終血會從我的指頭噴出，迸濺到我的練習簿。（後來我聽說的確有盲生因閱讀過久以致手指流血。）

芭芭拉告訴我，有可能是我在紙張上按壓的力道太大：「點字需要的是輕輕的觸摸。」受到她的鼓舞，我跟她談到了我在麻州的明眼人老師，他建議我用一根手指頭閱讀。芭芭拉皺起了眉頭：「你這樣會養成壞習慣，」她說，「你永遠不可能只用一根手指讀完一整本書。」這話真傷人。

我問她，「你會用幾根手指？」她伸手拿了一本書，放在我們之間的桌子上。她說，「永遠都要用兩隻手，一手各用三根指頭。」同時間，她的手滑過書頁最上面一行的點字。「當你速度變得很快時，大概在一行過了一半，你的左手就會移到下一行的開頭，而你的右手則繼續把前一行讀完，接下來，它會滑下來和你的左手會合，準備繼續讀。」用這種方式閱讀點字，手指幾乎是模仿眼球的「跳視」，它並不是以直線從印刷品的一行移動到下一行，而是在頁面上來回跳躍運動，不斷重新定位。

我回到了家，直接把我的明眼人點字老師炒了魷魚，並且註冊了一個免費的點字函授課程，我認定由遠距的盲人教師教導盲人設計的課程，會比明眼指導員親自教授那些芭芭拉所謂的「壞習慣」的方法更好。

我在閣樓上設置了一個小小的點字書桌，它的核心是一部柏金斯點字機，它與自一九五一年開始從柏金斯學校寄送給盲人寫作者的點字打字機比起來，基本上沒有什麼改變。它是一部華麗的機器，以平滑厚重的金屬製成，外觀和觸感類似於經典的 Olivetti Lettera 打字機，彷彿像雪佛蘭在二十世紀中葉全盛時期的設計。[24] 我剛拿到它的時候，有一種衝動想爬進去，開著它到住家附近兜兜風。

柏金斯點字機旁堆了一疊厚厚的點字紙，還有點字板和點字筆，以及一個點字橡皮擦（這是個小巧的工具，用來壓平我不小心壓出的凸點）。我還有一疊線圈裝訂的點字練習簿，以及一部 NLS（國家圖書館服務）的有聲書播放器——基本上是一部超大尺寸，由政府發放的 MP3 播放器，適於老年人使用的大型觸覺按鈕——我用它來聆聽課程。

在閣樓上，我感覺自己像個業餘發燒友，比如業餘的無線電火腿族玩家、或古希臘

24. 作者這裡把柏金斯點字打字機與經典的 Oliverti Lettera 打字機和雪佛蘭在二十世紀中葉美國汽車工業黃金時代的設計風格聯繫起來。奧利維蒂 Lettera 打字機以其簡潔的設計而聞名，而雪佛蘭在當時的汽車業界則以其大膽、流線型的設計和重金屬的使用而著稱。

文的非專業研習者，埋首於冷僻的技能，並懷疑它是否能派上用場——或者因為我一直維持足夠的殘餘視力而可以用放大鏡一直閱讀下去，或是因為我永遠無法達到足夠快的速度，以致靠點字除了貼調味料標籤之外，別無其他用處。然而，我依然堅定打出我的作業（將有聲書播放器大聲讀出的句子轉錄下來），再將它寄給我在哈德利學院的指導老師波爾茲（Pamela Bortz），她住亞利桑那，一輩子都在從事點字的轉錄和校對工作。

當她把我的作業和批改單（當然，批改也是用點字）釘在一起寄回來，知道她的手指觸摸過我此刻在閱讀的這些凸點，讓我感到一種出乎意料的親密感。許多郵寄的通信也有這種氛圍——感覺到你手中的信紙曾被你的通信對象拿在手上——不過點字更強化了這個感覺，當你觸摸每一行，感覺所有她碰觸過的字，到最後一個標點符號，都讓這種聯繫更加強烈。

學點字就像重新開始認字一樣。一開始我費力辨識兩到三個字母組成的字，刻意移開目光以避免用眼睛學習，在我手指下，這些凸點朦朧如一團芋泥。接下來，我食指的感知逐漸清晰，開始認出字母，之後慢慢組成單字。我只學了字母表的前七個字母，每個新單字讀來都像一個啟示。我讀出一個b，接著是一個e，期待後面有更多字母，但我的指頭卻滑入了一塊空白，就如卡通《威利狼與嗶嗶鳥》裡頭的威利狼衝出了懸崖——噢。就這樣了，原來答案是——be。一旦我將它破解，這個字就在我腦中的螢幕亮了起來。

我花了一些時間破解了 edge（邊緣）。這個字的所有字母似乎都挨在一起。一開始我很難判定點字的一個單位從哪裡結束，下一個單位又從哪裡開始。用眼睛比用手指分辨這些細微的差別要容易得多，而我手指的邊緣也隨著練習時的摩擦而隱隱刺痛。芭芭拉．露絲說的沒錯：我按壓得太過用力，而且我情不自禁為生平學到的第一批點字賦予了太多深層意涵。即便只學了前七個字母，它們仍傳送了強大的訊息。

Cage！（籠子）教科書作者想的想必是精神層面上的吧，還有別的可能嗎！如果有更多的字母可供運用，他們應該會寫出「心靈的牢籠」這類詞句。更長一點的字會帶來成就的喜悅：當我小心翼翼破解了 decade（十年）和 cabbage（捲心菜），內心發出了無聲的喝采。

經過兩年的練習，每次半小時，我終於能夠以極其緩慢的速度閱讀二級點字（更為濃縮和進階的版本）。我仍然需要查找那些我老是忘記的縮寫或標點符號。之後，我參加了由美國國會圖書館主辦的試點計畫，並得到一台永久租用的二十字格數位點字顯示器。這個裝置的大小跟亞馬遜 Kindle 相當，但厚度如一本小說。它的表面有和我點字打字機相同的按鍵，用於輸入點字文本，但沒有螢幕。取而代之的，底部有一條由一百二十個小孔組成的條狀區域，構成二十個點字單位。

這個顯示器的運作方式與我在各種辦公室見過更厚重的四十單位版本類似：當它內部

的電腦讀取點字書籍檔案時，會從每個小孔升起堅固而柔韌的針，以點字顯示句子的前二十個字元。我用手指滑過這條區域讀取這一行，然後按下翻頁鍵，伴隨著輕微的機械聲，這些針重新排列，形成我正在閱讀內容的下個二十個字元。（當你讀完現在閱讀的這個短句，我需要讓顯示器翻頁四次。）

一開始，這個裝置讓我困惑，我把它放在閣樓的點字作業區旁的一個盒子裡。但在完成最後一門課後，我再次將它拿出來，並且愛上了它。使用點字顯示器閱讀，彷彿是一種緩解我對失明焦慮的良藥。隨著越來越熟練，我能想像自己身為盲人讀者仍能擁有豐富生活的可能性。於是，我註冊了 Bookshare，這是個專為視障讀者設立的線上書庫，擁有超過一百萬本書的數位點字版本（以及適合螢幕閱讀器的版本），其中包括許多剛出版的新書。

「盲人社群從來不曾擁有過這樣的東西，」我在 NFB 大會遇到的作家史坦（Deborah Kent Stein）跟我說。她小時候可以從 NLS 借到點字書，這些書會一次一冊寄給她（因為點字書佔用的空間很大，即使是篇幅短的書也需要好幾冊厚如電話簿的書），還有為國會圖書館特製的可攜式唱機播放的有聲書。雖然它的圖書目錄龐大，但是和一般中型區域公立圖書館比起來，仍然嚴重不足。

隨著時間推移，這些資源有所增加，但史坦還是常找不到朋友們正在讀的書（或學校指定的書），她想讀的某些書籍也需要等待很長時間。她母親因為經常大聲朗讀給她和她同樣失明的兄弟聽，喉嚨長了息肉。如今，隨著閱讀選擇的倍數成長，她開始囤積數位書籍，一次下載十幾本「以防萬一」。我跟她說，她聽起來像是經歷過大蕭條的人，即使食物充足也仍然囤積罐頭食品。「沒錯，完全正確！」她回答，「我們是在書籍的飢荒中長大的。」

＊＊＊

我學習點字最大的動機之一，是我喜歡大聲朗讀。我希望能一直繼續為奧斯卡朗讀，之後也為可能有的孫兒、或任何闖入我生活圈的小孩子朗讀。而朗讀對於我身為廣播製作人也非常重要——我必須能在錄音現場隨時看一眼腳本或筆記。在結束了最後的一堂點字課，潘蜜拉．波爾茲跟我說，朗讀也是維持練習的一個好方法，或許可以從一些較容易的兒童文學開始著手。

我跟奧斯卡提了這件事，他大感興奮並且建議了一大堆書名。雖然他已經開始讀《哈利波特》和《波西傑克森》，畢竟他還是一年級學生，而且也喜歡漂亮的圖畫書。那晚，我不確定他是否仍有興趣。「我是否該用點字來幫你讀床邊故事？」我問。「好啊！」他很快地回答，一邊蹦蹦跳跳。我提醒他，聽起來可能很折磨人。我朗讀時可能會像個一年級生，而且不是像你這種朗讀功利流利的一年級生。「我就喜歡這樣！」他說。「我喜歡你像一年級生那樣讀！」

我想，他喜歡這個主意，是因為這把我拉低到他的水平，甚至低於他的水平——就像我停停走走試著學習他以驚人流利程度彈奏的鋼琴曲，帶給他一種反勝大人的快樂。我們在Bookshare上挑了一些書，下載了《羅雷斯》（*The Lorax*）、幾部《青蛙和蟾蜍》（Frog and Toad）系列，以及平克華特（Daniel Pinkwater）的《橘色奇蹟》（*The Big Orange Splot*），最後選了後者。

當我終於把這本書載入點字顯示器並找到第一頁時，已經過了奧斯卡的睡覺時間，但為了這個特殊時刻，我讓他晚點上床。我讀得非常慢，以至於奧斯卡整本書都在試著猜每句話的結尾。「『當……油漆……用完……，』」我讀著，努力讓自己的語速聽起來流利一些——為了給自己爭取時間，我故意拉長每個字，並給每一個驚！嘆！號！都注入感情。這感覺像是在車道上試著把一輛貨車往前推，明知道它電池已經沒電，仍期望引擎能奇蹟般地啟動。

「『當油漆用完，』」我又讀了一次以爭取時間，同時推動顯示器到下一頁，「『屋頂……是……』」

「藍色？橙色？白色？」奧斯卡笑著搶答。

「——藍色。『屋頂是藍色。』」

「我超喜歡這個！」奧斯卡說，語氣充滿真誠的喜悅。讀到一半時，他突然發現自己以前讀過這本書，但這反而讓他猜測句尾的遊戲變得更加有趣。

每隔一頁就會有一幅插圖，而書的轉錄者在插圖所在位置標註了加括號的「〔圖像〕」，並附上毫無用處的說明文字。比如說，當文字描述梅豆豆先生給他房子塗上多彩斑點時，我們看到的是「〔圖像：一座房子〕」。這個一模一樣的描述在書中多次出現，無論房子變成什麼顏色。或許當圖片的內容已經在文字中傳達了，這些描述就顯得多餘，但這樣的處理還是讓人覺得敷衍，彷彿盲人讀者的需求並不重要。

奧斯卡說：「我希望我們能看到那些圖片。」

於是我把它變成另一個遊戲。「好吧，」我用友善的幼稚園老師語氣說，「誰想看圖片？」然後再用一本正經的語調補充說：「圖像：一輛卡車。」

奧斯卡笑了起來，模仿我的語氣評論：「非常感謝，真是幫了大忙啊！『一輛卡車！』」

「我覺得讀到這本書的盲童有點可憐，他們真的會想知道圖片的更多細節。」我說，語氣突然轉為嚴肅——這對奧斯卡不大公平。

他沉默了一會兒。二十分鐘過去了，我們還沒讀完《橘色奇蹟》，此時已經遠遠超過他的睡覺時間。我們決定把最後幾頁留到下一次再讀。

＊＊＊

在當時，柏金斯圖書館——國會圖書館免費流通點字書服務在麻州的主要分支機構——基於疫情而停止寄送書籍。這是點字親密性的一個缺點：連日用雜貨許多人都還需要擦拭消毒的時刻，不會有人想把自己的手指擺在剛被別人碰觸過的點字句子上。由於無法使用外借的圖書館，我採用近乎荒謬的謹慎態度，在 Bookshare 尋找了第一本適合成人閱讀的書籍來下載。

我有幾次起步的錯誤嘗試。我嘗試讀歐康納（Flannery O'Connor）的短篇小說，但儘管這本小說集來自頗具名聲的出版社，我下載的檔案卻充斥著奇怪的拼字錯誤。事後我才得知在 Bookshare 的草創時期，這項服務的所有書籍都是來自志工——盲人和閱讀障礙的讀者使用文件掃描器，認真掃描每本書中他們想要閱讀的幾百頁內容，隨後由他們電腦的光學字元辨識（OCR）軟體把這些掃描內容轉成數位文本。接下來——或許——他們會進行校對。因此它的品質參差不齊，同時，選讀的內容也僅限於那些盲人們迫切想要閱讀因此願意將它掃描下來的部分。

他們讓我聯想到把罕見的黑膠唱片燒錄到自己電腦的檔案發燒友，經由留言板把它上傳到網路的滔滔洪流之中——有如為盲人書蟲們服務的 Napster。我日後才得知，Bookshare 實際上就是直接受到 Napster 的啟發：在一九九〇年代後期，Bookshare 的創辦人弗魯特曼（Jim Fruchterman）就住在 Napster 的執行長理查森（Eileen Richardson）隔壁，他們正值青少年的兒子參加了同一個樂團。

有一天，弗魯特曼的孩子給他看了 Napster 的平台（在 Spotify 尚未問世的一、二十年前，是 Napster 率先讓雲端音樂派送普及化），這讓弗魯特曼馬上聯想到了數以千計使用他的 OCR 軟體來掃描圖書的盲人。弗利特曼告訴我，當第一部《哈利波特》的書上市後，有十萬個盲人掃描了這本書十萬次。要是他能打造一個類似 Napster 的「Bookster」，讓一位盲人掃描後分享給其他人，這不是很好嗎？

他的律師朋友告訴他，這樣的想法事實上完全合法——美國總統柯林頓已經在一九九六年簽署了《查菲修正案》（Chafee Amendment），解除了在美國所有文學作品無障礙格式的版權限制。（同時這位律師朋友也說服了弗魯特曼，選一個比 Bookster 好的名稱，做為這項新服務的名字。）

如今，有數百家出版商會把完成的書籍直接以數位檔案的形式提交給 Bookshare，這已成為一項常規操作，它省去了掃描的步驟，換來的是更清晰的版本，以及大量新增的學術和商業書籍。

我決定了，我需要的是緊張刺激的通俗小說：它讓我想要一直看下去。我希望書裡的句子最好能在我預期的位置結束，我嘗試讀了吉布森（William Gibson）的《模式辨識》（*Pattern Recognition*）。這本書似乎再適合不過，因為我閱讀所用的裝置是有點厚重、小小的二十格 Orbit Research 數位電子顯示器，它感覺就像脫胎自吉布森的小說：有復古風的未來主義媒體科技、一個無螢幕的小電腦、輸出一套由一位十九世紀失明學童和一位轉職發明家的法國軍官這個意外組合共同設計的編碼。

一天晚上，我躺在床上讀這本小說，莉莉翻身過來問我在做什麼。我仰躺在床上，點字顯示器在大腿上，沒戴眼鏡，眼中有在黑暗中總會見到的閃光和漂浮物。「在看書。」我說。她出現短暫的困惑，不過隨後就想到閱讀點字並不需要光線。

然而，閱讀點字的確需要溫度。盲人作家盧西蘭（Jacques Lusseyran）在被佔領的巴黎度過了一九四一年的冬天，他白天在大學上課，晚上組織法國反抗運動，並在每晚十一點開始閱讀隔天要上課的內容。他的公寓只靠一個火爐供暖，而他在自己房間裡幾乎感受不到火爐的熱度。他發現到，「要閱讀點字，當氣溫低於攝氏十度以下，觸感就無法充分運作。」因此寫道，「我必須把些微發熱的電熱碗，放在離指尖只有幾英吋的地方。這個在盧西蘭冰冷臥房裡的電熱碗——一九三〇年代的電暖器——讓我聯想到，這是盲人版的「秉燭夜讀」。）

幾個月之後，我注意到我的手指從一行的末尾換到另一行時，我的頭也會不由自主做出類似的動作，彷彿我正在觀看天花板上進行的一場慢動作網球賽。雖然我覺得奇怪，但我無法停止這個動作，彷彿中了邪。經過了一輩子閱讀時無意識的頭部運動，我的大腦必然也把這種連結延伸到點字：在翻過這看不見的書頁時，頭也必然要轉動。這種情況在我聆聽一本書時並不會發生，這也是視覺和觸覺有關聯的另一個證據。

或許吉布森小說的書名對我也有吸引力。《模式辨識》正是我現階段的任務：儘可能廣泛閱讀，直到常見字的組合例如「of the」或者「she said」用手指觸摸能如同在紙頁上所見。不過吉布森的小說我讀到三分之一左右就放棄了，看來科技驚悚小說並不適合用緩步蹣跚的方式苦讀，那感覺像是調慢了速度聽龐克音樂。

＊＊＊

阿根廷作家波赫士在成為阿根廷國家圖書館館長的大約同時，也喪失了視力——他稱之為「做為讀者和作者的視力」，這讓他雖然掌管近百萬本書籍，卻不再有辦法閱讀它們。波赫士是在長期視力衰退之後，於五十五歲成了盲人，但他不曾學過點字。相反地，他和米爾頓一樣，他憑記憶背誦大量文學段落（包括他自己的，以及他喜愛的作家作品），同時也有人為他朗讀和聽寫他的寫作。

他失明後出版了近四十本書，大部分記錄的工作都是由他年邁的母親萊恩娜完成。波赫士一直和母親同住，直到母親在九十九歲過世，而萊恩娜也曾為波赫士的父親，中年失明的作家荷黑．吉勒摩．波赫士（Jorge Guillermo Borges），做過同樣的工作。

後來，波赫士繼續擔任國家圖書館館長的工作，並成為布宜諾斯艾利斯大學的英文教授。不過文學對他而言，已經全然成為口述性質。波赫士決定利用他失明的機緣來學習一種新的語言，而他描述學習古英文的樂趣，讓我聯想到我第一次學習觸覺閱讀的經驗：

> 學習一門語言總會發生的事情，果然發生了。每個字彷如經過雕琢後卓然而立，成了某種符咒。基於這理由，外語的詩具有母語詩所不具備的威望（prestige），因為人們聆聽它、觀看它、每個字逐一分開個別對待。我們會思索它們的美、它們的力量、或單純它們的陌生感。

透過古英語的新奇感，波赫士從陌生的詞彙中找到了近乎觸覺的慰藉，這些陌生的詞彷彿被「雕刻」出來，就像是近兩百年前在巴黎印製的第一批為盲人印製的凸體文字。然而，因為波赫士從未學過點字，他對文學的體驗基本上仍是聽覺性的。他說：「我用盎格魯撒克遜語的聽覺世界，取代了可見的世界。」

在同一場演說上，波赫士列舉了失明為他帶來的「優勢」，但這些優勢——「盎格魯撒克遜語的恩賜、對冰島語的有限了解，以及諸多詩句帶來的喜悅」——在我看來平淡無奇，即使他視力健全也不難取得。

他很開心一位編輯給了他一本新詩集的出版合約，條件是他必須在一年內完成三十首新詩，但他也提到這是個挑戰，因為這些詩必須靠口述完成。這會讓人覺得，對波赫士而言，所謂的適應失明，簡單說來就是繼續他作家的工作。「對我而言，失明並非徹底的不幸。」他說，「我們不應用悲哀的角度看待失明。它應該被當成一種生活方式：眾多生活風格當中的一種。」

不過在詩作和短篇小說裡，波赫士對失明的態度則沒有那麼樂觀。在〈禮物的詩〉（Poem of the Gifts）這首詩作中，波赫士提到了一個巧合，國立圖書館有另一位前館長格魯薩克（Paul Groussac）也是盲人。這首詩以上帝在同一時間賜予他「書本和盲目」的反諷做為開頭，其滑溜的口吻或許是波赫士的，或是格魯薩克的。「那麼，稱呼我的那個名字，又有何重要呢？」波赫士無法分辨他自己與「另一位逝者」：

> 那麼，是誰在寫下這首詩呢——一個單數失明的自我，抑或一個複數的我？

短暫易逝的作家身分是波赫士長期關切的主題，這個主題在他失明之後發表的作品裡持續發展。他在〈波赫士和我〉（Borges and I）之中說，「因此，我的人生是一個點和對立點的關係。」

> 是某種賦格，和一種消逝——一切到頭來離我而去，所有事歸於遺忘，或落入另一人的手中。我不確定，我們兩人之中是誰在書寫這一頁。

波赫士在失明之後所寫作的這個短篇和〈禮物的詩〉，必然是以口述方式創作的，兩者都流露某種作者的身分危機。我不禁好奇，這種焦慮有多少來自於他因被迫口述而失去對創作的掌控感。我自己也曾體驗過類似的焦慮，特別是在面對自身逐漸喪失與語言的視覺關係時。一旦我無法再依賴視覺來寫作，我是否也會像波赫士一樣，無法確定究竟是誰在寫這一頁？

我在第一次嘗試用螢幕閱讀器寫作時，把螢幕關掉模擬未來的情境，我感受到了一瞬間的解離感：我打字的速度讓螢幕閱讀器追趕不上，於是我在一片虛無中寫作，語詞在我的腦海中迴響，卻沒有任何確認它們被記錄下來的跡象。這就像在水中寫字，或者對著黑暗呼喊。即使當我停下來，電腦終於將文本回讀，那些語詞聽來也顯得奇特，彷彿是對我書寫內容機械化、陌生冰冷的迴響。

但在寫作本書的初稿和二稿之間，我的視力又進一步衰退了，如今我幾乎全天都開著螢幕閱讀器。交給電腦而失去自己聲音的焦慮感漸漸被一種解脫感取代，因為我再也不需要費力擠眉弄眼去看清文字，我感覺自己就像是勉強能自行走路的人，但如果能用拐杖，可以變得非常輕鬆。

我發現自己越來越常移開視線，不再盯著螢幕，在聆聽自己剛寫好的段落的同時，讓眼睛休息。如果明天我突然失去剩下的殘餘視力，我知道我會感到難以承受，而我已展開的這段悲傷旅程會痛苦地加速；但我也知道，我可以完成我的作品。

我還在適應一些特殊情況——例如，點字顯示器有時不會顯示段落分隔，而當我快速聆聽一本書時，語音閱讀器經常會一口氣念過章節結尾，直接進入下一章，毫無停頓。我不得不倒回去放慢速度，以刻意的方式重現紙本書籍頁面空白處為明眼讀者自然提供的回味片刻。

然而，雖然我正失去閱讀印刷文字的能力，我並未失去文學，它超越了眼睛。前幾天，我用手機的螢幕閱讀器快速地瀏覽報紙，讀到了一則關於本・麥克佛（Ben McFall）

的訃聞。他是紐約市傳奇的書店店員，在史坦書店（Strand）工作了四十三年。文章結尾描述了麥克佛對工作的深切熱愛，即使疫情和健康的每況愈下，迫使他轉入史坦書店的公司辦公室。過去，在書店裡，排隊等待的朋友和書迷們會聚集在他堆滿書本的書桌旁，期待他的個人推薦，或者只是為了與他聊聊書。

訃聞的最後寫道：

> 麥克佛先生對自己的史坦書店名牌情有獨鍾，甚至有時會在家裡也佩戴著，即使他已無法再與顧客交談，仍選擇把它戴在身上。名牌上寫的是：「本傑明。可以問我。」

我的語音播放速度開得很快，這最後的兩段話——甚至沒被語音系統辨識為段落，因為它忽略了行間的空白——在短短幾秒內就被念完了。然而，當我聽到最後那個畫面，想像麥可佛堅守崗位的努力，眼淚不由自主湧了出來：那不光只是獨自閱讀的喜悅，還有支撐他到最後的，對讀者社群的承諾。這份感動讓我深刻意識到，無論用什麼方式閱讀，無論這方式有多麼笨拙，我仍然能感受到這個社群的力量；我仍然是個讀者。

7. 自造者

關於殘障史的一個關鍵場景，有著類似於好萊塢電影的開場（而且遺憾的是，它就和多數劇本一樣，有太多杜撰和失真之處）。它的情節開展大致如下：

艾德．羅伯茲（Ed Roberts）把電動輪椅開到了達納街和德懷特街的街口人行道。這裡是一九六〇年代末期的加州柏克萊，時間已過了午夜時分，空氣中瀰漫的氣味難以分辨究竟是街頭成排的蛇莓灌木，還是附近住家派對飄散出的大麻煙。

羅伯茲每天會搭著廂型車，沿這條街從住家來到加州大學柏克萊分校「身體障礙學生計畫」的工作地點，他剛從這所學校取得政治學碩士學位。他雖然想避掉搭廂型車的費事功夫，但是這裡人行道的路緣高度有一英呎，而且沒有斜坡可以推上推下。

他的朋友艾瑞克．迪布納（Eric Dibner）平日負責幫忙把他推入和推出睡覺時的鐵肺（iron lung）[25]等日常事務，他得在這裡把羅伯茲和他沈重的輪椅抬過路緣——不管是對脖子以下全身癱瘓的羅伯茲，或是對不清楚柏克萊綜合體育場位置的迪布納來說，這都是一個極危險而不牢靠的主意。

不過他們想好了計畫。羅伯茲從在柏克萊化學實驗室工作的朋友那兒拿到了一些硝酸甘油，他們大致的想法是拿它來炸掉一部分路緣，然後打造一個斜坡，可惜他們事先並沒有機會預作測試。幸好，迪布納還有一把大鐵鎚。於是，羅伯茲負責把風，迪布納猛力地把路緣敲碎，同時期盼附近派對裡迷幻樂團的喧鬧聲可以做掩護。把街角摧毀之後，他們加了一些混凝土鋪整出一個新坡道，等隔天早上水泥乾了，羅伯茲就可以坐著自己的輪椅上班。

在身心障礙研究學者哈姆拉伊（Aimi Hamraie）的精彩著作《打造無障礙設施》（*Building Access*）中，把這種對城市裡無法通行的基礎設施所進行的游擊式介入，稱為「美國身心障礙運動的原初場景」，確立了這個運動在更廣泛的民權運動時代直接行動的歷史記憶的地位。

不過，這個場景大致上是杜撰的故事。羅伯茲、迪布納和其他人為身心障礙的用路人行走街頭所採取的行動，實際上要平淡多了：他們的活動包括與市政府開會協調和組織示威抗議，而不是使用違禁爆裂物和盜用建築設備。（迪布納的確承認他曾在無法上下人行道的地點鋪上水泥，不過他們是在白天施工，也沒有對人行道的路緣進行破壞。）然而，考量到他們的行動對城市、對大學、和整個身心障礙權利運動史所帶來的衝擊，不難想像羅伯茲和他的同伴們會得到「揮動大鐵鎚」的威名。

在一個（由羅伯茲所領導）自稱是「滾動的四肢障礙者」的輪椅使用者團體向市政府遊說成功之後，柏克萊市同意從年度預算撥款三萬美元，為城市既有的路緣和所有新的建設裝置斜坡。這個改造的設計被稱為「路緣切口」（curb cuts）——也就是讓輪椅可以從人行道平順上下的斜坡或坡道。

柏克萊成了全美國第一個擁有「輪椅無障礙路線規劃」的城市，隨後的幾十年，路緣切口已從社運人士對建築的干預，演變成數以百計美國城市的主流設計，如今成了聯邦法律的強制要求。

路緣切口成了通用設計的重要象徵：一個原本專為身障者設計、範圍狹隘的構想，可讓所有人都受益。路緣切口出現在人行道上不久，顯然也受到了輪椅使用者之外更多人的歡迎，它有助於推嬰兒車的父母、拉手推車的年長者，以及騎三輪車的幼童，如今「路緣切口效應」一詞被用來形容遵照該模式的通用設計解決方案，包括從最尋常普遍到革命性的設計。

25. 鐵肺是負壓呼吸機的一種，能夠協助喪失自行呼吸能力的病人進行呼吸。使用者大多數是罹患脊髓灰質炎和重肌無力症以致呼吸肌肉麻痹。隨著現代醫學的發展，鐵肺的使用已經大大減少了。

好比說，隱藏式字幕是為了讓聽不到或重聽的觀眾也能跟上電視和電影中的對白，如今在有人想用靜音觀看電視的任何場合——例如酒吧、飛機場——幾乎變得無所不在。（它對學習語言的人也很有幫助。）

資訊科技的源起，往往也和失明有關。全世界第一部打字機，事實上是位盲人設計的。一八〇八年，義大利發明家圖里（Pellegrino Turri）為他的盲人朋友菲維札諾公爵夫人（Countess Carolina Fantoni da Fivizzano）打造了第一部可實用的打字機。美國發明家瑟柏（Charles Thurber）在一八四三年提出第一份打字機的美國專利申請時，提到他的發明是「專為盲人使用，他們只要觸碰按鍵上突起的字母，用觸覺來分辨就可以將他們的想法傳遞到紙上。」

在一九九三年，距離亞馬遜（Amazon）推出第一部 Kindle 近十五年前，盲人科技專家開發了一套最終成為 EPUB 的數位閱讀格式，成了當今業界所有電子書的標準格式。藉由這些歷史經驗的歸納，可以合理推論，當今盲人和身心障礙者所追求的科技，將塑造我們的未來。在調查盲人的郵件列表、社群媒體管道，以及輔助科技會議的走道上，我們都看到可以改變**全體人類**的構想和技術，包括觸覺反饋（haptics，即使用碰觸和震動來溝通資訊的裝置）、GPS 定位（把 Google Maps 的細節帶入室內），以及機器視覺（machine vision，允許手機的攝影機和 AI 對視覺環境做出詮釋）等方面的進展。

伊隆・馬斯克（Elon Musk）或許對自駕車感到興奮，不過他的興奮程度，大概不及我所見過的大多數盲人的一半。

＊＊＊

哈姆拉伊證明了人行道斜坡這類便利措施的採用，往往不像它流行的起源故事所描述的那般簡單。隨著一九七〇年代人行道斜坡在柏克萊逐漸普遍，由柏克萊「肢體障礙學生計畫」所衍生，支持不同殘障人士廣泛結盟的後繼單位「獨立生活中心」（Center for Independent Living，CIL）發現，他們為輪椅使用者倡導的人行道斜坡，並未如他們所想像那樣普遍地適用於所有人。

有盲人抱怨，如果人行道斜坡的設置太過於平順緩和，會讓他們直接走到馬路上去——他們需要靠人行道和馬路的高低落差來判定人行道的終點位置。

獨立生活中心（CIL）基於「跨障礙意識」的精神，認真看待這些抱怨，並決定把這些斜坡稍微移到街角，避開步行的盲人穿越馬路的路線。不過有時情況並不允許，因為消防栓或停車格可能阻擋了設置斜坡的位置。在這種情況下，人行道斜坡可能距離街口有好一段距離，迫使輪椅使用者必須在街區的中間上下人行道，冒著與馬路車流並行的危險。

獨立生活運動的創辦者是一群嫻熟的修補匠。CIL 依照當時盛行的嬉皮單車廚房（hippie bike kitchen）模式，提供一個輪椅與廂型車的修理站。在一九五五年疫苗問世之前感染小兒麻痺的最後一個世代的孩童——他們很多人和羅伯茲一樣，自幼四肢的行動受限——從一九三〇年代開始就透過刊物分享 DIY 輔具和輪椅改裝的教學說明。

CIL 團體持續迭代改良。一名非殘障的成員回憶說，在柏克拉一棟公寓建築的入口有個特別陡的輪椅斜坡，於是他撒了一些油漆和貓砂在上面，以加強輪椅的抓地力。把這種觸感的表面加在人行道斜坡道，能否幫助告知盲人人行道的路口到了？這個「駭客式改造」奏效了，如今成為美國城市人行道斜坡那一片亮黃色突起導盲磚的始祖。

哈姆拉伊認為，這才是真正的「路緣切口效應」：脫胎自障礙者群體，優先考量相互依賴、創意和合作的設計——隨後被主流文化收編，並略去障礙者製造過程中的角色。無障礙設施成了為身心障礙者所造，而非由身心障礙者製造或共同參與的東西。這是盲人史上屢見不鮮的故事。

舉例來說，當盲人在二十世紀初嘗試設計一個更快速的閱讀方法，這個過程改變了每個人的音訊科技。在一九二〇年代，儘管錄音技術有重大進展，但是脆弱而笨重的蟲膠七十八轉（78 rpm）唱片每一面仍只能播放三到五分鐘。美國國會圖書館製作點字書籍計畫剛開始有進度，美國盲人基金會的盲人執行長爾文（Robert Irwin）開始探索新的技術，研究如何延長唱片的播放時間，以開啟「有聲書」的可能性，讓更多盲人可以接觸到文學作品。

爾文與一名業界的資深電機工程師合作，在一九三〇年代中期設計了一個轉速較慢的33又⅓轉的唱片，以較堅硬的乙烯基材料壓製，每一面可以容納十五分鐘音頻。（在他關於有聲書歷史的著作中，魯貝里〔Matthew Rubery〕提到在早期實驗性的壓製過程中，大約要二十張唱片才能容納一部普通的小說。）

這是密紋唱片（LP）[26]的誕生，而美國國會圖書館很快開始發送這些有聲書，和播放用的耐用型唱機——這些唱機在「新政」計畫中，多半由盲人工人生產製造。一般大眾大約要再等十五年才能取得密紋唱片；除了製造全世界第一批有聲書，盲人也是最早聆聽LP唱片的一群人。

盲人讀者歡欣鼓舞地迎接他們可取得的新有聲文學，隨後幾十年，有聲書的計畫擴展迅速。不過一些讀者——尤其是趕著寫期末報告的學生——開始抱怨單一的播放速度太過緩慢。他們希望能如同視覺讀者一樣略讀或速讀：不管明眼人或盲人，很少人會選擇用閱

26. 英文LP是Long Playing record的縮寫，意即長時間播放唱片。

讀伍德豪斯（P. G. Wodehouse）的《好極了！吉夫斯》（*Very Good, Jeeves!*）的相同速度來閱讀《哈姆雷特》（這兩本書都是國家圖書館服務製作的第一批有聲書）。

有些盲人真的會撬開播放有聲書的唱機，試圖為它加速。在一篇和喬納森·史騰合著，關於「聽力速讀」的文章中，殘障媒介學者米爾斯（Mara Mills）談到了哈維·勞爾（Harvey Lauer）的故事：這位在威斯康辛盲人學校的盲生在課堂上被指定閱讀《劫後英雄傳》（*Ivanhoe*），因為受不了這本書敘述者如蜜糖般的緩慢語調，所以和班上同學一起改裝了學校的有聲書唱機，「在馬達軸上纏繞膠帶來增加它的周長，以加快轉盤的速度」。雖然這讓《劫後英雄傳》聽起來像是由花栗鼠尖聲朗讀，但至少他們可以早早完成作業，不需要沮喪到想要撞牆。

到了一九六〇年代，錄音技術的進步讓盲人聆聽者可以加速播放速度而不致影響音調——換句話說，加速《劫後英雄傳》的朗讀，不至於讓配音員變成了花栗鼠。再之後，它也被應用在數位音頻，如今成了主流有聲書和播客應用程式的一項標準功能。

米爾斯寫道，在幾十年後工程師和製作人再次改造這項技術，創造了對拍和自動調諧等音效功能，利用音高的變化來製造人聲音樂的合成旋律。因此如雪兒（Cher）的「相信」（*Believe*）和肯伊·威斯特（Kanye West）的「葉子上的血」（*Blood on the Leaves*）這類歌曲中機械化音效的起源，都可以追溯到盲人數十年前協助完善技術時所奠定的基礎。

奠定網際網路的技術源頭，也可以追溯到盲人試圖獲取資訊時遭遇的問題。早在一九一三年，工程師就開發了可以把印刷字轉換成電子訊號的工具（如今我們隨口稱之為「掃描」），當時的發明稱為「光聲機」，也叫「音樂印刷機」，它利用硒元素對光敏感的性質，把書本中每個字母的形狀實時轉化成一個音符。

米爾斯寄給我一個盲人讀者製作的數位錄音檔，展示了他如何運用衍生自光聲機的視覺調音機（Visotoner）。你可以聽到他閱讀大寫字母V時音調的下降和上升，在視覺調音機的觀察下，發音有如相對應下降和上升的音符。有人利用這個系統設法讀完了整部小說。

米爾斯寫道，這項光聲機的技術後來被應用在其他領域，並催生了多種發明，包括血氧機（醫生夾在你手指上測量你的血氧濃度和脈搏的小掃瞄器），以及我小時候在任天堂紅白機上用來獵鴨子的光線槍。

不過當時為盲人開發這些原始閱讀機的技術人員，對盲人能否有效率地學習「音樂印刷」這種抽象編碼，仍抱著懷疑態度。因此，一九四七年，美國無線電公司的工程師在研製更進階版本的光聲機時，開發出一種不僅能顯示字母形狀，還能實際識別字母的技術——創造出廣泛認為是當今第一個成功的光學字元辨識（OCR）實例。這個發展為合成語音和機器閱讀技術鋪平道路，對網路的未來帶來深遠的影響。

＊＊＊

一九六〇年代後期，雷．庫茲韋爾對「機器視覺」產生了興趣。他當時正隨著人工智慧的先驅明斯基（Marvin Minsky）在麻省理工學院研究電腦科學；那時 OCR 只能辨識專供電腦科學實驗室測試用而特別設計的字體，庫茲韋爾希望發展一套能夠辨識書籍和雜誌字體的人工智慧，並在畢業後創辦了庫茲韋爾電腦產品公司（Kurzweil Computer Products）來從事這項工作——儘管他承認，自己也不確定它確切的應用何在。

在他未來主義宣言的著作《心靈機器時代》（*The Age of Spiritual Machines*，繁體中文版由高寶出版，二〇〇〇年。），庫茲韋爾回憶他對這項計畫的用途出現靈感，是在搭機旅行時，碰巧坐在一位盲人紳士的旁邊。這位盲人聊到他生活中真正的障礙，就是無法閱讀一般印刷資料。從這位未具名的旅者身上，庫茲韋爾的計畫終於找到了相對應的需求。

為了給盲人創造一台閱讀機，庫茲韋爾必須把他的機器視覺演算法和當時首創的平板掃描技術相結合，還需要更清晰的合成語音技術。一九七六年，他的公司推出了「庫茲韋爾閱讀機」（Kurzweil Reading Machine，KRM），據稱是第一款能夠識別多種字體的文本轉語音閱讀器。

最早的 KRM 大小如一部商用洗衣機，售價五萬美元（以現在的物價，超過二十五萬美元）。庫茲韋爾雇用了一些在全國盲人聯盟（NFB）的同事，到全美各地協助消費者學習使用機器。當時的機器極其緩慢，一頁的印刷文字得花個幾分鐘，才能用簡陋的機器語音讀出，而使用者對這種聲音可能又需要幾個小時才能適應。不過，這個機器也帶來了革命性的變化——史上第一次，盲人可以從書架上拿起幾乎隨便一本書，交給電腦閱讀出來，不需要明眼人的介入或學習某種編碼，唯一條件是他們能使用這部笨重巨大、價格高昂的機器。

庫茲韋爾賣出了幾部機器給公立圖書館和大學院校，NFB 也提供了幾部機器給盲人行政主管、盲人律師和盲人學校進行測試。不過，他們的第一位顧客是盲人歌星史提夫・汪達（Stevie Wonder），他從最早的電視宣傳裡得知了這台機器，對它愛不釋手，一九九一年時還買了另一部新型的 KRM 給盲歌星雷・查爾斯（Ray Charles），做為他六十一歲的生日禮物。

光學字元辨識（OCR）的商業應用很快顯現出來。庫茲韋爾閱讀機迅速轉型為庫茲韋爾數據輸入機，它的第一批客戶包括了律商聯訊（LexisNexis）。這家數位檔案公司利用庫茲韋爾的技術掃描了大量法律和新聞文件，成為最早將可檢索數據庫直接提供給研究人員的公司之一。這是朝著建構現代網際網路的重要一步。

如今的線上資源庫，如 Google Books 和 Internet Archive——更不用提 QR 碼讀取器以及 Siri 和 Alexa 的合成語音——在它們的數位基因裡都少不了當初為盲人所開發的機器視覺。一九八〇年，全錄公司（Xerox）收購了庫茲韋爾電腦產品公司，並逐步把 OCR 技術整合到掃描器和影印機。

在美國另一端，賈伯斯（Steve Jobs）和沃茲尼亞克（Steve Wozniak）於一九七〇年代初期在西岸的矽谷出售一種被稱為「藍盒子」的 DIY 硬體。藍盒子能發出音調和點擊聲，讓它的使用者——「電話飛客」（phone phreaks）——可以免費撥打長途電話，還能探索全國電話網絡的後台運作。

對電話飛客來說，使用藍盒子並不僅是為了省下長途電話費，而是把它當成電子實驗的樂土，它也成了駭客文化的基礎社群。早在駭客開始設計硬體和編寫程式以探索網路後台之前，電話飛客已經在焊接裝置，通過電線和交換系統環遊世界，把訪問遠端幹線的經驗視為護照上的通關印章。多年後賈伯斯回憶：「如果我們沒有製造藍盒子，就不會有蘋果。」

而如果沒有盲人，也許就不會有藍盒子。這些裝置沒有螢幕或視覺輸出：它們有的只是觸覺按鈕和聲音輸出。會使用藍盒子的人需要有興趣投入大量時間和電話打交道，因此這批駭客的先驅者中，有異常高的比例是盲人。

文化評論家羅森鮑姆（Ron Rosenbaum）在一九七一年《君子》雜誌（*Esquire*）的報導中引述這批前數位時代駭客們的說法，提到「電話飛客的開山祖師」是恩格雷西亞（Joe Engressia），「一個具有絕對音感的盲人小孩」。

恩格雷西亞天生失明，從三歲起就不斷拿家裡的電話做實驗。他發現透過吹口哨吹出第七個八度的E音——以電話系統而言，是兩千六百赫茲頻率——他可以模仿電話系統建立和斷開連結的音調。他靠著這項技巧得以撥打免費的長途電話，而這項絕技讓他在南佛羅里達大學聲名大噪，並開始從事他在技術方面的地下活動，最後引來了聯邦調查局的注意，在牢裡待了一個晚上。

一位盲人電話飛客把電話音調的錄音（這些聲音密鑰可用於進入他們想探索的電話中繼線路），存入了他從美國國會圖書館取得的四軌有聲書播放機。還有人用地下版的點字目錄形式，發送難以找尋的八〇〇免付費電話號碼（這對於進入系統底層的免費探索非常有幫助）和製作藍盒子的說明手冊。

老早在「網路聊天室」還沒出現的幾十年前，他們已經透過電話連線進行線上會議。他們日夜聚在一起，形成了一條免費的二十四小時派對熱線，隨時都有盲人飛客在線上閒聊、提供技術建議，或分享一段精彩的連線冒險故事。他們在家中環遊世界，穿越各大洲，跳轉於各電路之間，只為追求這種興奮的感覺。

＊＊＊

一開始，我以為所謂的「**盲人科技控**」只是一個次文化群體，就像盲人滑板手、盲人編織者或盲人賞鳥者一樣。但隨著對盲人生活了解越多，我意識到對每個盲人而言，熟悉科技不過是一種基本技能。不管他們是修習電腦科學的大學生，還是本地盲人團體當中那群七十多歲的退休長者，幾乎所有盲人某種程度都沉浸在郵件列表的神奇。他們潛伏在輔助科技的 Facebook 群組中，並關注盲人科技相關的播客。

從最憤世嫉俗的角度來看，盲人（廣義上來說是任何身心障礙人士）的生活，都像是一場永無止境的故障排除會議，只有偶爾短暫的順利運行片刻。對盲人來說，生活中總有一大堆問題需要解決。

在電話飛客黃金時代的五十年後，我到舊金山灣區拜訪了他們的後繼者。

我住在父親在馬林郡的公寓，思考著他自己的故事如何與這片地區的歷史緊密相連：我父親在反主流文化中歷練，在七〇年代初反戰的地下媒體製作另類電台節目，後來又投入電視製作。多年後，這些興趣把他帶入矽谷桌機電腦革命的浪潮。他曾向我談起過這一切。然而現在我看到了灣區近代史中還有我們未曾討論過的第三條線，它與這兩個激進北加州傳統直接相關：那就是灣區——特別在柏克萊——在政治上活躍、在科技方面充滿創新的**障礙者文化**。

父親開車送我下山去搭渡輪，渡過海灣到市區，我已經安排好要和全國最善於解決問題的盲人專家見面。

＊＊＊

舊金山的「盲人燈塔」機構佔據了市場街（Market Street）上一棟氣勢恢宏的建築的三層樓。這裡的空間美觀，由克里斯．道尼（Chris Downey）設計，他是用凸體的建築圖工作的盲建築師。奧雅納工程公司（Arup）協助他利用電腦軟體測試空間的內部聲學效果，就和明眼人建築師可能會依賴電腦生成模型來理解人們在建築中移動方式一樣。

「我敲擊拐杖，他們把它記錄成音源檔，」道尼告訴《室內設計》雜誌。「你可以聽到聲音如何隨著建築型態而出現變化。你可以聽出凹室和開口——這是你使用手杖時學會辨別的東西。」我走入裡頭時，注意到它沒有鋪任何地毯；地板的堅硬表面提供較佳的聽覺線索——如腳步聲、和手杖敲擊聲。

我走近接待前台，頭頂上是有吸音材料構成的簷篷，這意味著從聲學效果，我知道自己已經進入了這個寬敞大廳的另一個部分。我沿著一條長走廊走去，手杖敲擊地面發出悅耳的回聲，我準備和盲人燈塔的無障礙科技總監艾琳．勞里德森（Erin Lauridsen）見面。她的辦公室不大，但有很好的視野，位在十樓，有平板的玻璃窗可以眺望城市的景觀。我望著她背後的景色，心想這個視野應該不輸給推特的中階程式設計師的辦公室，他們的總部同在市場街的相隔幾個街區之外。

通常來說，一個為盲人提供服務的機構會簡陋得多——比較像政府機構，而不是像具備聲學設計和太空風格的大學校園——不過，一位晚年喪失視力、但從未曾造訪盲人燈塔的西雅圖保險業大亨瑟金（Donald Sirkin），留給了這個機構意想不到的一點二五億美元的遺產。這筆捐款加上巴辛的領導，以及它位在灣區的地理優勢，讓「盲人燈塔」成了全美國最具創新精神的盲人復建中心。

除了一般盲人機構都提供的基本服務——如手杖訓練、點字和螢幕閱讀器的實用課程、烹飪和清潔等基本生活技能的示範——之外，燈塔也提供客製化的觸覺地圖、焊接和程式設計課程，以及和灣區各大科技公司頻繁進行的研討會，來測試應用程式和倡導更好的無障礙設計。

艾琳說，她最喜歡網路的一個好處，是讓她可以匿身旁觀。她說：「身為盲人，我總覺得自己無法融入周圍環境。我感覺自己總是被人注意到。」有天，她在機場等候Uber，一個陌生人走過來對她說：「你可能不知道，但我經常和你一起搭火車。」對方是想表示友好，她卻覺得有點毛骨悚然。她說：「網路讓我可以觀察事情，而不會被別人注意到。」

艾琳天生失明，生長在奧瑞岡州鄉村地區的宗教家庭。高中時，她的母親不讓她參加學校的性教育課，還編造了一個故事，說學校會製作觸覺圖表，而這些圖表會讓艾琳在其他學生面前觸摸時感到尷尬。艾琳知道這只是母親的藉口，以掩飾她宗教上的反對態度——學校根本沒打算製作任何觸覺性教育材料。於是，她靠自己用電腦在網路找到了性教育的書籍，她可以隨意閱讀而無需母親的許可。

這種匿名性是網際網路吸引任何人使用的一個主因。當電子商務剛開始成為主流，每家網路公司都喜歡吹噓「穿著睡衣購物」的樂趣。但對於盲人來說，「穿著睡衣購物」的吸引力不僅在於實際上的便利（例如，對於住在鄉村地區那些缺乏公共運輸系統的人），它還有心理上的解脫——擺脫被明眼人凝視的壓力。

新冠疫情蔓延後的一個月，我也進行了一些線上「潛伏」，參加了一次針對盲人學者的Zoom會議。我聽到他們辯論關於線上授課是否要開啟攝影機。有幾位學者堅持拒絕開啟攝影鏡頭，他們認為要求所有人時刻都保持可見，是健全主義者的想法。「我很高興能夠關掉他們的目光，」一位教授說，「他們不需要看著我，也能學到我要教的東西。這是讓他們感受不自在感的一個好機會。」

網路文化同時催生了「**生活駭客**」（life hack）的概念——它不僅限於可以修補、改進的消費性電子產品，連日常活動也同樣能加以完善。不管是烹調義大利玉米糊到慢跑，網路上處處可見教你如何「破解」的指南——而盲人原本就熱衷於分享彼此的策略。

艾琳告訴我，在灣區捷運系統的交通顛峰時刻，她很討厭在列車月台排隊等候上車。因為她看不見人龍的移動，以致要放慢前進的腳步，結果不時會錯過列車。於是她轉而在車門將打開的位置旁等待，車門一開，就立刻往前衝。她詢問盲人科技專家米勒・喬許（Josh Miele）是否試過這樣做；當喬許說他也一樣時，她感覺如釋重負，心想：「我可不是在耍混蛋！」艾琳和喬許都可謂「破解」了舊金山灣區捷運系統的上車流程。

我們結束對話時，太陽已經落下，艾琳的辦公室變得昏暗。我們互道再見，我走到街上，身子靠著燈柱，和自己的 iPhone 做一番深談。不久我抬頭看見艾琳正下班離開，她禮貌地回答一位遊民關於導盲犬的問題，那位遊民也拿簡陋的拴繩牽著一條狗。她朝著捷運車站走去，我也同樣準備要下去，不過基於禮貌，我決定稍待一分鐘。

我稍後搭著電扶梯下樓後，看到她果然就站在她所描述的地方，在即將到站列車車門會打開的位置旁，另一邊則是蜿蜒排隊的通勤人龍。列車進站，不久我看著她施展破解搭地鐵的過關訣竅，熟練地溜進了車內。從遠處盯著她看，讓我自己覺得有點怪異——彷彿我成了電影《對話》（*The Conversation*）裡的金・哈克曼，在舊金山市區偷偷監視目標人物而不被察覺。不過隨後車門關上，艾琳脫離了我的視線。

＊＊＊

我也安排了跟艾琳的朋友喬許・米勒見面，他擁有「灣區盲人界魅力型天才」的稱號。他並沒有告訴我他在哪裡工作——他給的地址就在離盲人燈塔不遠，一棟沒有標示名稱的大樓——不過當他帶我入內，接待處的女士交給我一個夾著保密協議的寫字夾板，上方印有亞馬遜的商標，直到這一刻我才明白自己人在何處。

喬許在亞馬遜的分支單位 Lab126 工作，這裡專門設計和研發公司所有裝置——包括電子閱讀器、智慧音箱、平板電腦。喬許的職銜是首席無障礙研究員，這代表他要讓身心障礙人士有辦法、或是更容易使用亞馬遜的裝置。其中一個最讓他興奮的計畫，是提供亞馬遜的人工智慧語音助手 Alexa「說明和展示」的能力：盲人可以拿著一項產品到這個裝置的攝影鏡頭前，然後問，「Alexa，我拿的是什麼？」這個人工智能會嘗試辨識它。

喬許為 Alexa 編寫了一套應對計劃：如果它無法在第一次嘗試就辨認出這個物體，AI

會開始找它的品牌標籤，如此一來，就算它無法答出「這是一罐『艾米廚房』的中辣素食辣椒」，至少它可以回答說，「這是『艾米廚房』的產品。」（真希望當我跟莉莉說要把家裡的豆類罐頭通通貼上點字標籤時，能先知道有這個科技。）如果還是無法辨識——或許是標籤有破損、被塗污、或拿的方向不對——它就會繼續尋找物件上任何找得到的文字說明，喬許把它稱之為「優雅的失敗級聯反應」。

這完美描述了許多機器人和電腦運算系統的設計方式——將失敗視為進步。矽谷長期以來迷戀於失敗帶來的創新力量，並借用了貝克特那句「更好地失敗（fail better）」的名言。

這也讓我想起喬許在樓下大廳穿梭行進的方式：他的手杖撞上了一個垃圾桶，他隨即調整方向，但碰到垃圾桶似乎並不算真正的錯誤，他沒有表現出尷尬、困惑，甚至猶豫，只是順勢找到了一條新的、更精確的路徑。這樣的碰撞或許可以類比一些生物力學研究者發現的現象：**行走本身就是一種不斷進行無意識校正的跌倒過程**。碰撞，為喬許提供了他行進時需要的信息。

喬許在四歲時喪失了視力，起因於他在布魯克林的褐砂石住家[27]一場駭人的攻擊事件。當時他跑出去應門，見到隔壁鄰居家已成年的兒子，這個人後來被診斷罹患思覺失調症。喬許打開大門之後，這個男子把一杯從滅火器提取出的硫酸倒在喬許頭上，當場把他弄瞎了。

喬許在布魯克林高地的盲人工業之家學習一些盲人的基本技能，之後父母送他到貝瑞奇（Bay Ridge）的正規小學「102 公立學校」。他的母親經常帶他去美術館，並鼓勵他觸摸雕塑和探索一些明顯規定禁止碰觸的空間。他母親伊莎貝拉·米勒（Isabella Miele）在《紐約時報》有關硫酸攻擊事件的報導中提到：「他會問，『媽咪，這樣做沒關係嗎？』」她則回答他，「沒問題，你就去做吧。」

喬許小時候對盲人生活不感興趣，也不和其他盲人交朋友。他告訴我：「我當時的態度大抵上是『哦，盲人我見多了，他們是魯蛇！』」很顯然，我也是盲人，我眼睛燒壞了——我並不想迴避——但我也不想接受它。」

取而代之，他接納了機器。他逐漸享有「修補者」和「創客」的名聲，他的朋友和家人會把壞掉的時鐘、收音機和烤麵包機交給他，他會把它們拆解開來加以瞭解。喬許每年的生日成了取得某些工具組的機緣：如化學材料組、火箭模型、火腿族無線電裝置。不過這些東西有著他無法閱讀的文字說明，而他母親也沒時間或興致一再為他讀出說明或描述

27. 褐砂石（brownstone）在北美地區過去歷史上，曾是極受歡迎的建築材料。這個詞也用來指使用褐砂石或其他類似材料包覆的聯排別墅（townhouse），代表是上流社會富裕家庭的住宅。

零件組裝的圖表，於是他發展了一套技巧，透過推測零件彼此如何配合，把它們組合起來。

喬許說，直到進入加州大學柏克萊分校，他才遇見了很酷的盲人。「他們不會因身為盲人為恥，」他說。「我開始覺得當一個盲人滿酷的。」柏克萊有足夠多的盲人學生——以及足夠多障礙者權力運動的歷史——因而擁有他們自己的學習中心。

這個暱稱「洞窟」的學習中心，是深藏在學校的墨菲特圖書館（Moffitt Library）地下室的一個辦公室。加州大學的盲生都領到了雇用朗讀員的經費，他們會在「洞窟」會面，為教材製作錄音。「我們有鑰匙，」喬許大笑補上一句：「可以二十四小時自由進出。這裡是萬惡淵藪！這裡有盲人和他們的朗讀者睡在一起的幾千年歷史。」在一九五〇和六〇年代，NFB 創辦人藤布洛克（他也是柏克萊大學教授，以及校友）就經常出現在「洞窟」前身的一部拖車臨時建築，跟聚在那裡的盲人學生們見面，多年後，這個空間成為「盲人思想的溫床」。

一九八七年喬許入學時，這裡也是一個稍顯雜亂的輔助科技檔案庫。新設備不斷進來，但幾乎從未被拿走，於是成了盲人科技的試驗場和工作坊。喬許和同伴們得以玩轉早期的螢幕閱讀器、一部庫茲韋爾閱讀機、一些最早期的閉路電視、甚至有像光學轉換器這類的稀奇裝置，它能將印刷文字轉譯成振動的代碼。有一部熱成型機，學生們用來複製點字的頁面，但不久喬許和他的朋友們就發現，你也可以拿它來烤起司三明治。

喬許主修物理，這讓他必須修習基礎半導體的實驗課。「天啊！」他心想，「這下我得組裝電氣電路！」焊接半導體跟他小時候組裝模型火箭完全不能比，沒有視力要如何應付嚴肅的電機工程？一位朋友建議他聯繫比爾．傑瑞（Bill Gerrey），他是在灣區對岸的舊金山工作的盲人工程師，在「史密斯—凱特威爾眼科研究所」（Smith-Kettlewell Eye Research Institute，SKI）擁有一個實驗室。傑瑞教導喬許製作自己的無障礙工具，如提供聽覺（而非視覺）反饋的「模擬儀表讀數器」和「連續性測試儀」，他讓喬許了解到，盲人天生就是「自造者」。

傑瑞出版了一份盲人電子技術的通訊刊物，在一九八〇年的創刊號中，他描述了盲人的這種特質：「視力損害的人透過『修補工程』的解決方案來適應他們因殘障而遇到的難題。」「不管解決方案是提供適應性的技術、工作責任的重新分配，還是一把改造過的活動扳手，它都是修補工程的一部分。」

喬許完成他的物理實驗課之後，依舊在SKI流連忘返，最後傑瑞把一張桌子上的零件推開，幫他清出了一個位子。喬許記得他可以透過敞開的辦公室大門聽到傑瑞說話，特別是他會接聽大約每週打來一次的某個類型電話。通常是一些剛剛退休的明眼人，向傑瑞推銷自己對裝置的構想，比如像雷射的導航手杖、或是從桌上掉下來就會自動撥打九一一的電話。傑瑞對這些人非常有耐心，但是喬許則對這些人的自以為是大感不滿。盲人都已經設計出可以解鎖整個電話系統的裝置，這些人還不能想像盲人有辦法自己打九一一？

在加州大學研習物理，讓喬許決定成為太空科學家。畢業後，他在NASA找到了一份工作，但這裡和他在傑瑞實驗室所接觸的開放氛圍相去甚遠，六個月後他就離開了。他說：「如果我必須成為這種官僚體系的一部分，我不如自殺！」他來到了人生的十字路口：究竟該繼續努力，成為主流的STEM（科學、科技、工程、數學）領域的工程師，還是回到盲人和無障礙技術的世界？「我並不想做無障礙的相關工作，」他說，「但我是做這類工作的最佳人選。太空科學家比比皆是，但無障礙的技術領域卻乏人問津。」

然而，大多數無障礙技術的公司仍由明眼人負責營運；即使他任職的柏克萊系統（Berkeley Systems）——一間當時少數生產螢幕閱讀器軟體的科技公司——也是如此，喬許是公司裡僅有的兩名盲人員工之一。他認識的科技界盲人多半是在銷售部門，像是在一九七〇年代為庫茲韋爾工作的盲人業務員。

從殘障人士身上得到靈感的主流創新事業，最終似乎沒能促進個別盲人的科技職涯發展，喬許想要反轉這樣的趨勢。他說，「我想要成為行業內部的盲人。從事設計，擁有自己的創作權。」在盲人科技領域成為一名設計者，是回擊那些明眼人發明家最好的方法，後者只想設計出一碰到就會自動撥打九一一的手機。

喬許最後回到了SKI，擁有了自己的實驗室，發明了觸覺地圖，以及讓盲人用更直觀的方式在觸控螢幕打字的科技。在非營利領域工作二十年後，他從SKI轉職到了亞馬遜，不過並沒有轉向太空科學——他仍在無障礙科技領域——不過卻是朝主流靠近的一步。他在SKI開發名為YouDescribe的眾籌式YouTube語音描述平台，只有不到一萬名使用者。相較之下，他為亞馬遜電視（Amazon TV）設計的內建螢幕閱讀器，則將提供給數十萬人使用。

＊＊＊

視覺傳譯機（visual interpreter）是最具吸引力的盲人新科技之一。這個領域的兩大主要參與者是Aira和Be My Eyes。它們的使用者（Aira把他們稱為「探索者」）把智慧手機對準需要辨識的物件，應用程式就會把影像傳送給一位明眼人，讓他口述他們所看到的東西。如果你是盲人而且是獨自一人，你想知道自己的襯衫跟褲子是否搭配，或是你要朝哪個方向走才會到達機場登機門，或想得知無法自行閱讀的驗孕或新冠病毒檢驗的結果，你只需舉起手機，就會有人來指引你。（責任考量，它還是有些限制，這兩家公司都不會指引使用者穿越交通繁忙的街道。）

Aira 從風險基金投資人手中拿到了三千五百萬美元，而 Be My Eyes 則獲得超過五百萬美元。風險投資人並不是基於利他主義而拿出這些錢：他們期待的是，這個技術在殘障者之外，未來會有更廣泛的應用。如今使用視覺傳譯機的盲人，正為未來所有人無縫視訊聊天技術支援的研發工作做出貢獻。

我媽媽的手機裝了 Be My Eyes 的 app。有一次她幫一位盲人讀出布朗尼蛋糕盒上的製作說明。還有一次，她幫一位盲人女士評估鏡子裡的穿搭。我媽媽對這些互動感到很興奮，覺得跟陌生的盲人聊聊布朗尼蛋糕這種事很有趣。

不過，雖然她和研究穿搭衣服的女士聊了好一陣子，但布朗尼女士則完全是公事公辦。這不難理解——對於使用者而言，Be My Eyes 不一定是社交體驗，他們有具體的任務要完成，他們只是想用這個工具來達成。這有點像是當 Uber 司機：有些乘客會想告訴你他的人生故事，而下一個客人可能幾乎不會注意到你的存在。

盲人的明眼人朋友、家人、和付費雇用的助理，在過去千百年來提供了類似的服務。然而，如今這些應用程式是在遠距進行，用彷彿移除了人類從中媒介的方式運作——或者至少是召喚了當代科技經常給人的無摩擦幻覺。就像在亞馬遜訂購的商品，當晚就出現在你家門口，這種電腦化的神奇感受掩蓋了背後由大批臨時工所串起包裝和配送的產銷鏈。

以目前而言，像我媽媽這樣的 Be My Eyes 導覽者仍是以數位化的真人存在；隨著電腦視覺的進展——也就是電腦區分交通錐和幼童差別的能力——到最後，中間人有可能被淘汰。

喬許．米勒的下一代亞馬遜說明和展示裝置，有可能是可以穿戴在身上的，它不只會告訴你房間裡有多少人，還會讓你知道他們是誰、他們的穿著打扮、甚至是他們臉上的表情，並且提供空間音效提示，讓你可以走在街道上，穿梭人群之中，輕鬆找出你要找的商店入口。

任何輔助科技的吸引力，在於它們為殘障使用者提供的獨立性。Be My Eyes 的盲人使用者不需要依賴他們的家人為他們讀出布朗尼蛋糕的食譜——他們可以透過手機，自己獨立完成。在長久以來的大眾認知中，身心障礙人士就是比其他人需要更多的協助，在最好的情況下，他們得靠基本生活技能自給自足，才能證明自己「克服」了殘障。

不過，所有的科技都是為了延展人類的能力，我們沒辦法用雙手敲釘子，但是拿著一把鐵鎚，我們就成了強大的建造機器。大部分人無法靠雙腳舒適地旅行數百英哩，但是有了汽車就可以輕鬆完成。我們不會把鐵鎚或汽車視為輔助科技，但是就如盲人使用手杖或點字的菜單一樣，這些工具賦予我們原本無法實現的能力。

正由於人們對於殘障者和非殘障者在沒有科技輔助下完成任務的期望落差，才讓殘障者顯得不夠獨立。如果你需要一根手杖或一隻導盲犬才能安全過馬路，那麼你就是殘障者；但如果你需要戴眼鏡和一雙鞋來過馬路，你就能被當成正常。其實，這兩者和工具的關係並無二致。

NFB 的領導層自組織成立以來的大部分時間，都對使用導盲犬多所批評——他們認為導盲犬基於生物需求和脆弱性，並不如手杖可靠，因此導盲犬和盲人追求真正獨立的終極目標相悖。跟手杖不一樣，導盲犬免不了會生病、疲憊或分心。

一名 NFB 領導者在團體的旗艦刊物《布萊葉監察報》（*Braille Monitor*）探討導盲犬和手杖孰優孰劣的辯論中寫道：「我們如果要成為社會的一等公民，就不應該搞錯：誰是要為我們生活負主要責任的人？該負責任的是我們自己。」雖然 NFB 試圖淡化領導階層對導盲犬的批評所引發的內訌，但在某些老一輩 NFB 成員中，這樣的成見和污名依然存在。

我在生活中深刻感受到這種責任感——打電話跟 Lyft 叫車，要比請莉莉開車送我去那裡要舒服得多。但我也認為，接受某種程度的依賴是重要的，就像在我們的共同生活中，她也依賴著我那樣，我們不該過度強調獨立的重要性，或忽略了為獲獨立而可能得放棄的東西。不論盲人或明眼人，都可能變得太過依賴原本該給予他們自由的科技，如果你把生活建構在你能夠開車、或能跟雇主開視訊會議的基礎上，那麼，當你失去駕照或高速網路，你就等於瞬間喪失了自主權。

雷．庫茲韋爾曾預測，他所參與開發的科技——機器視覺、合成語音、人工智慧——不斷進展，最終會使未來「像失明、失聰、以及下身麻痺這類障礙變得不明顯，也不再被視為是重要問題。」不過，庫茲韋爾這種對於「後人類主義未來」的熱情，認定身體上的差異將因某種人機結合式的民主而消弭於無形，卻也抹去了關於殘障許多有趣、強大、且美好的部分。

即便盲人可以穿戴某個植入裝置，知道出口在哪裡、或他們的配偶是否面露微笑，但失明本身並不會失去它在現象學上的獨特風味。殘障的真正核心，並不是關於設計——即便其生活經歷需要每天不斷的改造工程和想像力。

當盲人社會學家米查克（Rod Michalko）獲得一隻導盲犬時，訓練中心的一名主管告訴他，「它就像明眼人有了部車子一樣，開了幾年後，就要再換一台新的。」不過米查克的個人體驗和這種功利主義觀點截然不同，他與狗建立了深厚的情感聯繫，發現到他過去使用手杖穿梭城市街頭時不曾感受過的「獨立的優雅」。米查克寫道，他和他的狗「達成了一種身分認同，既不是建立在孤身一人，也不全然是人與狗的共同生活。它是一種『單獨／在一起（alone-together）』。」

和一個活生生的生命體在一起，帶來了相互依存的可能性：導盲犬需要的梳理、休息和如廁時間——這些讓許多 NFB 成員感到麻煩的需求——其實最終都反映了導盲犬對愛的需求。正是這種混合的關係，讓藝術家艾蜜莉．葛肖把自己雕塑成人類和導盲犬的混合體，成了一個「狗女孩」。

許多殘障運動人士如今更強調相互依存勝過於獨立自主。他們眼中所謂的力量，不只是英雄式的殘障人士透過採用科技克服了自身限制，促使他們的身體更接近於「正常的」身體所能完成的事；而是在結盟和共群分享資訊和工具，如同一九七〇年代在柏克萊推動人行道斜坡的倡議，或是比爾．傑瑞從他 SKI 實驗室寄送通訊刊物，把盲人同胞們連結起來，幫助彼此打造需要的工具。

殘障正義教育家明格斯（Mia Mingus）在她的談話和著作中，把「無障礙」的概念擴大到超越輪椅斜坡、字幕或語音解說這類便利設施。她說，這些東西固然重要，但是提出這些需求，有時會讓殘障者覺得自己成了負擔。

明格斯提倡她所稱的「**親密感的無障礙**」。她說：「殘障人士的解放，不能簡化成後勤安排的問題。親密感無障礙的力量在於，它改變了我們的思維方式，從期望殘障人士努力擠進到身體健全者的世界，轉而**籲請身體健全者進入我們的世界**。」

在這個框架下，無障礙成了遠比法律義務、甚至是包容行為都更加深刻的東西。明格斯說，這成了一種愛的行為。這是出於親密而脆弱的渴望，期望按自己的方式與他人連結所表現出的姿態。

艾瑞克．迪布納在一九六七年跟艾德．羅伯茲與「滾動的四肢殘障者」一同改造柏克萊的人行道之前不久，曾在考爾醫院（Cowell Hospital）的三樓擔任助手，這裡被柏克萊的校方改建成臨時宿舍，提供羅伯茲和其他第一批重度殘障學生住宿。迪布納的第一份工作是負責協助史考特．索倫森（Scott Sorenson），他罹患了先天性肌肉強直症。迪布納回憶說，這種疾病「使得他的身體形狀和正常人非常不一樣。」一開始，迪布納感覺不大自在，他說：「我要面對的是全新的人生體驗。」不過接著他注意到索倫森別著一顆「迷幻的」鈕扣：

> 它是令人驚嘆的鮮綠色，有變形蟲的造型，上面寫著「變種」（mutate）。這深深打動了我——該怎麼說呢——它讓我把困惑先放一邊，進入一個全然不同的思考領域。

這個迷幻變形蟲成了迪布納可以不帶居高臨下或疏離的心態，成功擔任殘障者助手和合作者的關鍵。它讓迪布納領悟到他和索倫森是同儕，同樣浸淫在反文化的氛圍，同時也讓他能自然地協助索倫森穿脫衣服，而不感到尷尬。

在他們第一次見面時，索倫森跟迪布納說：「我來負責所有的訓練。我可以幫你解釋該做什麼。你看，我需要被抬起身子和穿衣服。」迪布納對這份工作有所領悟，他說，「雖然我知道自己是怎麼換衣服的，但秘訣是，它需要從殘障人士的角度來進行。」我想，這就是明格斯所說的親密感的無障礙——一種考慮到情感和社交微妙差異的互動，讓人覺得像是一種交流、而非遷就配合。

這種親密感通常和性無關，但也可能包括性：我在喬許・米勒八〇年代的故事裡看到這種親密性，在「洞窟」裡，盲學生和他們的朗讀員喝酒、上床。朗讀員和他們的對象單純只是同學關係，在那個關係中，含雜了性慾和玩樂的能量。

我感覺到我和莉莉之間這種動態正開始萌芽，她會做出一些微小、帶點麻煩但重要的舉動，這是我們從生活中一起發展出來的，比如把鞋子從樓梯移開以免我絆倒，或按照我們約定的習慣把食物放回冰箱，這樣我就不需要摸遍每個袋子和瓶子，才能找到我要的東西。(自從我告訴她明格斯的理念之後，莉莉有時候會用滑稽的聲音輕聲說「親密感無障礙」，並碰觸我的背，讓我知道她在身邊。)

這些都是愛的表現。而愛，按照其本質，總是包含了對獨立性的某種棄守。

第三部

結構性探索

Structural Discover

8. 對抗失明

莉莉和我坐在候診室，正對面是一位帶著米色雙眼眼罩和黑色有優雅花紋口罩的女士。口罩和眼睛繃帶的組合，讓她看起來像是個即將被抹去的人，就像只剩頭髮和耳朵的歙縣貓[28]。她用帶著絕望而隨興的語氣，和坐在相隔兩張椅子的朋友聊天。

在二〇二〇年四月新冠疫情高峰期，到年底另一次病例激增之間的平緩期，我再一次到麻州眼耳醫院約診。我通常會自行搭巴士或火車，但是即便是疫情的病例數下降，搭乘大眾運輸工具似乎仍屬非必要的風險，因此莉莉建議開車載我過去。我們把奧斯卡交給了我的妹妹，來到了波士頓。

儘管時間是上午，我們要去的是醫院，但仍感覺像是一場夜晚的約會。這是一年半以

28. 歙縣貓（Cheshire cat）是愛麗絲夢遊仙境中的經典角色，牠的形體會在煙霧中逐漸消失，最後消失的是它神秘的笑臉。

來，唯一一次奧斯卡不在身邊，只有我們兩人共度的時光。同時，這也是第一次莉莉陪我到醫療門診。如果我早點要求，她應該會更早就陪我來，但我不想讓她枯坐醫院一整天，承受治不好我眼睛的那種沈悶和焦慮。

我和莉莉把目光從那兩人身上移開，看向牆上的海報。海報上排列像斯內倫視力檢查表的文字寫的是：ALWAYS LOOK ON THE BRIGHT SIDE OF LIFE.（永遠看向人生的光明面）。我們悄聲議論，在眼科醫院候診室牆上掛這樣的裝飾品實在是個糟糕的選擇，在我們的想像中，對那些等候診療結果，越來越看不清自己人生所剩不多的光明面的病患來說，恐怕很少有人願意、或能夠做到這種樂觀的要求。

當我對著護士讀出斯內倫視力檢查表，莉莉就坐在這些字母下方，抬頭檢查我費力做出的答案。事後她告訴我，從旁觀者的角度見證測量視力的過程，讓她感覺很震撼。彷彿像第一次參觀拍攝電影的現場，如此靠近視力檢查表那些知名的字母令她印象深刻——近到她幾乎可以觸摸到。

隨後護士拿出一張卡片，上面印有隨機的單字來測試我的近距離視力——我必須把卡片湊近我的臉，以大聲讀出：「samovar, census, sword（茶炊、人口普查、劍）」——我不用看莉莉的表情就知道她和我一樣，對這首意外發現的「詩」感到欣喜。

進行視野檢查時，每當我看到針尖般的光點出現，就按下手中按鈕；莉莉在我後方觀看整個情景。技師標示出我能看到光點在視野周邊緩慢迴圈的位置，最後把這些點連成一條線，畫出像是等高線的地形圖。

莉莉看著技師繪製這些搖搖晃晃的橢圓圖形，她並不了解它的基準值應該是多少——正常人的視野是紙上預先印好最外面的一圈——而我能看到的只佔這個標準的很小一部分。不過經過解釋之後，她馬上對我視野狹窄的程度有了全新的認識。我的右眼視野大概僅剩下八度，不到正常視野的百分之六，左眼比它稍好一些。這些數字如今對她更具意義了。

在就診最後，我們坐下來和醫生總結檢查的結果。她告訴我們，「整體狀況還是一樣，」——即使我的視力出現了一些小變化，但總體狀況跟上次來診時並無改變。我提到了前一年回診時那位醫學研究員的說法，那人輕描淡寫推翻了我原先以為視力會隨時間推移而加速惡化的預測，我的醫生謹慎地跟我討論我的描述——我感覺自己又經歷了一次劇烈的視力衰退——跟她觀察到的「整體狀況」之間的出入。

我左眼喪失的視力比右眼還要多，不過左眼的視力敏銳度比較好。我們必須密切關注幾個相關的病症——白內障和眼睛中央的腫脹——雖然這些問題不算危急，但仍需要仔細追蹤和治療。她說，我整體視力的損失是「緩慢的、微妙的，而且是現在進行式」。

「**緩慢的、微妙的，而且是現在進行式**」，這是體驗失明現象非常奇怪的方式。要是能把它想成二元對立會容易得多——你要嘛是盲人，要嘛不是；要嘛看得見，要嘛看不見。即便是退化，放到非此即彼的崩塌框架中也比較容易理解。當然，情況正搖搖欲墜，但我們想知道的是：整座大壩何時會崩塌？

跟莉莉還有醫生討論我的光感受器的死亡速率，我再次感受到那種扭曲的情緒，希望她告訴我，我失明的速度會比實際上還快。就讓這場災難徹底降臨，行不行？如果有更嚴峻的預後，就可以合理化我看東西越來越困難的感覺。

我的朋友威爾．巴特勒跟我說，他在大學時期逐步喪失了大部分的視力，每當視力再一次出現嚴重衰退，他都會出現莫名的「興奮感」——災難竟然也能令人陶醉。我又想起在 NFB 大會上，我們在吃漢堡時，他跟我說，我需要在某個時間點，出現所謂「失明」的時刻，之後就能一了百了。不過，用我僅存視力的小窗口環顧房間，我知道自己還沒準備好放手。

「那麼，我最初的預後呢？」雖明知答案，我還是忍不住追問。我讓她把一切重述一遍，然後我再一次反駁，再一次由她給出最後的結論。「我並未看出有加速或大程度的變化，尤其是在這四年之內，可以讓我判定你的視力已經到了某種臨界點。」她說。

但是，我仍覺得不夠。我想讓她承認我的情況正在崩解，同時我還想知道情況崩解時會發生什麼情況，就算她給的答案只是「情況將會崩解」。她承認，雖然她認為沒理由預期出現立即的惡化，但是也沒有辦法完全確定，而臨床上的事實是：視網膜色素病變（RP）「本質上就是會變化」。

她補充說：「我也認為，隨著RP進入後期，或人們和它共存的時間更長，即使它出現較小的結構性變化，也會對人們在視力的體驗上帶來更大的日常功能性的影響。」我告訴她，我發現有一個財務上的比喻，有助於思考這個問題——也就是惡化速度即使沒有改變，感覺卻像在加速。假設你有十萬美元的存款，如果每個月損失一百美元，就算你沒有收入進來，也不覺得有什麼了不得。但如果你只剩下一千美元，每個月的支出都會像是災難性的打擊。在著名小說《太陽依舊升起》（*The Sun Also Rises*）中，一個角色人物問他的朋友「你是怎麼破產的？」。「兩種方式，」朋友回答：「漸漸的，然後突然之間。」

自從我被診斷出RP以來，治療方法確實有所進展，但從未對我的情況有任何直接影響。當我試圖追蹤相關研究，往往感到茫然。對我及大多數患有遺傳性視網膜疾病的人來說，關鍵始終是「沒有可用的療法」。

我和視網膜專家的每次對話都大同小異：對當前「無計可施」的半帶歉意的確認，隨之而來的是對臨床試驗中「令人難以置信的研究進展」的一些低調樂觀，以及一種可能的期許——待我視力進一步惡化時，市面上或許會出現可以幫助我的療法。整個領域似乎始終處於充滿許諾的發展中，而我感覺自己或多或少已經接受了現實：即使這些許諾終於應驗，可能早已對我沒有任何用處了。

＊＊＊

因視網膜色素病變（RP）而死亡的視網膜細胞——包括視桿細胞，和最終的視錐細胞——通常被認為像腦細胞或牙齒一樣，無法自行再生。我們一出生便擁有固定數量的這些細胞，它們的設計就是要持久耐用。然而，科學家已經找到方法提取幹細胞，並在實驗室培養出健康的視網膜，目標是將這些健康的生長中視網膜細胞植入眼睛，希望人體能接受並繁殖它們，最終重新填補健康的光感受器細胞。不過，人體通常會排斥外來的生物物質，而且進入 RP 晚期的病患，他們的視網膜往往已成為不適合存活的環境。

此外，這種治療可能只適用於有限的時機——如果在患者仍擁有許多健康視網膜細胞時植入幹細胞，治療就沒有意義；如果等到太晚，視網膜已成為一片無望的有害荒地，那也沒有再生的機會。要讓這種治療有效，患者必須處於既不太早、也不太晚的區段裡。

二〇二一年，一項二期臨床試驗向 RP 患者的眼睛注入了六百萬個部分發育成健康視網膜細胞的幹細胞，有了令人振奮的結果。參與者的視力有所改善，不僅能辨識出更多視力表上的字母，對比的敏感度也獲得提升。但是這項試驗排除了視野小於二十度的患者，因為這些患者剩餘的桿狀光感受器細胞過少，導致「視錐細胞功能恢復的可能性偏低」。而我正屬於這個不符合條件的群體。

「如果我可以開立我自己一廂情願的處方籤，」醫生說，「我現在為你開的處方，絕不是幹細胞療法。」她承認相關的研究確實充滿希望，但她最有興趣的還是基因療法。由於他們已經找出引發我視網膜色素病變的特定突變，理論上科學家可以開發出個人化的標靶療法，以矯正版的基因來取代出問題的基因。

這些療法已經針對其他基因開發成功——二〇一八年，第一個獲得 FDA 批准、針對遺傳疾病的基因療法，正是在我的醫生的同事主導下，在這家醫院完成的。這項療法名為 Luxturna，雖然對我沒有任何幫助，但對於那些因 RPE65 基因突變而罹患 RP 的人，效果堪稱翻天覆地。研究者描述了有如新約聖經般的奇蹟場景：孩子們收起手杖，輕鬆閱讀印刷字體，第一次看到了星光。

發展基因置換治療的費用驚人——如果說，幹細胞療法是在家具倉庫選購商品，那裡同款式的沙發適用於無數人的家中，那麼標靶的基因治療就像是買一張手工打造、專門訂製的沙發。研究人員估計在美國有 RPE65 基因突變的人數約在一千到兩千人之間，在 Spark Therapeutics 生技公司，Luxturna 的標定售價是八十五萬美元。

如同一位 CNBC 財經分析師的精確觀察，一隻眼睛就要花四十二萬五千美元。研究人員希望單次的治療——在一隻眼睛裡使用零點一毫升非常昂貴的藥劑——就能讓患者終生受用，不過這個療法過於新穎，目前尚未有關於它長期效益的研究。

醫生說，她很樂於為像我這樣擁有 MAK 突變的人提供一個 Luxturna 療法，但這仍屬遙不可及的可能性。有幾十種的基因突變會導致 RP，而且每年都會發現新的基因變異，每個基因亞組的患者都希望有自己的 Luxturna，但對於我們這些微小的群體來說，很少人有機會見到針對我們的療法被研發出來。目前針對 MAK 的最大研究只有二十四名參與者：研究顯示，每五十五名阿什肯納茲猶太人中就有一名攜帶者，但只有兩名攜帶者生育孩子時，疾病才會表現出來。

在二〇一〇年首次發現 MAK 突變的愛荷華大學，一項名為「MAK 計畫」（Project MAK）的基金會支持由史東博士（Edwin Stone）主導的研究工作。這批科學家的遺傳性視網膜疾病研究工作中，也包括研發我的這種類型 RP 的療法。這個計畫的基金主要籌措者，是本身具有這種突變基因的退休醫師赫許（Theodore Hersh）。

MAK 計畫能出現重大突破雖然很好，不過把焦點放在包括我在內的極小一部分人身上，卻讓我感到有些排斥。它感覺像是極度自我中心的慈善活動。我祝他們好運，但是對抗這麼狹隘類型的失明，我並不覺得是幫助盲人的最佳方式。與其如此，我寧願定期多捐點錢給 Bookshare 這個專供盲人閱讀的無障礙數位圖書館。

我的醫生似乎對名為 CRISPR 的技術最感興趣，它的研發人員是二〇二〇年的諾貝爾化學獎共同得主。在解釋它的運作原理時，她把單一個基因比喻成書的一個章節。我的這本基因書籍——或許更像是一部說明手冊——在 MAK 這一章有些錯字產生關鍵錯誤，導致我的光感受細胞會隨著時間退化。Luxturna 這類的基因置換療法，是插入整個章節的乾淨版本，讓退化停止，並生產出健康的光感受細胞。也因為這種暫停退化的功效，基因置換療法最適合應用在疾病的早期階段，Luxturna 也多被用在患有 RP 的兒童。

不過在某些情況下，一個基因可能過於龐大而無法被直接替代——它無法裝入療法使用的病毒遞送載體。CRISPR 則更為精確，它的療法使用一把分子剪刀——稱為 Cas 9 的酶——找出拼寫錯誤的基因，把它剪開，並直接編輯基因序列中的錯誤。然而，使用 CRISPR 治療 RP 的研究尚未進入臨床試驗階段。

＊　＊　＊

我在 Google 設定了關於「視網膜色素病變」的快訊提醒，不過近二十年來，我收到提醒後都是直接刪除而未閱讀內容。而當我認真瀏覽起某篇文章，它揭露了令人沮喪的一個側面，讓我了解世界如何看待疾病和失明。

大部分的連結，都是通向生醫投資的部落客文章，這些文章用人工智慧的寫作風格寫出容易被搜尋引擎優化的內容，以潛在投資客對設定對象談論各公開上市的生技製藥公司開發罕見眼部疾病實驗療法的獲利潛能。夾藏在這些報導之間，往往會有一篇新的科學論文，伴隨著圍繞論文發布的摘要解讀。這些解讀若非用高深的醫學術語寫成，就是充斥著企業新聞稿過分溢美的腔調。

偶爾，我會嘗試仔細閱讀一篇科學論文，鼓足了決心要窺探究竟。我讀到：「全基因組關聯研究發現，EYS的低位變異會導致視網膜色素病變。」我眨了眨眼，然後湧起一股衝動用力按下刪除鍵。

那麼，來換個口味，看一下企業新聞稿好了。這些文字總是保證即將有突破性進展，正大步邁向「治癒失明」和「挽救視力」，接著下一段則是法務部門跳進來，提供一段精心設計、近乎體操般靈活的免責聲明，其荒謬氣息讓我不禁欣賞起我的醫生謹慎迴避問題時的體貼周到。這些聲明不外乎是說：這項重大突破會治癒失明，您應該把所有一切都投資到我們的公司。不過，萬一我們徹底慘敗，被治好的只有我們實驗室的幾隻老鼠，您也不能告我們。

Google快訊的最後一部分——也是我唯一定期閱讀的部分——是那些每週出現在世界各地新聞地方版人情趣味的故事。它們報導患有RP的人如何去上繪畫課、參加鐵人三項比賽，或者創辦一些通常跟殘障者相關的小型組織，這些組織的名字往往帶有視覺雙關語，比如「有洞見的遠見者」（Insightful Visionaries）。（如果這些組織沒有取個視覺雙關語的名字，新聞編輯就會負責幫忙補上，做為報導下一個諸如「尋找她的焦點」（Finding Her Focus）這類的新聞標題。）

這些人物報導幾乎千篇一律把盲人描述成「受苦於」RP這個「盲人疾病」，但能設法找到方法來「克服」自己的失明，不管是透過騎雙人腳踏車、募款，或創辦自己的小公司。他們找到了一個過正常生活的方式，或至少因為有這些休閒活動或商業機會，而不至於糟糕到活不下去。這類報導的最後，往往是以導盲犬做了些可愛的事做為結尾。

這一切都令我非常沮喪，我乾脆避而遠之，這導致我對RP治療研究的認識往往落後了好幾年。當我的醫生提到臨床研究的可能性，我提到了自己聽說過的「阿格斯二代」（Argus II）人工視網膜假體，在我看來有如電影《機器戰警》裡會出現的失明治療法。醫生笑了笑，答說：「那差不多像是翻蓋式的手機，早就落伍了。」

人工視力自從我上一回懶得閱讀Google快訊後，已經有大幅進展。在一九七〇年代，柏森（Eliot Berson）在內的RP研究人員把重點放在維他命補充劑和新興的基因療法，但柏森和他的同事也採用令人驚嘆的機械方法來恢復視力。

柏森是麻州眼耳醫院的遺傳性視網膜疾病實驗室的創始主任。柏森開發了一套光學裝置——這些機器看起來都像笨重而充滿未來感的護目鏡——透過鏡片放大和反射的原理擴大低視力病患的視野。依我看來，它似乎是屬於點字顯示器和合成語音處理器的範疇，而非醫學領域。

但當然，如果說臨床研究人員首要關注的是挽救視力，而生物干預的方法目前毫無進展（正如這幾十年來的情況），那麼這類裝置至少提供了一些實際的幫助。如今，你可以花五千美元買到一個視野擴展器：它是一副配備攝影鏡頭的護目鏡，能捕捉周遭世界的影像並加以調整，以充分運用佩戴者的殘餘視力，讓他們得以比原本看得更多，同時透過內建處理器以演算法校正影像的對比、亮度和範圍。

從二〇〇〇年以來，這種可穿戴科技開始融入生物醫學領域。二〇一三年，美國食品藥物管理局（FDA）批准了我跟我的醫師所提到的翻蓋手機等級的裝置，阿格斯二代。它需要由眼科醫師為 RP 患者的視網膜以外科植入微晶片；這個晶片和患者戴的巨大護目鏡無線通信。護目鏡的攝影機傳送經過編碼的視覺訊息給晶片，它再利用電極列陣以人工方式刺激眼睛後方的細胞。

「阿格斯二代」是個視網膜假體，和視野擴展器不同的是，它能讓完全失去視力的人們看到基本的形狀。幾年前，我觀看一個示範影片，令我印象深刻的是（同時有點感覺驚悚，說不上為什麼），一位因 RP 已失明多年的女子在一個漆黑的房間裡，在全黑的電視螢幕上追蹤一個發光的白色X字型。

然而，阿格斯二代並不能恢復傳統意義上的視力，眼科醫生也早已提醒患者，正如人工耳蝸一樣，健康的感官器官能提供的，和人工裝置相比有著巨大的差距。正因如此，我的醫生會把它比擬成翻蓋手機：儘管它在醫學上是個奇蹟——可驗證、且可使用的人工視力！——但實際效用卻不盡如人意。

一篇提供該裝置使用指南的論文警告說：「阿格斯二代所產生的視覺和正常視力非常不同，病患也需要做好學習新的視覺『語言』的準備。」這篇論文還列出了戴上阿格斯二代假體的患者可完成的任務清單：「定位門、窗、和電梯；利用人行道穿越馬路；定位硬幣；定位桌上的餐具；定位人但無法辨識人；追蹤球場上的球或球員。」

我認識的大多數盲人不需要植入假體就可以完成上述的所有事，他們運用的是自己定向行動的技能、聆聽和觸摸、殘餘的視力（如果還有的話）、或偶爾透過他們手機上app的幫助。相對之下，對感官系統進行不可逆的電子干預，加上可能的併發症，只為換得義眼所提供的低解析度實驗性視覺，似乎並不值得。

當然，我說得輕鬆，畢竟我殘缺的核心仍有良好的中央視力。等那個部分消失了，我可能感受會有不同。但這個裝置從眼球暴露出來並引發問題的可能性是真實存在的，這篇論文也警告植入物有潛在的可能會造成侵蝕、甚至爆裂。

這些解決方案都受到生物工程產業興衰的擺佈。二〇二〇年，生產阿格斯二代的公司「第二視力」（Second Sight）瀕臨破產，停止為需要更換零件、升級或諮詢的客戶提供支持。這就像是擁有一台得不到支援的舊款筆記型電腦，只不過，它可不是筆記型電腦，而是用外科手術植入你眼球裡的裝置。

二〇二二年，第二視力跟名為「奈米精準醫療」（Nano Precision Medical，NPM）的所謂「新興生物製藥公司」合併。這次合併後，第二視力的領導階層無一能倖存，NPM的執行長告訴《Spectrum》雜誌（刊登在標題為「他們的仿生眼睛已過時、不受支援」這篇令人痛心的調查報導中），他們公司如今的優先拓展業務將是NPM的藥物傳送裝置，而不是仿生視覺。

一個更具展望的治療法是利用光遺傳學（optogenetics），這個神經科學的新興分支利用光來啟動腦部和身體其他部分的神經元。康乃爾大學維爾醫學院（Weill Medical College）的尼倫伯格博士（Sheila Nirenberg）宣稱已經「破解」了大腦處理影像的神經「代碼」，她的裝置目的是用和健康視網膜同樣的一套編碼脈衝，來刺激視覺神經。

不同於阿格斯二代，這類裝置是透過電極和視網膜溝通。尼倫伯格的裝置將感光蛋白置入眼球，直接刺激視神經本身。照尼倫伯格的說法，這是「用大腦可以理解的語言跟大腦說話」。（她解讀眼睛神經代碼的研究工作，在二〇一三年贏得了麥克阿瑟基金會「天才」獎學金。）如果她的裝置能發揮功效，可以為失明的使用者提供更接近完整影像的視力，遠勝過阿格斯二代或其後續更精密產品所提供的低解析度像素。

在老鼠的實驗之後（研究人員為老鼠播映小型電影，之後記錄它們的眼球運動），這項裝置在二〇二〇年進入了臨床實驗。在初步結果中，完全失明（或幾乎完全失明）的 RP 患者的光敏感度增加了二十倍，接受更高劑量治療的患者則增加了一百倍。這些結果並不能讓病患看見他們親人的臉孔，也沒有顯著超越過往幾代人工視網膜達成的效果：戴著類似 VR 的護目鏡，他們可以感測到光線和運動，並且有兩個例子可感測到運動的方向，但基本上，這仍然像在黑色螢幕上看到白線而已。

和聽覺神經不同，視網膜的神經節細胞（作用是把來自視網膜光感應器的影像翻譯到大腦）的形式並不統一，彼此以複雜、相互關聯的開關通道系列發射信號，即使是精密的光遺傳學開關裝置也難以精準複製。不過，這項試驗的主要目的是為了測試對人體治療的安全性，在隨後的實驗中，尼倫伯格將進一步提高劑量。

尼倫伯格把她的人工視網膜稱為「仿生視界」，她對這個裝置的願景甚至超越了原本為盲人使用者恢復視力和提供完整視野的目標。她接受 NBC 採訪時說：「這裡有進一步提升的潛力，例如我們可以把紫外線或紅外線加進來。實際上，我們可以讓盲人擁有比**我們**在某些方面**還要好**的視力。我傾向這麼理解：如果你已經是個盲人，那你只能一直站在

『被挑戰』的弱勢，現在你成了**仿生人**，你有了額外的優勢，你可以看到一般人無法看到的東西。」接下來，彷彿是第一次發現到這個觀點似的，她補了一句：「感覺上挺公平的。」

但是看到紫外光或紅外光的能力，是否對任何人有任何價值？它會不會只是醫療的扮裝遊戲，某種私人娛樂，觀看著幻影般的光流從遙控器噴湧而出飛向電視機，像哈利波特的藍色魔杖火焰？尼倫伯格的研究不只對於恢復人們視力有深遠的意義，也為提升機器人的機器視力開啟了新的可能，不管是組裝流水線或是自動駕駛車。

對於尼倫伯格給予人們超人般視力的構想（以及思考在商業領域獲利的應用），讓我們回想起雷．庫茲韋爾的後人類主義的願景：一個人類和機器難以區分的科技烏托邦，這個願景由科技新創公司資助，從殘障的消費者出發，隨後進入主流市場。

不過，她的評論同時流露出某些醫學上的傲慢，自我標榜為盲人提供仿生能力以彌補他們殘障經驗的能力。在我看來，她這種玄奇的想法並未如她所意圖提供給盲人更多的權力，反倒是保存了盲人即便在治癒失明之後，仍不同於一般明眼人的既定形象。

思考這些治療方法，讓我面對到一個基本的矛盾：我一直在尋找某種盲人導師，他們看待失明的態度不只讓人認為失明是可以克服的，同時失明也是在智識上有幫助的、是有趣的、甚至是很酷的事。但是就醫學界而言，它本質上就是和失明**站在對立面**——以致於難以去設想有些盲人（特別是從小就失明的人）可能想要保持失明，或是認為失明本身具有正面價值。

究竟，為自己身為盲人感到驕傲，是否就代表要放棄掉治療的希望？

許多聾人說，他們寧可當聾人，而不是聽人，並且刻意尋找具有相同遺傳性聾因的伴侶，以確保他們的子女也是聾人，並頌讚他們所處的廣大聾人家族系譜，以及他們傳承的語言和文化群體和傳統。然而，雖然我也遇過許多自豪的盲人——幾乎每一位我在NFB大會遇見的人，都符合這樣的描述——但相對而言，很少有盲人對於治癒他們殘障的研究，會抱持像聾人運動人士那種抗拒的敵意。

殘障女性主義學者卡佛（Alison Kafer）充分表達了盛行的觀點——這個觀點也和我的個人經驗相符——她寫道：「儘管我從殘障人士的群體得到許多的歡樂，也非常珍惜身為殘障人士的個人體驗，但我並無意讓自己的殘障程度變得比現在更嚴重。」殘障也同樣成了豐富我的知識、群體和人生經驗的新來源，但我對追求、延長或維持它，也毫無興趣。

* * *

對於失明的對抗性觀念，從許多治療背後的研究機構名稱中便可見一斑：美國最大的視網膜疾病慈善機構叫做「抗盲基金會」（Foundation Fighting Blindness，FFB）。我在全國盲人聯盟（NFB）年會上遇到的盲人作家黛博拉・肯特・史坦跟我說：「當我聽到『抗盲基金會』這個名稱，感覺像聽到『對抗**我**的基金會』。」

我和黛博拉一樣，對 FFB 所傳遞的悲劇氛圍抱有類似的反感。在「冰桶挑戰活動」迅速爆紅後不久，FFB 的行銷團隊試圖模仿肌萎縮側索硬化症協會（ALS Association）的募款成功經驗。他們推出了「#HOWEYESEEIT 蒙眼挑戰」，鼓勵人們拍攝自己蒙著眼睛（戴上 FFB 分發、印有 #HOWEYESEEIT 主題標籤的眼罩）進行基本日常活動的影片——這個基金會的建議活動包括烘焙、剪髮、外出用餐，甚至照護幼兒。這項活動出現在《今日秀》（*The TODAY Show*）的節目裡，數以百計的人們在網路上貼出了他們的挑戰影片。

這個活動迅速被炎上，把盲人的一生想像成視力正常的人剛戴上眼罩的前一兩分鐘所經驗的恐懼和迷茫，是一種危險的誤解。這種想法強化了失明令人恐懼、盲人必然是跌跌撞撞能力不足的刻板印象。（幾十年來，失明在民意調查裡，始終穩居「最令人擔憂的殘障」名單的榜首或接近榜首。）

抗盲基金會很顯然為了募款而利用了這些刻板印象：這場活動似乎在暗示：「**看看失**

明多麼可怕、讓你的生活變得多麼困難。您難道不想幫忙來消除它嗎？」NFB對此做出了嚴厲的回應，指出曾經有社工人員單純出於對盲人養育子女能力的誤解，而強制讓孩童與他們的盲人父母分開的案例。FFB的宣傳活動曾經發布一段陰沈不祥的影片，名為「如果看不見你的孩子，你怎麼辦？」，內容是孩童玩耍的無聲影像，畫面逐漸模糊不清。NFB認為，這種利用恐懼情緒煽動的影片，可能會導致更多的家庭被拆散。

抗盲基金會推廣其研究倡議的方法或許（有些時候）含帶了健全主義者對殘障的歧視和違反時代潮流，但我有時仍不免受誘於治癒失明的承諾。怎麼可能不受誘惑？即便在接受失明和戰勝（或延後）失明之間的擺盪令人痛苦。當我的視桿細胞已經惡化到連視錐細胞也開始損壞，而中心視力也崩潰時，或許我會有不同的感受。

如果「仿生視界」或其他任何人工視覺科技進展到我可以藉由手術看到我家人的臉孔，以及濕潤的森林、印刷的文字、美好的繪畫等等其他一切，那麼，即便留住的視力很可能伴隨著變形和干擾，甚至不像是真正的視力，抗拒治療恐怕也很難有正當性。

身為iPhone的重度使用者，熱愛閱讀科幻小說、聽電子音樂、有時穿戴Fitbit、而且整天連結電腦的介面，我對於未來成為「合體機械人」（Cyborg）的前景理應充滿興奮。不過當我想像未來——十年之後奧斯卡的高中畢業典禮已成了某種里程碑，我在想望未來時，經常把它當成參考背景——會令我感到比較自在的形象，應該是一個標準的失明人類，由莉莉在我耳邊輕聲告訴我畢業典禮台上的視覺重點。說不上來什麼原因，這會是比較讓人開心，而不是戴上一副巨大的光基因學護目鏡，像個自豪父親版的「機器戰警」或「終極戰士」，有如透過監控攝影機傳播的微弱信號觀看典禮的過程。

大多時候，我真的認為我日益加深的失明並不可怕，它並不是宣判死刑。閱讀點字很美妙，而失明也開啟了詮釋學和知識論的有趣問題，足以讓我用餘生去探索。一個豐富和歡樂的失明人生確實是有可能的。但每當我被迫考慮奧斯卡也罹患 RP 的可能性，我的這種態度就會受到立即而全面的撼動。莉莉也承認她不太樂意接受檢測，因為她擔心我會把她對於檢測結果的焦慮當成一種譴責——好像她在告訴我，「我好痛苦，他長大後……**會跟你一樣！**」也彷彿我會大吼著回答：「可不可以請問一下，**像我這樣**到底哪裡不好？」

但我可能和她一樣痛苦，甚至更痛苦。當然，在悲痛之餘，我也會混雜著一股自信，相信我有能力導引奧斯卡走過這段經歷，為他提供我在他的年紀未曾擁有的失明人生指導。我也可能成為像我在抗盲基金會遇過的那種父母親。在基金會成員裡頭，聲量最大的群體是那些子女被診斷出視網膜疾病的明眼人父母。孩子可能失明的前景，對明眼人父母的打擊，可能比對孩子本身的打擊更加嚴重。

不過，我漸漸認同了莉莉的看法：基因檢測對我們來說究竟能改變什麼？它能在任何方面幫助奧斯卡嗎？如果我們得知莉莉也是基因的攜帶者，除了避免讓奧斯卡從事需要視力的職業外，實際上我們無法採取任何不一樣的行動。想像自己對他說：「放棄空軍夢吧，兒子。」這種情景既令人反感又荒謬。

因此，現在進行基因檢測的結果，很可能只是為我們的日常增添一層不必要的焦慮。不如讓這個問題保持未知，交給遙遠的未來。

＊＊＊

莉莉並未從我的眼科醫生那裡獲得什麼新鮮資訊——我之前早已告訴過她這些內容。但我的解釋總是時斷時續、模糊不清，往往被日常瑣事打斷，比如奧斯卡的中途插嘴、她要忙著準備晚餐、或是我們倆都已筋疲力盡，只能勉強看上二十分鐘電視然後倒頭就睡。這次的門診之旅擺脫了這一切的干擾，回來之後，她對我的失明的態度發生了改變。

我原本擔心她的陪同，會讓我覺得自己像個小孩，由抗盲基金會的家長陪同著，她負責與醫生交談，而我只是被動地聽著。但實際上並非如此。她仔細觀察了視野檢查的結果，思索著中心殘餘的微小視覺範圍和那堅韌的小片周邊視力還能維持多久。也許最重要的是，她開始更認真地思考，當這些視野進一步縮小，對我——以及對她——意味著什麼。

部分是因為醫學權威的力量，跟我一起去醫院，對於她理解我看世界的方式，產生了深刻的影響。這感覺像是典型婚姻動態的一種延伸：我對某件事情做出判斷——比如我們水槽可能出了什麼問題——她不相信，但當水管工來說了同樣的話，這件事突然變得可信了。

然而，我認為看到我處於醫療場景中，在檢眼鏡明亮的燈光下接受檢查，還讓她重新認識到我身為一個患者、一個疾病承受者的身分，這重新賦予了我的失明在醫療和疾病上的意涵，而在我們的日常生活中，這些早已不再是她眼中明顯可見的特徵。我並不一定希望她用醫療的角度看待我——我更希望她能超越我的失明，看到和她結婚的那個核心人物。但同時，這種覺醒也像是她接受、與我的失明共處的必要一步。

最奇怪的是，我覺得我對自己的視力有了更深的理解。我在眼科醫生那裡其實也沒有學到什麼新東西——我的「整體狀況」甚至眼睛的圖像看起來和去年一樣。「冰層」雖然有些融化，但整體上仍保持著原狀。不過，現在我和一個對我視力有全新、經過更新且深入的臨床理解的人一起回到了家，她知道我現在能看見什麼、和未來可能看見什麼。

在廚房裡，當她突然出現在冰箱前面，我無預警輕輕撞上她時，我感覺到她身體的反應出一種新的溫柔。我的視力並沒有改變，但是我透過她的眼睛、透過護士繪製的高曼視野圖（Goldmann perimetry），看到了我的視力。在過去，我對自己視力的感受要模糊得多、也更悲觀：**我看不到，因為我快瞎了——因為我的視力一場糊塗**。但在莉莉陪我去波士頓的那幾天裡，我感覺我的盲點變得更加清晰了：**我看不到，是因為我只剩下百分之五的視野了**。

我們回到家的隔天下午，有一場電閃雷鳴的暴風雨。到了傍晚，風暴已經過去，但天空仍然布滿雲層。那時的光線讓人感覺很不真實——我從未見過那樣的景象。就像是包裹著夕陽的玻璃裂開了，一種黏稠的橙色光流淌到院子裡。莉莉說，那感覺像是站在一張照片裡，鄰居們發簡訊互邀彼此出來欣賞。

在遠處，你還能看到一些藍天的斑塊，這讓暮靄的色調顯得更加奇異。莉莉的皮膚散發橙色的光。我讓自己的視線沐浴在這片光彩中。

9. 正義女神

二〇二〇年，非裔美國人喬治・弗洛伊德（George Floyd）遭殺害之後，全國盲人聯盟（NFB）舉辦了一系列公開的 Zoom 會議，目的是為黑人成員提供論壇，討論組織內經歷的種族主義經驗，並讓其他（主要是白人）NFB 成員傾聽並提出問題。

像多數的大型虛擬會議一樣，這些會議充滿了混亂的時刻：彼此打斷談話、話題偏離主題、或廚房裡意外傳來的巨響。（盲人參加的 Zoom 會議還有個顯著特點，那就是偶爾會出現超快速的合成語音——有時人們忘記把螢幕閱讀器關靜音，於是整個群組講話時就得試著壓過這部 iPhone 用正常人三倍速度讀出電子郵件內容的聲音。）

這些會議，很快成為痛苦而深刻對話的空間。一位參與者提到他在奧蘭多參加全國大會時的經歷。他當時正和一群盲人乘電梯，從飯店房間到樓下的會議廳。其中一人在中間樓層下了電梯，當電梯門關上時，一位盲人說：「我很高興那個黑鬼[29]出去了。」

「嗯，還有一個在裡頭呢。」這位與會者回應。於是這群人沉默地搭完了這趟電梯。

在這些會議上我聽到了許多類似的故事，以及一些黑人成員談到他們在 NFB 內爭取領導職位時，感到被阻撓或受挫的經歷。

一位來自德州的白人 NFB 領袖插入了對話。一開頭她表示，她覺得有必要讓她的分會針對抗議活動表明立場，並確保會員知道 NFB 是支持多元化和包容的。但接著她脫口而出：「我不看膚色！當然，**從字面上來說**，我確實看不到……但我真的不會注意到膚色。」不少白人盲人也以類似的說法來表達支持和團結的態度，但在我看來，他們似乎試圖拿自身的殘疾當藉口，免除可能的責任。

稍後，一位黑人會員在視訊會議中提到，他曾和一位白人盲人交談，對方跟他說了同樣的話：「我是個盲人，我不看膚色。」他回應這位白人：「**我也是**盲人，我也看不見膚色——**但我清楚地聽到無知的聲音**。你不能僅僅靠一句『我看不出膚色』來抹去四百年來的壓迫和不公。」

以失明做為比喻，幾乎都不是好事，它通常代表無知和無能：愚昧無知叫做 blind fool；爛醉如泥叫做 blind drunk；無從彌補的弱點是 blind spot；被詐騙一空則是 robbed blind……凡此種種。而正義，似乎是少數與眼盲相關的正面隱喻之一。

正義女神傳統的形象，看來就像手持火炬、照亮數以千計電影片頭的「哥倫比亞電影公司女神」的表親：一位美麗、穿長袍、視力正常的白人女性，頭上有精心綁好的眼罩。她通常手持天平，強化公正無私的形象：她只衡量證據，不受表面視覺上的判斷所干擾。

在美國的法律傳統中，司法的「盲目性」最常被用來討論種族問題。正如法律教授歐巴索吉（Osagie K. Obasogie）所指出的，種族上的「色盲」常被視為一種進步的法律理想，但實際上它反映了對種族不平等問題的不願面對。

一八九二年，普萊西（Homer Plessy）登上一節僅限白人搭乘的火車車廂。他的外貌可以被當作是白人，但當列車長詢問他的種族，他說他不是白人，而有八分之一的非裔美國人血統，隨即被列車警探逮捕。

在一個種族隔離的社會，他八分之一的黑人血統就是判定他身分的全部依據。當他的案件於一八九六年提交到最高法院，除了一名法官之外，其餘法官都判他敗訴，認為儘管第十四修正案主張平等對待所有公民，但是白人專用車廂這種「分隔但平等」的安排，並未違法。

在法院唯一的反對意見中，哈倫（John Marshall Harlan）大法官引用法律的「色盲

29. 原文為 n-word，即 nigger，對非裔美國人極其不敬的稱呼。

性」來支持反對種族隔離的觀點。哈倫寫道：「從憲法角度來看，這個國家不存在任何較優越、統治或主導的公民階級。這裡沒有種姓制度。我們的憲法是『色盲的』，既不了解、也不容忍在公民間建立階級分別。」

對哈倫大法官來說，法律的「盲目性」是件好事，這正是正義女神矇住眼睛的原因。這種「盲目性」提供了一種客觀性，正是抵抗偏見的唯一方式。哈倫暗示，為了追求平等，法律必須對種族差異保持盲目。

休斯（Langston Hughes）在一九三二年的詩作〈正義〉（Justice）中，重塑了正義女神的經典形象，把她重新想像成一名遭受可怕暴力傷害的受害者。她的頭上裹著醫療用紗布，而非象徵公平的眼罩：

> 正義是一位盲眼女神，
> 是我們黑人早已看透的真相：
> 她的繃帶掩蓋了兩處潰爛的創傷，
> 那或許曾是雙眼。

休斯的詩歌顛覆了哈倫大法官對法律「種族色盲性」的觀念：正義女神的「盲目」

是通過血腥暴力手段實現的，失明使她無法看到黑人所經歷的壓迫。艾里森（Ralph Ellison）小說中《隱形人》（*Invisible Man*）的主角似乎也同樣因白人的盲目性而消失不見：「我是隱形的，」他說，「只因人們拒絕看見我。」

＊＊＊

NFB的創辦人藤布洛克跟所有歷任主席一樣，也是白種男子。不過藤布洛克對邊緣化群體的權利有深厚的興趣；他領導NFB最初幾十年政治行動的期間，也積極發展自己的憲法學者職涯，發表了關於二戰期間被監禁在美國集中營的日裔美國人權利，以及憲法第十四修正案平等保護條款「反奴隸制起源」的研究著作。

一九六六年，在黑人民權運動的高峰，藤布洛克發表了一篇名為「生存在世界的權利：侵權法中的殘障人士」的法律期刊文章。在文章中，藤布洛克明確指出殘障者權利和種族平等之間的關聯性。他寫道：「如同黑人一樣，盲人亦然；如同波多黎各人一樣，患小兒麻痺症者亦然；如同印第安人一樣，貧困的殘障人士亦然。」正如菲德瑞克（Angela Frederick）和施弗瑞爾（Dara Shifrer）所指出，藤布洛克的文章是在《民權法案》通過不久之後發表，而該法案明顯把身心障礙者排除在提供法律保護的特徵（包括性別、種族、膚色、宗教和國籍）清單之外。

在喬治・弗洛伊德謀殺案引爆抗議活動兩個月之後，新聞媒體報導了一兩天和《美國身心障礙者法案》（Americans with Disabilities Act，ADA）三十週年相關的新聞。某天下午，我聽到一位名叫茱蒂・休曼（Judy Heumann）的女士在廣播中談到她自己從一九六四年《民權法案》通過、到十多年後保障身心障礙者公民權利的法律開始實施這段關鍵轉型期，她參與障礙者權利運動的工作。

休曼自小成長在布魯克林的白人猶太家庭，屬於小兒麻痺疫苗問世前出生的最後一代。她在十八個月大時感染病毒，成了四肢麻痺者，手臂只能做有限的活動。當她母親推著輪椅送她去公立學校的幼稚園，老師們說學校無法接納她的女兒——說她會成為火災的危險源。

在當時，一九七三年的《復健法案》第五〇四條款（以及一九七七年採用的執行法規）尚未通過立法，校方的排斥做法完全合法。休曼把第五〇四條款稱為「解放宣言」，因為這項條款禁止任何接受聯邦資金的場所，基於殘障的歧視行為。十七年後，《美國身心障礙者法案》把同樣的法律保護進一步延伸到了私營部門。

我聽到休曼說著這番話時，不禁頓了一下。她並沒有誇大這些法律的影響力：它們讓數百萬身心障礙者能夠進入學校、建築物、就業機會及運輸系統，徹底改變並豐富了他們的生活。身心障礙人士歷史上所經歷的各種邊緣化和壓迫——從強制絕育、剝奪語言、安樂死，到被拒於教育與工作——都是不可饒恕的。

一直到一九八〇年代，智力障礙者仍然被送往一些惡名昭彰的機構，例如位於史泰登島的威洛布魯克（Willowbrook），孩子們在那裡被強迫參與非自願的醫學試驗，和長達數十年的性虐待和肢體虐待。直到今天，在麻州的一所寄宿學校，自閉症和其他障礙的兒童仍需佩戴電擊項圈，以矯正「攻擊性或自殘的行為」。不過，我對是否該接受休曼的類比仍感到猶豫。她是否暗示身心障礙人士所遭遇的不公正待遇——儘管可怕且範圍廣泛——能和奴隸制度的苦難等量齊觀？

休曼在回憶錄寫道：「雖然我的生活中，沒有那些標誌南方種族隔離政策的『僅限白人』小牌子，但我過的同樣是被隔離的生活。」經過多年與紐約市教育局的抗爭，休曼的母親終於把她送入了在「二一九公立學校」的身心障礙兒童課程。但儘管休曼很高興能上學，她發現那裡的教育根本談不上平等：九歲到二十一歲的學生被混在一起學習，而她實際接受的教學量——遠遠低於已達高中程度的休曼所需要的內容——相較於其他非障礙學生所受的教育，根本不成比例。休曼寫道，「由於我們被遺漏在一九六四年的《民權法案》之外，因此我們需要有自己的《民權法案》。」

休曼想要成為一名教師，於是從長島大學畢業後展開申請紐約州教師資格的程序。除了筆試和口試，州政府還要求她進行定期身體檢查，確保她沒有任何會危害學生健康的醫療狀況——例如傳染病。不過在檢查過程中，州政府的醫師對她提出一連串羞辱性的問題，請她示範如何上廁所及如何走路，儘管休曼再三強調她一向無法走路，但靠輪椅四處行動絕不成問題。三個月後，紐約市駁回了她的資格申請。

她求助於美國公民自由聯盟（ACLU），卻得到無奈的回應。ACLU的律師說：「你是基於醫療方面的原因而被拒發教學資格，這不能視為歧視。」這樣的回應，反映了身心障礙被普遍視為根本上屬於**醫療問題**這種根深蒂固的成見；即使是在其他被邊緣化團體為爭取民權而努力的進步人士，也傾向於把殘障視為基本的身體缺陷，與種族、性別、或性傾向屬於不同範疇。

在十九世紀美國醫療文獻裡，充斥了非洲裔美國人在生物學上低人一等、以及生理上適合被奴役的種族主義論述；如歷史學家班頓（Doulas Baynton）所主張，人們藉著將身分認同和殘障聯繫在一起，來合理化他們對非裔美國人、女性和移民的壓迫和排斥。反對婦女參政權的人士經常以女性的情緒不穩定為理由，主張女性缺少參與投票的智力。

班頓也提到美國的移民政策中，把族裔和殘障結合到了近乎密不可分的程度。在一九○七年，美國的移民局局長寫道，「把道德、心智和身體上有缺陷的人排除在我們國家之外，是移民法律要完成的主要目標。」

於是，女性、非裔美國人和移民社群權利運動的進展，都需要跟殘障的概念撇清關係：這些團體必須去證明，他們和非殘障的男性白人一樣有能力。正如被解放的廢奴主義者道格拉斯（Frederick Douglass）所相信的：「權利的真正基礎在於個人的能力。」班頓循著道格拉斯未明說的主張做逆向推論，質疑這豈不意味了個人如果能力不相同，也應享有不同權利，等於為「政治不平等的正當性」提供了依據。

到了一九七〇年，休曼借助自己和紐約市教育局抗爭的經歷（和隨之而來的大篇幅媒體報導），開展了身心障礙人權組織者的工作。她和一群活動人士成立了「行動中的障礙者」組織，致力解決障礙者的相關問題，諸如無障礙大眾運輸工具和終結庇護工場，不久，創立「獨立生活運動」（以及在城市各處設立街角的人行道斜坡）的前加州大學柏克萊分校學生艾德．羅伯茲打了一通不請自來的電話給休曼——此時她的行動已成為全美頭條新聞——邀請她搬到柏克萊來協助經營「獨立生活中心」（CIL）。休曼的加入，讓她登上了全美國可見度最高、最活躍的身心障礙權利組織的最核心。

一九七七年，「獨立生活中心」發起在舊金山市政中心衛生、教育和福利三個局處所在的聯邦大樓靜坐，抗議美國政府未能落實《復健法案》第五〇四條。這次抗議與全國多個城市的聯合行動成為身心障礙權利運動的重要篇章，經常被形容為障礙者權利第一次進入了全國意識的時刻。

參與活動的殘障人士佔領聯邦大樓二十六天，他們睡在地板上，進行著持續到深夜的策略討論。當市政府衛生、教育和福利局關閉大樓的電話線，盲人團體使用美國手語（ASL）與街頭的同志們聯繫。當市府封鎖大樓，試圖用斷絕物資的方式迫使抗議者撤離，黑豹黨（Black Panthers）[30]成員闖入大樓帶來了熱食，並在整個抗爭期間每晚送餐。

在聯邦大樓靜坐的人包括了坐輪椅的羅麥克斯（Bradley Lomax）和他的看護傑克森（Chuck Jackson），兩人都是黑豹黨員，另外還有被形容為這場靜坐活動的「精神領袖」黑人社運人士畢勒普斯（Dennis Billups），他後來也成了黑豹黨員。不過示威者的主體仍然是白人。畢勒普斯在佔領期間接受黑豹黨的報紙訪問中，呼籲運動中更多元的聲音：「我要向殘障的黑人手足喊話。站出來，我們需要你。到這裡來，我們需要你。」

在市府衛生、教育、福利局長最終簽署了執行《復建法案》第五〇四條規定後，黑豹黨領袖艾哈金斯（Ericka Huggins）在勝利遊行中表達了激進的「解放式色盲」，用鮮明的詞語把以白人為主的障礙團體和黑人被邊緣化的經驗連結在一起。她告訴群眾：

> 美國始終存在著它的黑鬼，並且，他們以各種形狀、大小、顏色、階級和身心障礙出現。第五〇四條法案的簽署、這次的示威、這次的靜坐、發生在過去幾星期的美好事物，都在告訴我們，黑鬼將獲得自由。

＊＊＊

像休曼這類倡議人士在要求平權時，必須主張殘障人士基本上和其他人都一樣。（她的回憶錄書名《身為休曼》（*Being Heumann*）巧妙運用她的姓氏和 human（人類）發音類似的雙關語指出了這點。）這樣的主張表面上似乎不證自明——**我們也是人啊！**——卻引發複雜的身分認同，這問題在我加入「殘障群體」這個難以定型的實體後，就深深令我著迷。

究竟，身為盲人，在我的身分中佔據多核心的定位？殘障者權利的倡議人士主張失明並非一個決定性的特徵，但這些組織的名稱——「行動中的障礙者」、「全國盲人聯盟」——暗示的觀點卻正好相反，認定殘障就是他們身分認同的主要標誌。要如何解釋這種矛盾？法律如何做到平等對待所有人，同時又承認它的天平偏離了某些團體的失衡狀態？

生物倫理學家艾德蓮・艾許（Adrienne Asch）於二〇一三年去世，她一生都在積極探

30. 美國的黑豹黨是由非裔美國人組成的黑人民族主義和共產主義政黨。該黨已於一九八二年解散。

討身障對一個人的生活如何能同時既為核心、又僅是附屬的特徵，以及在某些情境中承認其存在、而在其他情境中將它忽略的重要性。

艾許準備上幼稚園之前，她父母搬到了紐澤西，因為那是當時少數允許失明兒童進入主流公立學校就讀的州之一。到了一九六〇年代初艾許進入高中時，她對政治和非裔美國人的民權運動充滿熱情，但她自身殘障的政治意識尚未形成。在一本名為《猶太點字評論》（*Jewish Braille Review*）的雜誌上，她接觸到了藤布洛克的演講，但當她讀到他關於盲人所面臨歧視的激烈言論，她發現她從未經歷過那樣的情況。

艾許清楚記得雜誌上一篇由盲人歷史學家所提出的問題：在美國，究竟是當黑人，還是當個盲人比較容易？艾許回憶：「我當時非常震驚！在這個國家，當然是當黑人比較難啊，這問題太荒謬了。我不會被私刑處死，也沒有人會阻止我做想做的事。」

然而，艾許確實受過歧視，而且往後還會面對類似情況。她申請大學時，一所錄取她的學校表示——因為她的學業成績優良，加上他們是州立學校——他們不得不錄取她，但他們不想這麼做，因為他們擔心她穿越在校園交通繁忙的主幹道時會弄傷自己。

不過，斯沃斯莫爾學院（Swarthmore College）錄取了她，他們沒有給她任何類似「為了她的交通安全著想」這類家長式警告，於是她對上述事件不以為意：就像對待過往的其他事件一樣，她把這件事當成一時的障礙，可以用替代方式來應付。

在斯沃斯莫爾學院，艾許遇到了其他盲人同學和身心障礙學生，但她並未對他們產生特殊的親近感。「我對他們既不喜歡，也不討厭。」她說，「其實我特別欣賞一個小兒麻痺的同學，但身材矮小的那個我就不怎麼喜歡。」她看待他們的方式就和看待自己一樣——就是另一個人，而不是由障礙或任何一種身分特徵所定義。

大學畢業後，艾許的態度有了轉變。她應徵了幾十份工作，明知自己完全符合資格，卻遭遇赤裸裸的歧視。這次，她找不到什麼「替代方案」了。林肯中心的經理告訴她，她有資格來面試，但面試長官否決了由盲人擔任這個職務的想法。

艾許和後來成為她同盟的休曼一樣試圖尋求法律途徑，向人權委員會請願，但很快發現他們無意幫忙，也沒有州法律或聯邦法律可以保護她不受歧視。「我第一次發現，殘障是個政治議題，」艾許說，「不透過政治，就沒辦法解決我的問題。」她從大學時期參與反戰和民權運動學到了一些行動策略，很不情願地承認她需要運用這些策略才能對抗她所面臨的壓迫。一位朋友開玩笑地說：「艾德蓮二十三歲，才剛開始發現自己是個盲人呢！」

她和一些朋友加入了NFB，並成立了在紐約的分部。同一時期，她結識了休曼，加入了她創立的跨障礙者行動團體「行動中的障礙者」，還參與了另一個團體「美國身心障礙公民聯盟」（American Coalition of Citizens with Disabilities）。隨後她把這兩個世界——關注單一議題的NFB、和跨身心障礙者的聯盟——拉攏在一起，對紐約州議會遊說通過一項法律，來防範工作場所基於殘障的歧視。

她組織了一場數百人的示威，召集了來自庇護工場的盲人、NFB 成員及殘障團體，在首府奧爾巴尼的議會大廈抗議。不過這個活動讓她在 NFB 內部惹上了麻煩。在這項法律通過之後，來自紐約分會的人指責她不僅公開表示自己代表 NFB，還同時代表了其他的身心障礙者團體。稍後，NFB 的主席傑尼根也在全國大會上公開批評艾許的行動。

艾許認為，NFB 的抗拒心態來自於擔心他們努力爭取的福利，會因為法律適用範圍擴大到其他團體而喪失。相較於其他身心障礙，失明的發生率較低，而且盲人有特殊需求。艾許舉例說，如果有人需要輪椅，州政府可以幫忙購買輪椅，然後就此結案；但一個新近失明的人則需要幾個月的點字教學、手杖訓練課程、家庭管理技能等，NFB 他們會擔心，盲人一旦不再擁有稅法上的特殊地位、或專屬負責的州委員會，可能會失去過去費盡心力爭取到的專業服務。

艾許在遭受 NFB 的批評後沒有退出組織，但減少了參與的程度。她對 NFB 在爭取盲人權益行動的效率和明確深感敬佩，但身為一個激進的東岸自由派猶太人，她覺得自己與組織文化存在著根本的衝突。

不過，艾許也抗拒完全站到如休曼那類更激進的殘障權利組織者的陣營。休曼在某些方面其實和 NFB 的領導階層很像，「她一天二十四小時、一週七天，從未間斷的全身心投入」。艾許雖然一生都與失明共處，對自己的行動主義也充滿熱情，但依然保留了一些高中時期的態度：如果失明與當下情境沒有衝突——眼前沒有需要對抗的不公——她寧願讓失明的身分退居背景，而這似乎是那些全天候的殘障倡議人士無法做到的事。

＊＊＊

與NFB不同，「**殘障正義**」以多元交織性（intersectionality）為基礎——也就是認為人們因其種族、性取向、性別、階級和殘障所經驗的壓迫，都彼此有關聯的觀點。這個運動於二〇〇〇年代初在舊金山灣區興起，主要由酷兒殘障有色女性組成。早期的活動人士往往關注最顯而易見的障礙：如失明和失聰等感官障礙，以及脊柱裂或唐氏症等身體和發展性障礙。

不過，殘障正義運動不僅批判了早期運動的「白人化」，還拓展了所涵蓋的殘障類型。他們除了**殘障**（disabled）外，還把**疾病**（sick）和**瘋狂**（mad）也加入了自我身分認同的清單裡。在《關懷工作：夢想殘障正義》（*Care Work: Dreaming Disability Justice*）一書中，派皮茲納—莎馬拉辛哈（Leah Lakshmi Piepzna-Samarasinha）以一些歷史上並未跟殘障權利運動相關聯的人物做為精神和思想上的先驅，歌頌像洛德（Audre Lorde）這樣的「第二波酷兒女性主義者」的生命經歷。

洛德因乳癌接受乳房切除術，後因肝癌去世。（此外，她的近視程度嚴重到被認定為法律上的盲人。）她寫道，像洛德這樣的人「以身體的差異、創傷倖存的智慧、與慢性疾病為標誌，但……幾乎不曾用過『殘障』這一詞來描述自我。」

派皮茲納－莎馬拉辛哈把殘障正義運動描述為被傳統殘障者權利運動排除在外者的避風港，包括患有慢性疾病或精神疾病的人，他們的「殘障從未被國家認可——因而不被當成『真正的』殘障」，她寫道：

> 我們當中的一些人需要某種照護，但不符合國家標準中「完全且永久性殘障」或健全且可以工作的類型——因而無法獲得現有的服務。我們當中許多人對這種情況十分熟悉：明明已經病得很厲害而且需要幫助，但是在官方的殘障檢測卻無法過關，因為我們仍然有辦法做飯、購物和工作，只不過是速度較慢，而且是在別無選擇的時候。

我參加過的一些盲人團體，和那些倡導以多元交織思維為核心的新運動，似乎使用的是完全不同的語言。NFB 使用的是公民權利的語言，以單一議題之名對抗權力結構。種族或其他身分可以當做殘障的類比，但很少考慮這些身分彼此如何交互作用。

相對之下，殘障正義運動使用的則是轉型正義的語言，主張種族主義、健全主義、性別歧視和跨性別恐懼是不可分割的力量，必須一同予以對抗。在他們的宣言中，「無罪」（Sins Invalid）這個身心障礙團體明確闡述了他們的使命是要消解傳統上分隔這些鬥爭的壁壘，並提出令人印象深刻的跨運動團結宣言。他們提到，殘障正義必須與種族正義、生殖正義、酷兒與跨性別解放、監獄廢除、環境正義、反警察暴力、聾人運動、肥胖接納運動（fat liberation）及其他為正義與解放奮鬥的運動結盟。這意味著既要挑戰白人主導的殘障群體裡頭的種族歧視，也要挑戰其他運動存在殘障歧視的態度。

此外，NFB 抗拒和其他殘障團體結盟的由來已久。當《美國身心障礙者法》在一九八九年起草時，NFB 出面反對這個法案。在法案通過前六個月，擔任近二十年主席職位的前 NFB 主席傑尼根在《布萊葉監察報》寫道：「所謂的便利措施，往往本身就具有歧視性。」

對傑尼根和 NFB 來說，跨殘障聯盟已經給盲人帶來傷害。當輪椅使用者向航空公司施壓，要求提供便利措施（提供輪椅、協助登機、並允許他們無需陪同人員自行搭機），傑尼根就曾抱怨這些對身心障礙者「通用性的」對待方式，給盲人搭飛機旅行帶來了新的、毫無緣由的限制：在航空公司提供這些便利措施之後，盲人被迫要在機場坐上他們並不需要的輪椅。這種做法至今仍然普遍，幾乎每位經常搭飛機的盲人都會反覆被要求、甚至被強迫在旅途的某些時刻要坐在輪椅上。許多人認為這是一種羞辱。

聽到 NFB 的反對立場之後，負責《身心障礙者法案》的老布希政府官員和國會議員和 NFB 的領袖們在白宮商議一份修正案。即使是在這次氣氛良好且有建設性的會談之後，傑尼根依舊強硬地寫道，如果他們的修正案不被納入，「我們將竭盡所能拖慢法案的進程並阻止它通過……即便只是衝著這點：它自稱民權法案，卻無法代表人民的權利。」到最後，國會增加了修正案，規定《身心障礙者法案》要求的便利措施實際上必須遵照殘障者的選擇。

我很感謝這個法律保護了我，不致被強迫要坐在我不想坐也不需要的輪椅上，但對於是否該接受傑尼根堅持**盲人並非殘障**的說法，我內心深深感到猶疑和矛盾。

一方面，他說眼盲只不過是一種特徵，而且在學習「替代技術」（例如使用手杖行走）之後，盲人就具備了完全的能力和獨立性，這種說法帶給人一種深刻的解放感。這樣的理念讓我安心地認為，自己在失明之後，對身為「正常人」的認知仍可存續下來，當我最後一點視力消失，我身為正常人的種種權益也不會因此被剝奪。

但是他認為盲人不是真正的殘障，其他如坐輪椅的人才是殘障，則又顯得偏頗。所謂「替代技術」（例如用螢幕閱讀器瀏覽網路，它需要網路開發者按照無障礙設計的標準來設計網站）和所謂「無障礙便利措施」（例如輪椅坡道），究竟有什麼實質的區別？

由於NFB的修正案，《身心障礙者法案》規定，公車司機不得要求盲人坐在供年長者或殘障者的專屬座位。傑尼根寫道，「有些人認為關於座位的爭議只是沒事找事，然而帕克斯[31]等人正是透過這類議題把整個民權運動推向全國的焦點。」

不過，帕克斯和黑人民權運動可以主張，黑人的能力和白人並無差別，而盲人相對於明眼人，是否也能提出相同的主張？承認一個盲人跟明眼人有不同的能力，會牽扯到什麼樣的風險？

＊＊＊

路易斯（Anil Lewis）是NFB職位最高的黑人領袖。在喬治·弗洛伊德死後，我參加的黑人領袖視訊會議裡不曾聽過他的聲音，但二〇二〇年七月，路易斯在《布萊葉監察報》刊登了一篇深刻思索、出人意表進行自我批判的文章，標題是「身為黑人，幫助我成

31. 羅莎·帕克斯（Rosa Parks）是著名的美國黑人民權運動人士。一九五五年，她因為在公車上拒絕讓座給白人而遭逮捕，引發聯合抵制蒙哥馬利公車運動。美國國會後來稱她為「現代民權運動之母」。

為盲人，而身為盲人則幫助我理解了 #BlackLivesMatter[32]」。

路易斯把 NFB 的口號——**過你想要的人生**——重新放入 BLM 的脈絡之中：他說，「我理解到，我並沒有用同樣的心力致力於解決那些阻礙黑人過想要生活的系統性種族主義。」他似乎在暗示，他過去太過於專注在 NFB 的單一議題取向，也就是藤布洛克「正如黑人一樣，盲人亦然（As with the black man, so with the blind.）」這句名言中「盲人」的部分。

在文章裡，路易斯似乎對自己感到憤怒不滿。他說，他對盲人組織運動的承諾，使他未能認知到參與黑人生命運動的必要性。那年稍早，在弗洛伊德遇害之前，路易斯在他為「全國殘障權利網絡」（National Disability Rights Network）錄製的一段影片裡，曾提到他身為盲人所面對的歧視，事實上比他身為黑人所遇到的歧視更難以面對。

他說，種族主義是「出於無知——透過仇恨和厭惡表現出來」，但他所要面對的歧視「是出於無知——但透過**愛**表現出來。對我而言，最困難的部分是要對抗加諸在身為盲人的我的監護式價值體系。」後來我透過電話和他談話，他跟我提到陌生人對他盲人身分的認知往往「超越了」他的種族身分。

他說，在失明之前，像他這樣六呎二吋高、兩百三十磅重的黑人男子，看起來就是典型的超級掠奪者；人們見到他走來會立刻走到對面馬路，迅速鎖上車門！但現在，身為一個盲人，他說，當我走到街上，即使是嬌小柔弱的女性白人也會停在街角，想幫助我過馬路。他下結論說，若少了這根白手杖，「她在我走過來之前，早就從街角消失了。」

當我失明程度越嚴重，就越能理解這種源於**愛的歧視**（路易斯挑明了說，這種衝動說難聽點，就叫**憐憫**）。最近我主動提出要幫家人把一張大型塑膠嬰兒床拿下樓梯，他們跟我說不用麻煩了，他們會自己處理。我感到困惑，為什麼他們不讓我幫忙？他們回應說，「你看不清路，還是讓我來吧。」

這種出自體貼的舉動——甚至可說是出自於愛——比起直截了當的輕視或不包容，反倒是一種更令人困惑的偏見。不過，在經歷二〇二〇年「黑人的命也是命」的抗議事件後，路易斯也不得不重新調整對這兩種偏見帶給他痛苦的高低順序。

路易斯文章的結尾讀起來就像常見的 NFB 晚宴演說，呼籲盲人團結一致，以堅毅精神對抗無所不在的壓迫。不過，「黑人的命也是命」運動的訊息也清晰可見。他在結論中說：「我們了解到，盲人的生命同樣重要，並需要具體的干預和行動來消除盲人面臨的歧視……。強化 #BlackLivesMatter（黑人的命同樣重要）將幫助你 #LiveTheLifeYouWant（過

32. Black Lives Matter（縮寫：BLM）或譯「黑人的命也是命」是抗議針對黑人的暴力和系統性歧視的運動。BLM 的抗議通常出現在警察攻擊或殺害黑人的事件之後。

你想要的人生）。」路易斯讓自己陷入了修辭上的棘手立場：他想要呈現多元交織的訊息，但不去變更這個組織原本單一議題取向的基調。

二〇二〇年NFB全國大會在七月以線上方式舉行，其中一些年輕人的發言，顯示他們更自在於探討種族與殘障的交集。我所聽到最引人注目的聲音來自「正義」賈斯汀·蕭特（Justin "Justice" Shorter），她出現在LGBT的Zoom會議上——附帶一提，這只不過是第四次這類型的會議。

多年來，成員們一直嘗試在全國大會上組織LGBT聚會，聯盟的領導階層卻一再拒絕，要求他們將重點放在他們的盲人身分上。然而，NFB內部卻有許多其他興趣小組，從猶太教和其他宗教信仰的聚會到「家庭主廚」和「共濟會會員」。

為什麼性取向或性別認同不能和宗教一樣，被視為與盲人相交集的身分來被接受？對於倡導LGBT聚會的支持者和盟友而言，這種拒絕更像是艾德蓮·艾許在一九七〇年代所指出，是基於NFB內部所存在的社會保守主義氣氛。

在二〇〇六年的NFB全國大會上，一名成員曾撰寫了一份聲明，邀請其他成員討論成立LGBT小組的可能性，並提交給當時的主席馬克·莫瑞爾，希望他在大會中宣讀。然而，根據我採訪的多位出席那次大會的NFB成員的說法，莫瑞爾在台上當眾撕毀了這份聲明。

蕭特在二〇二〇年NFB的LGBT Zoom聚會中以來賓身分致詞，開場先迅速對自身形象做了描述。這是越來越常見的一種做法，特別是在社運人士和人文學科領域；講演者先為觀眾中可能對他們自我呈現樣貌好奇的盲人提供一番描述。蕭特在LGBT會議上說，「至於我的外貌，我的頭髮是自然捲；看起來像莫霍克髮型[33]。這是黑人女性正在嘗試的時髦造型。」

蕭特提到BLM運動創始人之一加札（Alicia Garza）在運動宗旨的聲明中特別提到身心障礙者，令她深感共鳴。（這項聲明是在黑人聾人和殘障組織「哈麗雅特．塔布曼集體」（Harriet Tubman Collective）提出抗議後才出現的，他們點出了BLM的原始聲明中沒有提及身心障礙人士。）

蕭特說，當抗議喬治．弗洛伊德遇害的活動開始時，她對於單獨前往在華盛頓特區的住家附近示威有些不安；她有一位用義肢走路的朋友格雷（Keri Gray）同意和她一起去。在到達距離白宮幾條街外的示威現場後，這兩位殘障人士的抗議者吸引了眾人的目光，人們用手機拍下了蕭特和格雷的畫面。

33. 莫霍克（mohawk）是剃光兩側只留中間部分的髮型，台灣或俗稱為「龐克頭」。

蕭特說，「對他們而言，我們的樣子太奇怪了——是個異類。我們的黑人身分和殘障身分無法切割。記者跑過來問，『你們在這兒做什麼？』彷彿不把我們當成黑人。」蕭特對這些記者說明，有百分之三十到五十被警方殺害的是殘障人士。

蕭特呼籲參加會議的 NFB 成員，要把活動焦點重新調整到殘障正義運動的原則。她告訴這些主要關注在失明問題的群體說，「如果你主要關心的是盲人，那試著想想，該如何把重點放在拉美裔移民中的盲人——不管你專業領域是什麼。」

蕭特在「全國殘障權利網絡」擔任災害防護顧問，為政府機構和非營利組織提供簡報，說明在疫情爆發或是火災這類緊急狀況出現時，與殘障者相關的議題。在一次簡報中，她提到了美國聯邦緊急事務管理署（FEMA）這類機構，在聯繫殘障人士時，需要在傳統殘障組織之外尋找資源。

她說，「我跟一些政府官員們討論，他們會說：『嘿，我們已經聯絡了當地的高齡化機構，也聯絡了地方的盲人團體。』」蕭特對這些努力表示讚揚，但是她補充說，身心障礙者往往在這些傳統的殘障空間之外運作。「舉例來說，在我生活中，我從沒正式參加盲人團體。」她說：「但是你一定能在黑人女同性戀的圈子裡找到我。」

NFB 的領導階層經常說他們代表了所有的盲人——不管他們是否是繳納會費的會員——就像民選的政治人物喜歡說他們代表了所有的選民，無論他們的黨派立場如何。但是蕭特的簡報裡揭示了盲人內部的多樣性，不僅存在於種族和性傾向，也存在於盲人與殘障人士團結理念的關係上，這往往比跟其他盲人之間單純、直接的聯繫要複雜許多。

＊＊＊

當我瀏覽二〇二〇年 NFB 大會主會議的議程時，我並未發現與黑人女同性戀圈子有太多重疊的部分。與 LGBT 聚會不同，主會議吸引了數千名盲人參加，並呈現了較多符合 NFB 傳統價值觀的聲音。在主席里克波諾簡短致辭後，一位名叫蘿拉・沃克（Laura Wolk）的女士簡短講述了自己的法律職涯——一個禮拜前，她剛完成了為大法官湯瑪斯（Clarence Thomas）擔任書記官的工作，成為第一位在美國最高法院擔任書記官的盲人女性。

沃克從小就是 NFB 的成員——她的父親創立了該組織在賓州的「盲人兒童家長組織」，而她則在七歲的時候就參加了人生中的第一場 NFB 大會。隔年，沃克和她的父親一同出席了和賓州州長瑞吉（Tom Ridge）的會議，倡導在公立學校教授點字。像艾許一樣，沃克也堅持認為盲人並非她身分認同的核心部分，成長過程中意識到需要為自己發聲的同時，也需理解自己和其他人並無不同。「我維持了穩定的朋友圈，」八年級時，她在

NFB 的雜誌裡如此寫道，「他們是用如此平等的態度對待我，有時甚至會忘了要為我描述電影內容。」

和艾許一樣，沃克從嬰兒時期就已經失明，上的是主流學校，之後從斯沃斯摩爾學院畢業。不過她的大學體驗和艾許非常不一樣。艾許很高興自己融入了學校自由派的學術氛圍，然而沃克在入學時基本上是政治立場中間偏左、「文化上的」天主教徒，之後經歷了轉變。她的信仰變得虔誠，立場也趨於保守。

艾許看待她的猶太身分就和看待她的殘障一樣——她並未否認這個身分，但也抗拒一些人僅是基於共同的猶太人身分就認定要團結在一起的觀點。儘管她在衛斯理（Wellesley）這間女子學院教書，之後又到葉史瓦大學（Yeshiva）這所猶太大學教書，但是艾許對這兩所學校都抱持批判的立場——她認為學生應該接觸自身之外的文化和身分認同。「你需要的不是盲人的榜樣，」艾許說。「你需要的是一個榜樣。」

在另一方面，信仰則對沃克的思維產生了強大的影響。她十九歲接受例行腫瘤檢查時，她的醫生問她性生活是否活躍，以及她對生育的計畫。這位腫瘤醫師告訴沃克，如果她懷孕了，可以進行胚胎篩檢已確定她的胎兒是否有視網膜母細胞瘤（這是視網膜的一種惡性腫瘤，也是導致沃克失明的原因）。醫師還說，透過試管嬰兒手術，她也可以植入沒有這個遺傳傾向的胚胎。

醫生這番突如其來的評論，在沃克聽起來似乎在清楚暗示，「顯然，理智的做法就是要確保你不會生出罹患視網膜母細胞瘤的孩子」，而且，萬一她懷孕時發現，懷的是天生盲人的孩子，那麼墮胎就是最好的選擇。

大學二年級時，她在 NFB 大會上遇見了艾許（當時她是葉史瓦大學的教授）。當時艾許投入了生物倫理學領域的研究，並向沃克談到由她共同編輯的一本書《產前檢測和殘障權利》（*Parental Testing and Disability Rights*），沃克很快就讀了這本書。這本書雖然對產前殘障檢測的正反兩方意見都做了探討，不過所有作者都是採取支持選擇權（pro-choice，即支持人工流產）的觀點。

艾許本身也是「堅定的支持選擇權」，但她也常惹惱她的同事們，因為她堅持主張，女性單純基於希望避免生下殘障的孩子而進行人工流產，並不符合倫理。艾許認為篩檢的過程等於向殘障人士傳遞了一個訊息，說他們的生命天生就不如非殘障人士的生命有價值。她指出，大多數人都會同意：如果母親得知所懷的胚胎是女孩就選擇墮胎，這並不符合倫理，因為它傳遞的訊息是女性的生命不如男性的生命有價值或令人期待。

然而，卻很少人爭論對唐氏症這類非致命殘障採取產前篩檢的做法。遺傳諮詢專家和婦產科醫師經常用「災難性缺陷」的「風險」這類用詞來形容篩檢，如果發現胎兒有會導致這些殘障的額外染色體，在許多情況下，甚至會積極鼓勵或認定母親會選擇墮胎。

艾許從未主張要將可能發展成身心障礙嬰兒的胚胎墮掉列為犯罪。她的解決方案，是推動醫生和遺傳諮詢專家對於身心障礙的討論方式的改革。她鼓勵採取「知情選擇」的做法，呼籲醫師為父母提供資訊，說明身心障礙人士（如她本人一樣）也能過豐富而常規的生活。

當沃克找到艾許的書時，她從產前篩檢所傳遞對於殘障人士價值判斷的論述，讀出了支持自己日益堅定的捍衛生命權（pro-life，即反對人工流產）意識形態的理由。在沃克看來，不僅是像艾許所說的，產前篩檢傳遞了有關殘障者生命價值的訊息，而且**每一次的**墮胎，都是在傳遞有關**所有的**生命價值的訊息。

沃克說，「所以，透過某種奇怪的方式而絕非她本意的情況下，這一整個經驗——遇見艾許、並閱讀了她的書——確實幫助了我釐清了我對於墮胎的真正信念。」大學畢業之後，沃克搬到了費城，在一間「獨立生活中心」工作，為身心障礙的成年人提供協助。她也開始在黎明前起床，加入「天主愛嬰的助手」（Helpers of God's Precious Infants）的行列，在賓州第一家門診墮胎診所「費城女性中心」的入口前祈禱。

＊＊＊

大學畢業後，沃克參加了一場在聖母大學（Notre Dame）的生物倫理研討會，在那裡她遇到了這所學校捍衛生命權的法學教授史奈德（O. Carter Snead）。史奈德被沃克的熱情和智識所打動，邀她到聖母大學的法學院就讀。沃克在第一個學校修了一門巴瑞特（Amy Coney Barrett）的課程，巴瑞特很快就成了她的導師和盟友。在美國總統川普提名巴瑞特進入最高法院後，沃克在任命聽證會上為她作證。沃克透過點字顯示器讀出證詞，她描述巴瑞特所提供實質上和情感上的支持，幫助她克服了種種和障礙相關的挑戰。

聖母大學承諾要幫沃克購買備用的輔助科技裝置，卻未能履行承諾，以致她的筆記型電腦在第一個學期就壞了。沃克向巴瑞特求助。「我對她傾訴了我的擔憂，」沃克告訴參議院委員會，「我擔心不及格，擔心必須在完成作業和弄清楚如何獨立去雜貨店之間做選擇，我感覺到為解決這些問題而耗費的精力，阻礙了我跟同儕之間的人際互動。」沃克說，她的教授用深思熟慮且充滿信念的語氣回應了她。「蘿拉，」巴瑞特說：「這些不再是你的問題了，現在，它是我的問題。」

在巴瑞特的任命聽證會上，沃克將失明同時當成一種殘障，以及一種中性的特徵。她開場談到了身為盲人法學院學生所面對的困難——諸如她對輔助科技的依賴、規劃去雜貨店購物路線所花的時間。不過，沃克最終主張，巴瑞特身為權益的倡議者，她的支持幫助她能夠「與明眼人的同儕們平等參與」。

這也是NFB在早期反對《美國身心障礙者法案》時，以及和政府協商援助時經常糾結的問題：盲人是否是需要特殊協助安排的殘障人士？或者他們是平等的，只是以特殊的、專屬盲人的方式正常過自己的生活？正如艾許一輩子都在反覆思考的，盲人的身分在這裡，真的有關聯性嗎？

二〇二二年夏天，在巴瑞特大法官加入了最高法院的多數派陣營，發布推翻《羅訴韋德案》的《多布斯訴傑克森案》[34]歷史性裁決的一週之後，沃克透過電話跟我說：「這就好像是我不能承認失明給我帶來實際上的困難似的。」她說，「就算我活在理想世界，所有一切都可以無障礙使用，問題是，我還是看不到。它會帶給我一些限制和困難，這是有視力的人不會碰到的。就某方面來說，如果我有視力，生活會比較容易。」她接著說：「在此同時，我心裡也認為：身為一個人，我擁有跟有視力的人同等的價值和尊嚴。」

我不贊成沃克從這樣的觀察所導出的結論——也就是因為殘障者的生命具有其價值，而且事實上所有生命都有價值，所以應把墮胎列為非法，也因此女性的生育自主權需要由國家來規範。不過，我同意她的看法，即使失明是一種殘障，也不能排除它是一種中性特徵的可能性，這也是艾許所一再堅持的。

艾許在二〇一三年因癌症過世之後，法律學者羅伯茲（Dorothy E. Roberts）在《自然》科學期刊撰寫了一篇紀念文章。羅伯茲提到，「身為撰寫關於生殖和不平等的生物倫理的女性主義學者」她們兩人的研究歷程不時有重疊之處。她補充說，艾許有力的論述，幫助我在遺傳選擇和貶抑黑人女性生育的論文裡，加入了殘障的研究。羅伯茲的第一本著作《殺死黑人身體：種族、生殖、和自由的意義》（*Killing the Black Body: Race, Reproduction, and the Meaning of Liberty*），記錄了黑人女性生育的權利如何受到國家的嚴酷管制，從防止女性透過生育領取社會福利的法律、到強制絕育的案例。

羅伯茲和艾許的論點和更廣泛的女權敘事截然不同，正如羅伯茲所指出，常見的論述往往將權利和女性墮胎權連在一起。這兩位學者的著作則挑戰了這種以白人、非殘障者為中心的論述。她們以各自的方式指出，禁制或是勸阻女性生育，也可能構成生殖正義的損害。

正如沃克拿艾許的研究做為捍衛生命權的意識形態的支持理由，同樣有非裔美國女性以美國黑人優生學的殘酷歷史，來做為反對墮胎的論述框架。不過這兩者，不論對墮胎的

34.《多布斯訴傑克森案》（Dobbs v. Jackson）是二〇二二年美國最高法院的一個引發巨大爭議和深遠影響的判決。它推翻了一九七三年《羅訴韋德案》（Roe v. Wade）確立的墮胎憲法權利。這個案件源自密西西比州通過禁止懷孕十五週後墮胎的法律。最高法院以六比三的投票結果支持該法律，認為美國憲法並不保障墮胎權，應該讓各州自行決定墮胎政策。這項判決也可說是美國女權運動的重要轉折點。

立場為何，壓迫的根本來源仍是相同的。於是，正如艾許所指出的，問題在於，當「單一的特徵代表了整體，這個特徵也就抹煞了整體」。殘障人士就和非裔美國人或其他任何被邊緣化的團體一樣，都是因為被簡化成單一的、被貶低的特徵，而遭致非人化和受壓迫；要邁向正義的道路，就必須重新修復這項特徵。

但是這個重新修復的工作不能太耗功夫，以致掩蓋了一個人的其餘特質。艾許的哲學為長期困擾我的身分悖論提供了一個解決方法——我一直探問的問題是：我所採用的這個新身分認同，如何能夠同時是核心的、又是次要的？我嚮往艾許提供的答案，不過它說來容易，做起來要困難得多：她的主張是，每個人都應該忽視盲人的身分，包括盲人自己，除非明眼人世界裡的偏見和歧視再次迫使我們非注意它不可。

羅伯茲為艾許撰寫的訃聞結尾以讚許的口吻說，「艾許最希望的是我們像一般人一樣看待她和其他殘障人士。正如她在二〇〇六年的訪問中所言：『我既沒有不開心、也不感到自豪。我就只是我。』」

10. 半露微笑

雖然麥喬治山台公寓（McGeorge Mountain Terrace）的二十四個單位全都住滿了——二樓的窗戶常傳出喧鬧的音樂，附近野餐桌也飄散出陣陣笑聲——但停車場卻一輛車也沒有。因為這裡的居民沒一個人有駕照。

麥喬治公寓位於丹佛郊區的利特頓（Littleton），距離 NFB 的三個住宿訓練中心之一的「科羅拉多盲人中心」不到兩英里；這個中心的所有學生幾乎都住這裡。每個上班日的上午八點四十一分，大約十來個手持白手杖、背著背包的居民都會在公寓樓下的公車站牌附近晃蕩，等待前往中心的巴士，去學習如何更加適應盲人生活。

當我告訴人們我正在撰寫一本關於失明的書，有人會指責我把自己的處境過度知性化——利用自己對失明概念和歷史興趣做掩護，來迴避他們認為更迫切的情感需求。我承認，我確實喜歡思考失明引發的哲學問題，它如何為我們認知和體驗世界的基本概念開啟了大門。同時，用我過去兩年的方式讓自己沈浸到對失明的探索，對我而言也相對容易，包括採訪盲人來了解他們的生活，閱讀殘障的歷史，甚至是記錄我自身喪失視力的過程和初期的幾個里程碑。

到了某個階段，我開始把寫作這本書的過程——就像逐漸喪失視力的過程那樣——想像成一趟旅程，它從失明的淺灘開始，逐漸踏入冰冷的深水區。不過，我感覺尚未體驗我所需要的完全沈浸，即使我拿著手杖往前方的道路掃動，大部分時間裡我仍活在眼睛的世界，緊抓著殘餘視力，試圖維持著明眼人和世界的關係。

因此，去面對真正失明的感覺似乎很重要——而且不是像抗盲基金會「蒙眼挑戰」那種有爭議的做法，要你戴上眼罩，經歷幾分鐘的跌跌撞撞，然後嚇得你趕忙掏出捐款。我需要的是更密集且更持久的體驗。於是我推論，最好的辦法就是在 NFB 某個住宿訓練中心待上一段時間。

這些訓練中心要求學生在中心平均待上九個月的時間裡，每天戴著睡眠眼罩七到八小時。這裡幾乎完全由盲人負責運營，教導住宿生如何閱讀點字、使用螢幕閱讀器、煮飯、掃地、穿越繁忙的街道、甚至在木工坊使用電鋸——完全靠非視覺的技能。參加成人課程的學生包括了剛畢業的高中生到退休人士，從天生失明者到剛喪失視力的人，從完全沒有光感的人到比我視力更好的人都有。

三所位於科羅拉多州、路易斯安那州及明尼蘇達州的訓練中心，在疫情期間都被迫關閉或只提供虛擬教學，不過到了二〇二一年初，他們開始歡迎小班隊的學生回到校園。我寫信給了三所機構的主任，其中，科羅拉多盲人中心的主任茱莉・德登（Julie Deden）給了我最迅速也最肯定的答覆。

出於一時衝動，我馬上預訂了為期兩星期的住宿。茱莉詢問我是否也願意戴上眼罩待上一些時間，其他時段再憑靠視覺進行訪問或觀察課程的進行。雖然我只待兩個星期，但我告訴她，我希望得到學員的完整體驗。我說，當學生們戴上眼罩的時候，我也希望一起戴上。當他們打掃廚房的時候，我也想要加入。

在利特頓的第一個早晨，中心的職員伊莎貝拉開車載我從住宿公寓大樓到附近的訓練中心。另一名盲人中心的學員西耶娜和我們同車，她除了失明，還有行動障礙。在路上，西耶娜告訴我，她三歲時動過雙腿和腦部的重大手術，使她幾乎完全失明，而且還需要用助步器。我們到達時，我幫她把助步器從後車廂拿出來，她努力靠自己下車時弄掉了手上的咖啡，在柏油路上炸成一灘褐色污點。她用一種低調、類似「我討厭星期一」的無奈表情，哀悼那杯消逝的咖啡，然後把手杖像撞球桿一樣斜斜架在助步器上，一步步走向中心。

盲人中心是座低矮的水泥建築，周遭佈滿野餐的長椅和樹木。幾天前，丹佛剛經歷了一場歷史性的暴風雪，我擔心地看著西耶娜一步步挪動助步器，走向堆滿冰冷積雪的人行道。伊莎貝拉催促我不要等她。「你先走吧，」她說，「門口有殘障專用按鈕，她可以自己按鈕。」我有點為難；把西耶娜留在雪地上似乎不太妥。不過，伊莎貝拉看出了我的猶豫，更加堅定地說：**你先走吧**。

前一天，我們從機場搭車過來的途中她告訴我，盲人中心的主任已經提醒她許多次，不要太常對學生伸出援手。後來幾位中心的職員也說，他們也接到類似警告——訓練中心的目標，是要拉高對學生的期望，避免一般家長和老師在學生生活裡多半會做的干預。我又回頭看了一眼，西耶娜已經緩慢繞過雪堆。我決定把她留在那裡。

伊莎貝拉是科羅拉多中心僅有的兩名明眼人員工之一。在裡頭，接待人員聽到我進門的聲音就詢問我是誰，但目光並未完全對準我的方向。我報了姓名，她喊了一聲「馬丁」，馬丁從辦公室走出來，打開了牆邊的衣櫃，裡頭擺滿了長長的白色手杖。這些手杖跟我在家鄉從州職業重建諮詢顧問那裡得到的手杖不一樣；我的手杖是鋁製的，可以縮小成一根短棍，而且末端有個大白球，我可以在人行道滾動讓它發出咯噠聲響。NFB 的訓練中心不許學生使用其他款式的手杖，只能用他們自己設計的手杖。

NFB 的手杖最早是由一家釣魚竿的製造商所生產，擁有釣竿有彈性、質輕的特色。它各方面的設計都源自 NFB 的理念：它不能折疊，因為 NFB（和它的訓練中心）並不希望他們的學生會像我及許多人一樣，在覺得不是絕對必要時，把手杖收藏到背包裡。一根六十英吋長、無法折疊的白手杖不可能被藏起來。

而且這是件好事，因為失明並不是需要隱藏的事情！驕傲地揮動你的手杖吧！它的長度，也是源自理念：手杖越長，使用者走路就可以走得更快、更有自信。拿著六十英吋的手杖，你可以至少提前三英尺接收到路面的狀況，如此你就可以更快速、自信地穿越世界。盲人不用再畏畏縮縮、猶豫不決！朝著目標踏出堅定的步伐！

馬丁除了給我手杖，還給了我一副睡眠眼罩，我第一次看到這種眼罩，是在NFB全國大會裡看到訓練中心的學員配戴的。他透過中心的對講機呼叫另一名職員查爾斯，很快我的新導覽指導員就到了，他雙臂有整片刺青，從頭巾式的口罩可看出他留了大鬍子，讓他看起來像是個看過許多滑板影片的火車劫匪。

查爾斯走路也拿著白手杖，不過從他打招呼的樣子，我覺得他應該還有一點視力，他應該是個「高視覺殘餘者」（high partial），就是像我這樣還擁有相當視力的盲人。我們走向他的辦公室的路上，他跟在我的後面提供一些指示：「走樓梯到底轉一百八十度。」他說著，帶著我們走一條跟剛才下樓梯方向相反的走廊。雖然我還沒戴上眼罩，不過我已經開始接受行動的指導了。

進入幾乎完全由盲人管理和居住的建築物，經歷一開始的震撼之後，我很快回想起我在NFB全國大會會場的感受：我已經進入了一個盲人的空間。這個感受非常強烈，當盲人不再是突兀的少數，盲人看似無法抹滅的污名也得以解除，充滿了解脫和自由的感受。

第一天，我到處都能感受到這種氛圍：比如說，有人不小心撞上別人，會開玩笑說，「嘿，老兄，為什麼撞我？」語氣很明顯地表現出不以為意。事實上，他們還可能是在嘲弄有人因為被盲人不小心撞到就感到不快的這種想法。人們也會不斷自我介紹，我很快也放棄了不好意思，在回應打招呼時輕鬆地問：「你是哪位？」

儘管如此，中心主任茱莉在我初到不久就告訴我，最終脫離盲人的空間還是很重要的；這個中心就和所有的學校一樣，目標是在學生畢業之後，將他們推離「巢穴」。課程的領導人提醒學生，讓他們融入盲人世界，是為了學會在明眼人的世界裡獨立自在的生活。這是一張通往復建的門票——是為了回歸主流，而不是逃避主流社會。不過，盲人空間和盲人團結的力量，依舊充滿了誘惑力。

我很快就意識到，科羅拉多盲人中心內部有著令人難以置信的封閉性，這樣的事實和盲人的團結似乎直接相關。在中心幾乎每個盲人員工，他們的配偶或是有親密關係的對象，都是中心的另一位盲員工（或者前員工或校友），而且幾乎所有人過去都曾是中心的學生。學生和員工告訴我，在利特頓盲人的比例異常地高，許多人從訓練中心畢業之後就選擇住在當地。

校友們有時會回到公寓裡拜訪，和現有的學生們一起喝酒。當天晚上，我和查爾斯及他的未婚妻史蒂芬妮——她也是中心的畢業生，如今在這裡教導家庭管理課程——一起散步，他們走在我的前面，手牽著手，同步揮動手杖，隨口問我，是否我太太也是個盲人？這是個非常友善的問題，但我覺得其中隱含了建議，似乎暗示我這是個值得考慮的選擇。

當我說不是時，他們接著問起我在家鄉是否有很多盲人朋友。我說我在努力，但我住的地方是個小城市，我遇到的大部分盲人都至少比我大了三十歲，因此感覺比較像是跟「榮譽盲人媽媽」的親切聚會，而非同輩中人。查爾斯和史蒂芬妮默默聽著我說話；我感覺他們似乎在批判我——彷彿我洩漏了自己想繼續留在明眼人世界的渴望，沒有充分沈浸在盲人世界的豐富體驗。

＊＊＊

在那兒的第一天過了半小時後，查爾斯跟我說該把眼罩戴上了。可伸縮的魔鬼氈搭扣帶連接到有彈性的硬殼眼罩，眼罩邊緣是一片厚厚的柔軟泡綿。我收起了眼鏡，小心翼翼把它放入胸前口袋，然後把眼罩拉過頭頂戴上。黑色泡綿柔軟壓在我的臉上。令我驚訝的是，眼罩完完全全遮住了光線——我只見一片漆黑，連眼罩邊緣也是如此。

「好了，」查爾斯說，「跟我來。」我站起來，把新拿到的手杖放在身前，跟隨他的聲音和他在地毯上輕輕的腳步聲前進。他貼心地用手杖敲了他辦公室的門。「你的轉角感覺怎麼樣？」他問。「看起來你剛才那個一百八十度轉得還行。現在向左轉四十五度。」我大動作向左轉了一下。「這樣快九十度了。好吧，沒關係。」我尷尬地重新調整了方向。

之前沒有戴眼罩時，我能輕鬆理解他說一百八十度轉身的意思：我看得出自己需要穿過右邊的門口，然後沿著相連的走廊朝原本方向往回走。但是戴上眼罩之後，「四十五度」變得抽象起來；我像是黑暗地圖上的一個藍點，感覺不到自己跟周圍環境的關係。我們多花了一兩分鐘才走上樓，查爾斯帶著我來到下一節課即將開始的教室。

家政管理課通常在中心的廚房進行，學生們在那裡學習烹飪和清潔；完成九個月課程後的最終作業，是為全體學生和教職員準備一頓飯——在非疫情期間，大約是六十人份。不過由於當天是星期五，課堂的大部分時間被老師和學生關於內務檢查評分方式的熱烈討論所占據。學生們需要戴著眼罩打掃自己的公寓，每月一次，家政管理課的兩位老師——他們都是全盲——會來檢查，用手觸摸每個地方，如果浴室感覺溼滑，或冰箱底下發現碎屑，都會扣分。

下課之後，我的導師克雷格來找我。每位新生都會被安排一名導師——也就是在這裡待得較久的一位同學——來協助熟悉環境、學會搭公車、和融入團體。中心的老師提供正式的授課，而由同學擔任的導師——有點像盲人助教——則提供非正式的加強課程。克雷格和我前一天在公寓已經見過面，在那兒大家並不帶眼罩。當我們互相打量時出現奇怪的瞬間——我認為我可以看出他實際上看得到，而我覺得他也看出了我有相同的能力。我們都屬於有殘餘視力的部分失明者，彼此試探對方的能力。

在我們兩人都帶著眼罩的情況下，克雷格在中心為我做的導覽活潑又有效率——我可以馬上判定他是這裡的明星學生。他完全採用了全國盲人聯盟非干預式的引導方式——他們稱之為「結構性探索」——他會提出一些引導性的問題，像是**「你覺得我們正面對著哪個方向？」「你注意到這面牆有什麼特別？」「你還記得我們從這裡要往哪邊走嗎？」**——而不只是直接告訴我資訊，或拉著我的手肘帶路。不過，終究我還是沒辦法自己找到路。稍後我不得不告訴克雷格，說我得再去一次廁所，這讓我特別感到羞愧，而他也再次努力導引我過去。

導覽的課程在一間小會議室裡結束，我們在那裡等待午餐。一位暱稱「傑基」的學生當天要畢業了，他準備推出他的最後一餐，他已為此規劃和練習了好幾個禮拜。他的聲音比較尖細，我有好一陣子都以為他是女性。但是人們一直用「兄弟」和「夥伴」稱呼傑基，因此我花了一番功夫才重新構想出他在我腦海中的形象。

直到旅程接近尾聲，我才真正見到了他，我發現自己對他重新構想後的形象大致準確——雖然要確定是他並不容易；一旦我見到他之後，腦海中的形象隨之消失無蹤，立刻由我眼睛所捕捉的印象重新取代。這感覺就像看到自己最喜歡的小說改編的電影版本，演員的形象無可挽回地取代了你長久以來想像中角色的面容。

為了遵守 COVID 的安全措施，大家被分配成小組，並在個別的房間用餐。（儘管要求戴口罩，但由於大家戴著眼罩，加上工作人員幾乎都是盲人，所以並沒有落實執行。）我找了個座位，旁邊聽起來像是訓練中心裡的青少年學生群體。

在接下來的兩個星期裡，我對學生群體的社交結構有了更多的了解，克雷格把它比喻成高中生小團體：有酷小孩、也有書呆子。學生的年齡範圍廣泛，促成了意想不到的友誼：幾個青少年甚至和年近五十的大叔成了喝酒聊天的夥伴。來中心接受訓練最常見的時機是高中畢業後，利用升學前的空檔年來加強盲人技能，為第一次獨立生活做好準備。

至於像克雷格這樣的學生，則在上大學之後暫時休學，因為他意識到自己身為盲人學生，仍然缺少學業上成功所需的技能。另外，也有一些較年長的學員，他們的生活和職涯因突如其來的失明而被迫改變。

在我剛到中心的頭幾天，我遇到的學生有些是從出生起就是盲人，有些則是最近才失去視力，原因之多樣令人驚訝。有許多人失明是因為最常見的一些眼疾（如斯特格氏症、視網膜色素病變、視網膜母細胞瘤），但也有一些是我從不曾聽過的極罕見病症所引起。還有幾位是因為槍傷導致創傷性的腦部損傷。

艾莉絲是一個四十多歲、聰明而幽默的女子，第一次見面她就告訴我，在她的丈夫開槍射擊她之後，醫生將她從藥物誘導的昏迷中喚醒以取下呼吸器，並宣布她已經永久失明，還徵詢她的許可要摘除她的眼球。接著，再讓她回到昏迷狀態。有一天，我們沿著公車循環線旁的人行道走，尋找載我們回公寓的公車時，她跟我說，「我不曾為我失去視力而哀傷。我只是醒過來，然後繼續向前走。」

她告訴我，她在中心被「捉弄」了好幾次，這是她形容自己摔倒的用詞，其中一次是她在旅行課從人行道的路緣滑倒，頭撞到了路邊停靠的貨車，結果被送去急診。在那次的就診之後，她才發現自己一直有嚴重的聽力問題；配戴助聽器之後，她的平衡感改善了，她要忍受的「捉弄」也減少了。

幾天後的一次午餐時間，我坐在餐廳裡聽著周圍的談笑聲，突然有一個顯而易見但依然震撼的想法湧上心頭：**多麼奇怪啊**，我想，**即使戴著眼罩，我依然是我自己**。我曾在腦海中把失明這件事想得無比沉重，也聽過一些人最初幾天無法承受完全黑暗的故事，但現在，這一切竟感覺出奇的自然。一切仍然行得通。我感覺得到了鼓舞。

當然，我提醒自己，我其實還不算真的盲人。一到下午四點，我會摘下眼罩，重回我那片寶貴的可用中心視力。像我這樣的高殘餘視力盲人在訓練中心裡並不少，我們摘下眼罩後，可以看出其他學生往公車站的路是否走偏了（這幾乎每天在回家的路上都會發生——通常是同樣的兩個人，而克雷格總是會留下來幫忙他們）。

我遇到的另一位高殘餘視力盲人，他玩任天堂 Switch 時會把螢幕貼近鼻子。但有許多學生沒有可用的視力，只能看到模糊的光影；還有一些完全沒有光感的學生，則根本沒有帶眼罩的必要。

隨著我逐漸適應戴著眼罩的生活，我開始注意到自己**生活和體驗世界的方式**出現了轉變，一種新的耐心悄然降臨。我感覺自己滿足於坐著聆聽，不像沒有眼罩時會更想看手機、四處打量房間，躁動不安地環顧周遭。戴上眼罩之後，我的注意力似乎改為另一種不同的形態。

一個新的聲音進入了房間，然後說：「哎呀，我怎麼走到**這兒**來了？」大家會馬上回應：**「艾莉絲！」**原來艾莉絲不小心闖進了小會議室，在打完招呼之後，就繼續往她原本打算去的地方走去。這是我在眼罩底下所體驗到的另一個變化：**對於走到預期之外的地方，抱持一種善意接受的態度**。我可能原本在找廁所或教室，結果卻跑進了馬丁或伊莎貝拉的辦公室。她總是友善回應——「嗨，安德魯。」她帶著明顯的笑意，迅速明白我不是要來找她。在大樓裡工作的每一個人都很習慣新學生會誤闖辦公室，彼此簡短寒暄後，繼續朝他們原本的目的地而去。

午餐時間，我們透過室內對講機被通知用餐。第一次帶著眼罩用餐，心裡不免緊張——我會不會弄得一團亂？我跟著克雷格走到一個長方形窗口，傑基和幾個幫手正在分送盤裝的食物。傑基做的最後一餐是雞肉燉飯，我發現餐盤裡有個紙碗，另外還有兩道神秘的配菜。我嘗了第一個——一片家常香蕉脆片。我拿起第二個，我猜是個捲餅，用來蘸雞肉和米飯，但試探性地咬了一口之後，驚喜發現它是柳橙口味的餅乾。

我小心翼翼地進食。不過我發現，在將近四十年使用餐具從餐盤取食的經驗之後，我對吃飯還蠻擅長的。只有一次，我沒注意把空空如也的塑膠叉子放進了嘴邊；還有幾次用手指輕輕把食物推到我的叉子上。整體來說，我覺得我看起來跟張開眼睛吃飯並沒有太大的不同。

認為盲人的聽力比明眼人好是一種謬誤，不過，對耳朵的依賴，確實改變了人與聲音的關係。午餐時，克雷格的妻子梅瑞迪絲來探望，並帶著他們十五個月大的女兒波琵。當波琵發出咿咿呀呀的聲音，旁邊的青少年隨即安靜了下來，我也被小嬰兒聲音的強大力量所震撼。她發出的聲音——不管是咕噥聲、笑聲、簡單的字詞——如潑灑的色彩穿透整個房間。我沒有真的產生顏色的幻覺，但感覺也差不多了。我的視覺皮質依舊在運作。接下來幾個星期，我有幾次類似輕微迷幻的體驗，產生聯覺和無視覺的視覺化畫面。

我也被自己觸覺印象的生動程度深深打動。在美術教室，老師教我如何用兩端有環圈的金屬線穿過塑膠袋裡的一堆濕黏土，切下一塊可以帶回座位的材料。當晚我透過視訊跟奧斯卡和莉莉描述這段經歷時，我不得不強迫自己記住：其實我從未真正「看見」過這個工具或那塊黏土，儘管我的記憶中它們是如此地視覺化。這個景象在我腦海中清晰無比。

我的整個空間感似乎也在逐漸轉變。在訓練中心低樓層鋪著地毯的走廊行走時，我似乎能看見一個模糊的黑藍色極簡景觀，就像一個虛擬實境的環境，由某種心理的、不可見的光源照亮。不止一次，我掀起眼罩邊緣，只為確認這個藍色的世界是否真實。每次都驚奇地發現，那些閃爍微光的影子和路徑完全是我頭腦的產物，而現實中，訓練中心的房間裡充滿了刺眼而明亮的黃色光芒。讓眼罩彈回原位，回到那個冷靜而幽暗的景觀中，竟成了一種解脫。

有些時候，我的手杖會穿透我自以為能看到的，眼前那一面天鵝絨質感、藍黑色的牆，迫使我不得不重新繪製腦中的地圖。我的大腦在這種重新校正的過程陷入掙扎；就算我的手杖堅定告訴我前面是一片空曠，繼續相信前面真的有一道牆，還是比較容易些。

有些時候我會感覺一陣眩暈，特別是當我和查爾斯到城裡，他會用平板的語氣指出我的錯誤——我以為的阿拉摩街其實是王子街，還有，我自以為面朝東方，其實並不正確。在那些時刻，我不得不把腦海中的景象整個提起來，將它旋轉個九十度，再輕輕放回原位。我幾乎能夠感受到自己的心理肌肉在緊張壓力下的顫抖。

午餐後，大家都撥進了一個只用音頻的Zoom會議，參加傑基的畢業典禮。一些人把電話設為擴音，於是當我們聽老師和學生的致辭時，他們的聲音透過門口、牆壁和電話四處迴響，製造出像在球場比賽現場的擴音效果，彷彿在回音中廣播。

致辭結束時，茱莉頒發一個自由鐘給傑基，這是所有科羅拉多盲人訓練中心畢業生都會收到的禮物，象徵他們身為盲人新獲得的獨立性。鐘面上刻著座右銘「**以信心和自立掌控生活！**」茱莉解釋說，當鐘聲響起，代表的不僅是傑基的獨立，也是全世界盲人的獨立。傑基敲響了他的鐘，接著，克雷格和我便下樓去上點字課了。

* * *

盲人的復建服務往往受到許多明眼人對盲人抱持的低期望所影響。社會學家史考特（Robert Scott）在一九六九年具有里程碑意義的研究《盲人之塑造》（*The Making of Blind Men*）中，探訪了美國數十家公私立盲人機構，其中大多數都是仿效二戰後美國政府為退伍軍人所設立的復健中心模式。史考特的結論是，絕大多數機構採取的「遷就式的做法」，也就是說，它們認定盲人無法真正獨立，任何的例外只能當做現代奇蹟、而非符合現實的模式。

在史考特走訪的機構裡，這種態度隨處可見。例如在前門就裝設了鈴鐺，讓盲人從街頭就可以輕易找到入口；自助餐廳只提供預先切好、容易處理的食物，而且只提供湯匙，以避免使用刀叉引發的尷尬；摸彩晚會的賓果遊戲由一隊志工協助進行，並照顧盲人完成任何他們無法獨立完成的事情。

史考特觀察到，這些機構的社工人員對服務對象的微小成就都大肆讚揚，導致的結果是「由於他們不管做什麼事都會被讚美很優秀，他們許多人開始相信，其背後假設的是失明讓他們成了無能的人」。正如他書名所示，史考特認為這種對待方式是影響「盲人的塑造」最重要的因素。處在脆弱狀態的盲人——無論是剛受傷，或是試圖突破受庇護的生活——因此內化了多數明眼人對他們盲人所抱持的低期望。

史考特找到了少數採取另類方式的機構。他從卡羅爾神父（Father Thomas Carroll）的著作裡看到關於「修復式」做法最清楚的說明。卡羅爾這位天主教神父曾經在美國陸軍實驗性的復健中心協助二戰的失明退伍老兵，在這些復健中心裡，許多盲人復建的創新——包括白色長手杖——率先得到發展。卡羅爾最後在麻州紐頓的天主教盲人協會所在地創立了一家住宿訓練中心，一九七一年他過世之後，該中心重新命名為「卡羅爾中心」，迄今仍是美國東岸最知名的住宿型盲人訓練中心之一。

在《盲人的塑造》一書中，史考特讚揚卡羅爾的信念，認為一般的盲人基本上都可達到獨立的目標。我原本抱著樂觀態度閱讀了卡羅爾的著作《失明：它是什麼、有何影響、及如何與它共存》（*Blindness: What It Is, What It Does, and How to Live with It*），因為它被史考特和不少人高舉為盲人復建的積極願景。然而事實上，書中包含了一些我所閱讀過關於失明最黑暗也最令人沮喪的內容。

卡羅爾的書用「失去視力是一種死亡」這個觀察開頭。他接著說，對盲人而言，這個損失「幾乎是對其存在本身的一擊」。他在書中的第一部份詳盡描述了失明在各方面為何是一種死亡：它是身體完整性的喪失、對其他剩餘感官信心的喪失、「愉悅的視覺感知」的喪失等。在這段論述裡，卡羅爾輕描淡寫但態度堅定地否定了失明可能帶來正面意義的任何可能性。

這種沈浸在失明的剝奪感的論述，是為了印證他在書中其他部分所提供復建計畫的正當性，強調在運用手杖行動和「日常生活技能」之外，心理照顧的重要性，並致力於恢復盲人所失去的一切。不過在卡羅爾的描述中，這些技能永遠只是替代品，永遠無法和視力曾提供的優勢相提並論。

對卡羅爾的哲學最尖銳的批判，來自 NFB 第二任長期主席傑尼根，他駁斥卡羅爾把失明視為閹割和死亡的佛洛伊德式觀點，而認為失明不過是一種特徵，失明的限制就如其他特徵都有其限制一樣——他說，盲人不可能是明眼人，就如一件藍色的房子不可能是白色的，那又怎麼樣？

一出生就是盲人的傑尼根是 NFB 早期的活躍成員，他後來搬到了北加州，與 NFB 創辦人藤布洛克共同建立盲人職業復建的正面哲學，其核心理念在於：失明是一種中性特徵，有其本身的限制和優勢，就如智力、收入水平、和頭髮顏色一樣。

一九五〇年代末期，藤布洛克、傑尼根等人提出一項實驗：他們打算掌控某個州的盲人機構（屬於史考特所形容的監護型、遷就型的機構），依據他們自己的原則來予以改造。不久，當愛荷華州的盲人委員會主任職位出現空缺，他們抓住了機會。傑尼根將它的訓練中心改造成未來二十多年後該聯盟將設立的「獨立中心」的原型——就如我所住宿的科羅拉多州盲人訓練中心。

一九六〇年代初，卡羅爾和傑尼根在盲人會議上公開爭論，這些緊張關係直到今天仍在盲人重建體系中持續發酵。NFB 跟核發「定向行動」（orientation and mobility，O&M）教學認證的組織至今有分歧，批評其監護式的方法、對訓練和聘僱盲人擔任行動指導員的消極態度、以及過度強調記住路線和計算步伐等技能，而不願採用更靈活、探索式的「結構性探索」方法（這也是我和克雷格第一次在科羅拉多盲人訓練中心走路時體驗的方法）。

科羅拉多的中心主任茱莉・德登跟我提到，她和另兩位全國盲人聯盟的訓練中心主任幾年前拜訪了卡羅爾中心，她試圖抱持開放的態度，但她說，這個中心過度保護學生的程度還是令她震驚。那裡的員工不相信學生們不會弄傷自己——他們要待幾個星期之後，才被准許進入廚房。相對在NFB的中心，你打從第一天就開始在廚房工作。卡羅爾中心的一名盲人畢業生告訴我，「所有東西都會安置在導軌上，每個人都會被導引到自己的座位。」

NFB的訓練中心設有木工坊，學生們可以在那裡設計櫥櫃和學習使用電鋸；把這類工具放在盲人學生面前，對大部分盲人機構都是無法想像的安排。當我告訴人們我要去科羅拉多，天天戴著眼罩生活，大部分人似乎都為我感到興奮——過馬路、用爐子做菜，對你有好處！但是當我補充說他們還有個木工坊，幾乎毫無例外，每個人興奮程度被澆熄了大半。

然而，NFB認為，一般明眼人（或盲人）覺得危險程度難以想像的活動，可以賦予人們無以倫比的力量。這是他們提升社會對盲人期望、以及提升盲人自我期望的整體計畫的一部分。

NFB的訓練中心以激進的訓練方式享譽盛名——或惡名昭彰——端看你訪問的對象是誰。一名非NFB的盲人聽說了我要去科羅拉多，他說：「上過那些課程的人**回來都可以去獵熊了。**」——意思是已準備好迎接盲人生活的重大挑戰。這就是NFB打造的形象：

對盲人而言，相當於美國海軍海豹特種部隊的訓練，艱苦且身歷其境，畢業生將準備好應付任何失明帶給他們的打擊。

畢業的要求之一是「獨立下車」：你必須戴著眼罩（全體學生，不論光感程度如何，一律都要戴），然後有人會載著你在市區裡繞圈圈，之後在某個未知的地點把你一個人放下來。你不能使用手機，而且一次只能問一個人一個問題，你必須找到回訓練中心的路。有些學生在開始訓練前，甚至不曾在沒人協助的情況下走出自家前院，因此要做到這一步需要付出相當大的努力。指導人員以嚴厲的愛心知名：**這是你來報名的目的。這是你到這裡的原因。鞭策你自己。**

NFB把失明視為非限制性特徵的這個理念具有實在的力量，而卡羅爾神父堅持盲人有基本上的欠缺，則帶有嚴重的健全主義。不過這些爭論經歷六十年之後，很顯然NFB的教學理念在某些方面辜負了它原本應服務的盲人。在我到達丹佛之前的幾個月，NFB的訓練中心受到巨大的批評。有數十人分享了他們在NFB，包括在訓練中心裡，經歷或見證到性侵害的故事。

二〇二一年底，《科羅拉多太陽報》披露了在科羅拉多訓練中心令人震驚的新聞，包括「二〇〇一年，一名暑期青年營的輔導員性侵一名十三歲女孩，警方沒有記錄；二〇一九年，一名教師被控性騷擾學生，儘管學校高層事先知道他曾在另一所學校面臨不當性接觸的指控，但依然雇用他；以及一名教師承認違反學校政策，與一名十九歲學生發生性關係。」

根據報導，警方並沒有對這些指控進行調查，其中兩個案子的指控者因為報案會造成二度傷害而不願報案。NFB拒絕對官方調查結果之外的任何指控發表談話，這份調查結果概述了一系列關於改革的建議，包括為訓練中心工作負擔過重的員工提供更多資源和督導，以及徹底改革未來對於不當性行為投訴的回應流程。

我在科羅拉多的期間，中心的職員和學生都必須參加由「強暴、虐待和亂倫全國網絡」所提供的半天訓練課程——這是這個機構第一次有人被要求接受性騷擾訓練課程，儘管NFB自一九八五年就開始經營住宿的訓練中心。

這類體制內的性侵害事件當然不只限於NFB——類似故事在全世界的盲人學校都出現過。正如NFB的現任主席所說，這問題有一部分是社會因素造成的；這類型的侵害無處不在，不管小學院或是大企業，盲人訓練中心自然也不例外。不過，殘障人士遭受性侵害的機率高得不成比例也是事實，美國司法部根據二〇〇九年到二〇一四年資料所做的研究發現，殘障者經歷暴力攻擊——包括強暴和性攻擊——的機率是非殘障者的二點五倍。

NFB訓練中心的畢業生也分享了種族歧視和健全主義微侵害的故事，他們認為這和NFB普遍守舊的文化相關。除了失明，許多在訓練中心的學生有各種不同的身心障礙：

例如聽力喪失、行動力障礙、心理健康問題或認知障礙。有學習障礙的盲人學生表示因為定向行動技能較差而受嘲笑；他們的空間認知受損，以至於用手杖行走所需要密集的心智地圖比對變得特別困難。

在性侵害的指控曝光之後，一群盲人活動人士在一封公開信中列出他們的要求：「在二〇二〇年的此刻，盲人消費者所想要的，和過去幾十年前已經不同，」信中寫道，「我們不想被霸凌或羞辱，或因為所謂『為了我們好』而被侵犯了界線。」

幾個世代以來，NFB 致力於對抗監護主義，淡化或重新定義盲人的脆弱性。傑尼根語帶譏諷地寫了這段話：

> 盲人最需要的不是行動訓練，而是心理治療。他會接受教導，接受他的限制是無法超越的，他和其他人的差異也是無法彌合的。他會被鼓勵接受二等公民的痛苦地位，並被打消任何想闖入頭等艙的念頭。此外，這一切還會以教導他「獨立」以及「務實」對待自己失明的名義來進行。

不過二〇二〇年的總清算，迫使聯盟不得不正視許多盲人巨大的脆弱性和痛苦的事實。NFB 為了做出回應，如今不再輕忽心理治療，並且還設立了基金，為組織內曾遭受性暴力的成員支付心理諮詢費用。一個更關切殘障脆弱性的 NFB，是否更能保護會員免受傷害？

＊＊＊

我在科羅拉多情緒最難以遏抑的一刻，是在一個溫暖的週末下午，當我拿下眼罩與一個明眼女性交談的時刻。

當時，學生們在春天第一次動用了停車場旁有點歪斜的烤肉架，並準備了一些漢堡和飲料。在中心待了一個星期，我開始交到一些朋友。我很喜歡和阿赫梅德待在一起，他同樣有 **RP**，雖然他小了我十歲，但是疾病已經摧毀了他的可用視力。在一天課程結束，其他學生把眼罩拿下的時候，他往往繼續戴著眼罩，主要原因是眼罩可以遮擋令他刺痛難忍的陽光。

經過漫長、緩慢的衰退，他在前一年就讀法學院期間喪失了主要的殘餘視力。透過職業復健機構的協助，他總算學會使用螢幕閱讀器和手杖，如期畢業。但是，進入真正的失明，卻給他帶來了情緒上的重創。在通過華盛頓特區的律師考試後，他搬到土爾沙，在那裡度過了他所謂迷失的一年。我詢問他在奧克拉荷馬州的那段時間到底經歷了什麼，他避而不答，只含糊暗示那是段淒慘的時光。

「為什麼是土爾沙？」我問。

「因為便宜。」他說。他只是需要一個去處，一個獨自面對全新盲人身分的地方。儘管我過去拜訪時曾對這個城市留下好印象，但在聽過阿赫梅德的說法後，我開始把土爾沙想像成令人沮喪的城市，是人們喪失最終視力時要去的地方。我自己何時要搬到土爾沙？現在我還在高速公路上，中間相隔好幾個州，但是這個城市名字已經開始在路標上出現，而且距離越來越短。

阿赫梅德的妻子韓德是精神科醫師，上課期間陪伴他一起搬來利特頓，我從喧鬧的盲人兄弟們之間抽身出來，向她自我介紹。我問她，是否覺得阿赫梅德在科羅拉多這段期間有些什麼改變。她說，「我很高興他現在經常做菜煮飯。」她提到了家政團隊幫學生安排了沒完沒了的餐點規劃作業，「不過說實話，他在法學院失明之後，為了生存，已經靠自己摸索出大部分事情的做法。我覺得這裡的課程對他最大的幫助是同儕之間的友情，他過去沒有交過盲人朋友。這對他有很大的意義。」

直到她提到這點，我才意識到自己看到學生之間互相關懷，內心是多麼感動。那個週末，剛到中心幾週的亞美利亞第一次在上課時間之外走出房間社交。一如往常一樣擔任導師的克雷格對我說，觀察在訓練中心裡意想不到的友誼發展，真是有趣！他指了指亞美利亞和漢克。漢克是我第一天到這裡時，在查爾斯辦公室遇到的那位戴著反光太陽眼鏡、面無表情的傢伙。他們兩人並排坐在一間公寓的沙發，兩人都戴著深色墨鏡面對正前方，彷彿坐在一部靜止的汽車裡。他們來回傳遞一支大麻電子煙，我聽到漢克說：「我剛失明時，整整一個月沒離開過床。」

那天晚上，漢克、亞美利亞和阿赫梅德——三個全盲的人，而且除了阿赫梅德，另外兩人都還是定向行動訓練的初學者——想去逛逛酒舖。當這三個人穿過公寓空蕩的停車場，朝向通往購物中心的繁忙街道，克雷格和另一位經驗豐富的學生東尼討論著是否該有人陪著他們去。

如果克雷格和東尼不是盲人，或者他們用不同的語氣說話，我可能會認為這是自以為是的保護心態。但從他們說話的方式聽起來，這是愛和關懷的表示。克雷格和東尼並不是要導引他們，大吼指令要他們退離開人行道的路緣——他們只是要確認，有個有經驗的同行者跟在後面，以免他們迷路。

「我去好了！」我提議著，同時盤算著自己僅存的視力應足夠擔任合適的幫手。不過我跟著這群人才發現，自己的陪伴似乎沒有必要。阿赫梅德甚至不喝酒——他只是陪朋友出門，而且整個路線他倒背如流。有一段路他還真的是倒著走，在聽到亞美利亞和漢克無意間走進了購物商場後方的卸貨區，他邊開著玩笑邊導引他們離開。

阿赫梅德後來告訴我，**盲人行走的最重要一項技能，就是「你必須願意去迷路，並且相信自己有能力找回方向。」**在他失明初期，他曾經花三個小時走一段由明眼人導引只需五分鐘的一段路，最終，他在華盛頓特區行動越來越自在，學會分辨車流方向、紅綠燈的變換模式，以及其他人下樓梯時腳步聲的變化。

而在科羅拉多，他學會了「羅盤方位」，從陽光照在臉上的感受，就能判斷自己面對著哪個方向。不過，他也補上一句，「這並不是說你從訓練中心畢業後，就再也不會迷路了。」這對任何盲人旅行者都是非常實用的建議，也說明了失明能提供給人更重要的道理：**迷路的體驗，就和失明本身的體驗一樣，不必然就代表憐憫和悲劇，也不只會帶來恐慌和災難。**

就像喬許．米勒的「優雅的失敗集聯反應」，錯誤也可能帶來豐富的收穫。迷路並不見得令人自在或愉快，但是它是人類體驗當中有機且根本的一部分。我們越是能夠接受它，而不是選擇與它對抗，我們的旅行技巧就能越熟練。

科羅拉多中心為阿赫梅德提供了一條走出土爾沙的道路。當時我才剛認識他一個星期，但從他用戒慎的語氣談論過往，以及偶爾流露出的痛苦克制，我感覺他有些抑鬱。不過當我看到他和另兩個學員一起外出——倒著走路、開玩笑——我明白了韓德的意思：同伴的情誼正逐漸改變他。這會讓他回復到過去的自己嗎？還是那個人已經在土爾沙消逝無蹤，讓阿赫梅德得以重建成一個新的人，在失明中重生？

我也認為這種同伴情誼暗示了一個關於照護及關於失明的替代模式，它把傑尼根和卡羅爾神父相互衝突的觀點融合在一起：盲人沒有被摧毀，但是他仍然脆弱；失明本身既是一個非決定性的特徵，也是一個嚴重障礙；而通往復建之路既不意味著接受被剝奪，但我們仍得承認，在充分體會失明的喜悅和人性之前，須先經過的痛苦和恐懼。

* * *

我不確定自己是否會回到科羅拉多參加完九個月的課程。儘管我知道，沈浸式的投入課程讓我受益良多——特別是旅行訓練方面——但我無法忍受要跟奧斯卡和莉莉分開太久。此外，與大多數青少年一起生活也令人自尊受挫，他們正學習如何做一些我大半輩子以來輕而易舉就能完成的事——煮飯、打掃、格式化 Microsoft Word 文件。我知道自己需要重新學習這些技能，但要花九個月時間專注在這些東西上，還是讓我難以想像。

當我在家繼續進行盲人訓練——戴著眼罩走遍城市的不同路線；為家人準備晚餐時不浪費時間在視覺上掃描鍋鏟——**我被盲人生活所需的專注度深深打動**。當我站在街角，經歷多次的燈號變換，試圖解讀車流的模式；或是雙手在櫃檯上下摸索著找大蒜；在這些時刻，失明一點也不像卡羅爾神父所堅稱的，是明眼人生命的結束。相反地，它感覺比較像是日本禪師鈴木俊隆所說的，是在**培養「初心」**。

我或許是個擁有碩士學位的中年男子，但我仍要深吸一口氣，再吐氣，再試一次找出男廁的入口，儘管我知道朋友們都能從酒吧座位上看到我在黑暗中摸索。舊金山「盲人燈塔」的主任巴辛，在一次訪談中談到「**盲人的禪**」。他說：「身為一個曾經擁有視力的人、視力模糊的人、以及失明的人，我可以說，用盲人的身分品味世界往往比較緩慢，但也往往能以豐富而意想不到的方式感受到美。」

當我現在拿著手杖走在城裡，我依然能看出手杖對陌生人產生的影響：人們見我走過來，會真的走到街道的另一邊遠離我；家長則在我還離他們半個街區遠，就急著把他們的孩子拉到一邊。文學作品中處處可見證這類盲人在公共場合引發的反應。（例如波特萊爾的詩：如假人般，微帶著滑稽／古怪、可怕的夢遊者／他們的黑夜之眼，誰能說清從哪裡照射出的光芒。）感覺自己像**古怪的假人**的體驗不斷累積——每一天，在每一處街頭。我可以感覺到我的臉僵硬成永恆的苦笑，並開始把每個陌生人都看成敵意滿滿、帶著批判眼光的對手。

這樣實在難以在這世界行走。所以，我最近在手杖旅行的練習中加入了一種技巧，徹底改變了在公共場合身為盲人的體驗。除了所有通常的定向行動技巧——如何握住手杖、注意方位感——我還嘗試培養「半笑」（half smile）的習慣。

這個想法最早來自我聽過對藝術家米拉（Helen Mirra）的一段訪問，她的作品經常引領她到原野上進行長途的散步和健行。她發現在自己居住的城市劍橋四處行走時，心裡會渴望回到那些無人森林和山野，但是她也意識到這種渴望讓她無法生活在都市中。她說，「於是我開始練習半笑，就像一行禪師形容的那樣。」

米拉在自己的網站上解釋，這個練習非常簡單。「半笑是微微的、恰好足夠、不顯眼。」她告訴採訪者，帶著半笑意味著「**不論遇到任何事、任何人，永遠都用平和與友善相待。**」

一開始我對這個想法感到排斥，覺得它過於矯情。你在城裡走來走去，臉上帶著一點笑意，這就能改善一切？但「半笑」的概念始終縈繞在我心頭，並逐漸改變了我的生活。這不是冷笑，也不是虛假的歡快；**笑的「一半」是關鍵**。就算是強迫自己將皺眉轉化為半笑，它還是有效用。

在我身為盲人感到不知所措的時刻——比如排隊的人潮洶湧，無法確定自己在隊伍中的位置，人群推擠移動、彷彿有看不見的笨重手推車在我腳邊輾過——我會開始自我封閉，對自身所處的空間感到焦慮。不過，只要我露出半笑，我緊繃的表情就會緩和，我也不再是陷入掙扎的盲人，不再是波特萊爾筆下的可怕夢遊者。我回復到一個人的身分，用

「平和與友善的態度」和另一個人相遇。

在關於「半笑」教誨中，一行禪師寫道：「我們似乎向前移動，但其實並未真正前往任何地方；我們並未被目標牽引。因此，我們微笑著行走。」我的行走依然有具體目標——去接奧斯卡放學，與莉莉共進午餐，或任何其他事——但這些目標的意義已被去除了。行走本身成了一種冥想形式，如果我的步伐比預期更慢（隨著適應失明的步調，這種情況越來越多），如果有人見到我的手杖而感到困惑、憤怒，甚至傷心，如果我在一條已走過十幾次的街區上短暫迷失了方向，那都沒有關係。**我仍然在這裡，仍然活著，沿著我打算前行的道路走下去。**

結語
終局

坐在美國自然史博物館的海頓天象館附近長椅上，奧斯卡和我看著一位盲人母親往四英呎高的月球模型走去。這個模型高度就和那個在博物館內四處跑的女兒身高相當。她們稍停下來的時間，足夠讓這母親匆匆地用手指輕觸月球表面，感受隕石坑的形狀和大小。我突然有想過去跟她說話的衝動，想對同為盲人父母親的她，在星期天下午出現在美國自然史博物館表達支持。她和這裡的多數大人們正在做同樣的事：努力盯著自己孩子跑哪兒去，並把握參觀展覽的整個過程。

盲人要在公共場所裡發現彼此並不容易。有些盲人朋友告訴我，當他們聽到手杖的敲擊聲，或在公車上或街口聽到手機的螢幕閱讀器咿呀發出聲響，會感到難得的喜悅；他們多半會主動過去和對方攀談。不過，我見到的盲人母親很快追著女兒走遠了，接著換我開始在博物館裡追著奧斯卡跑。

當天我有著強烈的視覺化體驗，即便我敏銳感受到自己的眼盲。我時刻警惕注意奧斯卡的去向，閱讀展覽品的大字體文字，並為海象這樣的生物存在而讚嘆不已。在北美哺乳類動物廳，大角羊驕傲地凝視洛磯山脈的峰巒，在我心頭激發了愛自然和愛國家的奇異感受。

不過，相對過去幾次的參觀，博物館的大部分區域如今我已難以接近。我得依賴奧斯卡的帶領，才能找到天象館劇場的座位，影片本身對我來說基本上只是聽覺體驗——我偶爾能捕捉到行星或衛星劃過天際的畫面，不過多半時間我都覺得太過昏暗。

這天的參觀接近尾聲，我們停在一個貓頭鷹的模式展示前。它看起來空空如也，像是為了維修而關閉了。不過奧斯卡用驚嘆的口氣說，「你看那個。」我說，我什麼都看不到，但如果他願意，不妨幫我描述一下。他毫不猶豫地跟我說，貓頭鷹的翅膀張得很開，看起來正要捕捉某個囓齒動物。「牠的爪子就像這樣！」他說。我感到一陣挫敗，因為我意識到連他的手我也看不清了。我下意識伸手去找；他的手指正模仿著貓頭鷹獵捕時爪子的形狀。

在這樣的交流，以及我們一整天的相處中，有某個東西顯得如此自然，讓我覺得身為盲人的自己似乎開啟了一個嶄新而通透的空間。奧斯卡和我比平常更加緊密地接觸——我們走路時手牽著手、或我搭著他的肩膀。這種接觸是實用性的，但也是情感的表露。回家時，站在擁擠的地鐵車廂，我用手臂環繞著他，藉著觸覺「看住」他，而他則把頭靠在我身上，這個動作一方面是因為失明而做的功能性調整，同時也是愛的傳達。這兩種觸碰的區別已經消失了。

這一天感覺美好，不是儘管我失明仍然美好，也不是因為我失明而美好，而單純是**我和失明並存的美好**。

＊＊＊

令我驚訝的是，當我寫下視力減退的經驗，日記內容竟是如此的重複。我一次又一次記錄了同樣一小段的觀察，圍繞一個主題做略微的變化。「最近幾天，我的視力又稍微減退了，」我這麼寫著，無法確定是**何時**發生的，只不過是上個星期某個時候才開始注意到。我表現得猶豫、含糊而矛盾——有沒有可能，只是那天特別糟？不，整個禮拜都是這樣——這個新低點似乎會成為恆常的景象。

我試著把情況記錄下來，記錄情況如何展現，但這部分內容也總是千篇一律：我又找不著我才剛放下來的東西了——它是一個杯子、我的手杖、或一雙靴子——在之前，我應該可以更快找到的。我開始撞上以前絕不會撞上的門框和桌子。即便使用了輔具，閱讀如今對我變得越來越困難了。所有一切，都符合這種「事情變得越來越……」的體驗，但是還沒有到「變得**太過於**……」——始終是一點一滴慢慢來。

有如波赫士佈滿鏡子的大廳，我藉由指出日記內容的雷同，來為我現在所寫的內容做結論：**它和我幾個月前寫的幾乎一模一樣，包括對於它雷同性的觀察也是一樣。對於視力新的退化，很難做出與前一次有所不同的描述。**我始終在寫的，是關於我總是用相同方式在寫關於體驗的事。

我儘量避免在奧斯卡面前談論我新增的失明焦慮，不過他是我們家中的小偵探，總是敏銳聆聽我們所說的每句話，有不清楚的地方，就會要求我們解釋明白。因此不管我想不想讓他知道，一般而言他都是心知肚明，而他的反應通常是實事求是的分析。有一天他說，「哇，你真的**就要**失明了。」當時我盯著地板，想要找到在他看來明明就在我視線裡，但在我看我來卻像被吞進異次元黑洞的一根筷子。

最近他又問我，「你是**什麼時候**失明的？」這問題讓我愣住了。等等，我心裡想，**我已經失明了**嗎？我感覺不是這樣，我坐在沙發上瞪著眼睛看著他——儘管我知道，失明早已經滲透到我生活的各個方面。

這種無休止的、微小卻毀滅性的體驗，交織在日常生活的庸俗性之中，讓我感覺自己彷彿置身一齣貝克特的戲劇裡。我想像這麼一個場景：一個人正在被活埋，一鏟一鏟地，耗費數十年。「又一鏟土落下了，」洞裡的人這樣說，然後繼續在陰鬱的沉思中躺一兩個月。「又一鏟，不算完整的一鏟，」他最終補充道。「更像是一把土，慷慨地灑落下來。」

但我無需自己杜撰貝克特的劇本，因為他已經寫了《終局》，完美捕捉了這個令人困惑的緩慢衰退的經驗。「結束了，它結束了，接近結束了，它必定接近結束了。」克洛夫在《終局》的開頭如此說，這句開場的台詞可以出現在我任何一篇的日記內容裡。半盲的克洛夫，在全劇中勉強但順從地服侍他全盲、坐在輪椅上的養父哈姆。「一顆又一顆，」他說，「一粒再一粒，然後，突然有一天就成了一堆，小小的一堆，不可能的一堆。」這一段台詞借用的是希臘「堆的悖論」，它成了解釋我逐漸喪失視力的矛盾體驗的最佳方式。

如果有人將一粒米、一粒粟、一顆藜麥、或任何類似的東西放在地板上，一次加一顆，什麼時候它會變成一堆？一顆當然不成一堆。三顆也不是。它跨越的門檻在哪兒？我們最容易用二元方式來理解世界——要嘛你有一堆藜麥，要嘛你就是沒有；不是白天，就是夜晚；要有開始，才會有結束。但是貝克特的戲劇停留在痛苦且曖昧不明的中間狀態，在這裡，太陽已經落下，但仍不是夜晚，天空不只是灰色，而是「淺黑色」。

這正是我對失明的體驗：一段視力漫長的衰退，幾乎可以確定以形狀和細節的消失為結束，卻帶給人矛盾的感受，即便它持續衰退下去，可能永遠也不會到達終點。我就活在這個無止境的殘局中，一個凍結的暮光之地，在這裡我已經失明，卻仍看得見。接著那一堆眼盲的藜麥裡頭又添加了一顆。到什麼時候，我收集的這一堆，終於會等同於它所有部分的總合呢？

一位視網膜色素病變互助團體的領袖告訴我，每隔五年她就跟自己說，「我當時以為自己失明了……現在我才是**真的**失明！」之後再過五年，她又會有同樣的想法。到如今六十九歲了，她仍在經歷這樣的過程——她已完全沒有視力，一隻眼睛全盲，但是她仍用敬畏的態度談論有模糊感知的「好眼睛」——它在狀況較佳的時候，可以讓她掌握周遭一點基本的高對比度訊息，比如像是推斷明亮顏色的人行道從哪裡會變成深色的柏油路。

儘管和我比起來，她已嚴重失明，她仍然自認比其他更盲的人好一些，他們沒有像她一樣，擁有偶爾可用來定位方向的朦朧一小片殘餘視力。她說，「我不知道他們怎麼辦到的。我知道他們受過很好的訓練，可以應付得來，不過……」她欲言又止，對真正全盲的人要面對的困難感慨不已。

因失明而引發的荒誕滑稽——灑出的飲料、踩空的步伐、認錯人的情況——會令人忍不住大笑。（《終局》裡一個住在垃圾桶的角色說：「沒有什麼比不幸更好笑了。」）另外，也有些被稱為「殘障收益」（disability gain）的情況：從身體的差異中，開展出新的視野。我從閱讀點字的奇異美感中感受到它，因為我的想像力透過指尖拂過書頁所感受到的圖案，綻放出文字的圖像。

我回憶起帶著眼罩時，聆聽幼童咿咿呀呀說話的五彩繽紛帶給我聯覺的喜悅，或是鋼絲滑過一團濕黏土那種神奇的即時性——這是觸覺和聽覺的壯麗世界。我甚至在面對無障礙產品或服務的挫敗中，隱然感到某種「收益」——感覺到失明正促使我朝更深刻的社會和政治意識邁進。

拉夫波羅（William Loughborough）是有視力的技術專家和藝術家，他在舊金山灣區和比爾．傑瑞和喬許．米勒合作超過三十年，為盲人開發輔助科技，並投入大量心力去理解盲人如何體驗世界。他把自己的視力稱之為「缺盲」（blindlessness）——反轉盲人單純是沒有視力的觀念，並堅持失明本身擁有豐富的可能性，是所有「缺盲者」無法享有的。

＊＊＊

最讓我驚訝的一個發現是，失明竟可以如此稀鬆平常。非殘障人士很難理解這一點——看不見了是多麼重大的變故，竟能毫不顯眼地融入生活中。艾德蓮．艾許雖然積極投入殘障權益運動，始終仍認定失明並非她最顯著的特徵；她堅持認為殘障並非決定她身分的「構成性」元素。只有當她因為失明而受到不當對待時，她的殘障才會突然躍居她的生活焦點。

艾許的這種觀點並非她一個人獨有。「當一切都正常運作時，我的失明不過是生活中的一個事實，而非阻礙我道路、難以跨越的障礙。」喬吉娜・克里格曾經寫道，「我會繞過它，忽略它。許多日子裡，它的重要性甚至比不上天氣。」作家伊莉莎白・薩蒙斯（Elizabeth Sammons）也告訴我，失明幾乎談不上是她生命中的「主角」。

我現在仍處於視力逐漸退化的過程中，因此很難像其他人那樣，讓失明淡出生活的背景。在科羅拉多中心，有兩位突然喪失視力的學生告訴我，他們認為熬過多年的時間慢慢失明，要比他們所經歷的更辛苦。他們雖然經歷了突然完全失去視力的震撼和創傷，但同時也被迫立刻面對這一切，因此（在他們想像中）能更快地接受現實。這說法很難讓我信服——感覺上他們的生活要比我辛苦許多，而且困難之處遠超過了我們失明的原因——但是，我有時不免還是會想，如果我的視力是一夕之間全部消失，日子會不會好過一些。

我開始體驗到某種「盲人生活正常感」的萌芽。

一開始，我使用我電腦上的螢幕閱讀器時，帶著近乎神秘的敬畏和嚴肅態度——我不只是在做文字處理或瀏覽網站，我是在做特殊的、具挑戰性的、尷尬而有趣的**盲人版**文字處理或瀏覽網站。任何和失明相關的事物，一開始都是無與倫比的新奇——用咿咿呀呀的合成語音、而不是用我腦海中的聲音寫文章；使用螢幕閱讀器把網站所有標題或連結彙整成可瀏覽的清單，取代了光靠視覺來掃描網頁。不過，這些過程最後變得清晰透明，成了我日常工作流程再普通不過的一部分。

隨著對失明逐漸熟悉，我也開始體驗到歧視和邊緣化，這些時刻會暫時讓失明成為我生活中痛苦的焦點。我曾習慣於身為主流社會所想像、準備去接待和配合的消費者——各種空間、產品、和流程，一向都是為了像我這樣的人而打造。教室、城市、網站、結帳動線、消費電子產品——過去在這些環境裡，我都能舒適地悠遊其中。

然而，隨著我習慣在盲人的框架下生活，我可以感覺得到自己身為顧客、做為市民、甚至於**做為一個人**，我的「中心性」正逐漸被侵蝕。我越是常使用螢幕閱讀器，就越發現許多 app 和網站無法使用。我越是需要使用手杖來找到路緣和門口，陌生人就越容易表現出居高臨下的態度、擾人的干擾，甚至明顯的敵意。

有一天，我要去接奧斯卡放學，走到行人穿越道時，我發現自己引來了一位身穿長及腳踝的棕色大衣、神情怪異女士的注意。當車輛減速讓我們通行，我們兩人都開始過馬路。突然，彷彿擔心我不知道自己身處何處，她用一種輕柔、試探性的唱歌語調宣布：「現在在過馬路！」我假裝她精神不正常，只是在對自己說話。我回應道：「我也是！」

語氣比我原本預想的多了百分之四十的憤怒。

＊＊＊

探索盲人的世界，就像在充滿矛盾的土地上挖掘。盲人身分既是核心主要的，又是次要偶然的。我是盲人，但我仍看得見飯店房間的號碼，儘管我不去觸碰下方的點字。視網膜退化的過程，成了我生命中最有創造力的體驗之一。同時我也開始意識到，哀悼視力的喪失，同時也等於是去接受、甚至享受那些仍存在的視力。

在嚴重隧道視力的情況下行走，你有一個選擇：你可以眼睛緊盯著地面，掃描潛在的障礙物，或者你可以抬起頭來，信任你的手杖會辨識路緣。

聾盲詩人約翰・李・克拉克天生耳聾，成年不久後因為視網膜色素病變而失明，他以優美的文字描述自己不再低頭看的決定。「我使用了眼罩，不過眼罩本身也包含了某種視覺。」克拉克說，「我的眼罩不是漆黑一片。它是我包覆在眼睛上的風景。」克拉克決定不再依靠視力導航，讓他得以自由用視覺欣賞周遭的世界。

他告訴我，「視覺是一種額外的紅利。」如此一來，他取得了何時失明的主導權，儘管這意味著在他的視力完全消失前，就不再使用視覺。「我度過餘生的方式已經到來了，」他說。「我自己選擇了日期，我讓那個日期來到我這裡，而不是我等待著它來。我的視力可以在一夕之間全部喪失，或是花三十年慢慢的流逝。這並沒有真正的區別。」

在醫學上、甚至是常識上，仍有一種強烈的衝動讓人想要繼續奮鬥，緊緊守著我的視力，盡力保護它（正如另一位盲人導師對我說的那樣）：「戰鬥到最後一個光子。」但這樣的努力已經不再讓我感到有意義（如果它曾經有意義的話）。這是一場注定失敗的戰鬥，而且讓我與自己為敵。如今，我覺得自己已經準備好循著約翰・李・克拉克的道路，停止用眼睛去完成那些我一直努力維持的基本視覺功能——掃視地面、閱讀大字體、靠眼睛而不是用手摸索找到鍋鏟——**學會去放手**。

詹姆斯・喬伊斯在視力問題最嚴重的時刻，需要接受手術以免其中一隻眼睛永久失明。面對這種情況，他繼續創作《芬尼根守靈》，他寫信給一位朋友說：「眼睛帶來的不便並不算什麼。我有一百個世界要創造，我只失去了其中一個而已。」這句話，儘管帶點浮誇，我認為仍然準確掌握了視力喪失的事實：的確我們失去了一整個世界，一整個星球的影像，所有展示的景象全都陷入黑暗。然而，**失明後仍然持續存在的那些世界**——透過其餘的感官、透過想像力，以及與視覺無關的深層感受——**遠遠超越了失去的部分**。

＊＊＊

我很驚訝自己竟在《終局》這般陰鬱的戲劇裡找到了慰藉。不過，儘管貝克特對個人的拯救或全體的救贖毫無興趣，他用平靜覆蓋恐懼的技巧，如卡維爾（Stanley Cavell）說的，即使不是出口，至少提供了一條通行的道路。

在劇中有一段，哈姆告訴了克洛夫，從克洛夫還是個小孩開始，他們是如何一路走到現狀。在說到當下時，哈姆的故事逐漸停了下來。

克洛夫問，「是不是快要結束了？」

「恐怕是的。」哈姆說。

「呸！」克洛夫回嘴。「你會再編一個。」

我寫到同樣這個地方，我的視覺人生的故事似乎到了結尾，我理解到在結束之後，將在我的力量掌控下繼續，並創造另一個故事。

「結束正在開始，」哈姆在終場時說，「而你仍在繼續。或許我可以繼續我的故事，把它完結，再開始另一個。」它感覺像是死亡、消逝、終結——但從不會真正的蓋棺論定。

我記得自己戴上眼罩時曾產生的領悟：**即使在全然的黑暗中，我仍是我。我仍繼續向前**。這也是盲人對著周遭明眼人的世界，一次又一次強調（但其實應不需特別說明）的一句話：**我們也是人。我們看不見，或者不是看得很清楚，但是除此之外，我們和你們是一**

樣的。

無法理解這個基本事實，理解有些人的差異並不影響他們的人性，正是一切歧視、疏離、和壓迫的根源。它本應顯而易見，但是如果你不是殘障人士，就很容易老是忘掉。彷彿明眼人對於盲人欠缺半點的物體恆存感（sense of object permanence），這是小嬰兒看著父親用雙手遮臉發展出來的認知：嬰兒知道爸爸並沒有消失。他一直還在。

我開始寫這本書所抱持的想法是，我一隻腳踩在明眼人的世界，另一隻腳則在盲人的世界，我要讓自己沈浸在失明之中，探索發生在這個陌生異地裡，所有激進的、挫敗的、創新的、怪異的、和美妙的事物，以了解我將前往的地方。

同時，就如H．G．威爾斯筆下的努涅茲一樣，我的確發現了一個盲人的國度，這裡有盲人的生活方式、盲人的思維和認知模式、以及盲人的傳統、科技、次文化、和風俗習慣。我發現，失明的體驗同時並存著悲愴和美麗、末日感和平凡日常、恐懼和冷靜。

絕大多數的人類體驗——如同衰老或死亡的過程——也同樣並存這種矛盾的複雜性。到頭來，我發現到盲人和明眼人世界的分野，多半都是浮面的，由污名和誤解堆砌而成，而非源自任何先天的差異。如果我們能去除人們對失明的誤解——視它恐懼、幽閉、幼稚化、以及徹底異類的所在——情況將變得截然不同。這兩個世界不會再顯得如此涇渭分明，它們彼此重疊的部分將持續擴大。到最後，他們必須要妥協、退讓、和分享彼此的領域。**我們的世界，就是屬於盲人的世界；盲人的世界，也是屬於我們的世界。這是同一個世界。**

一天晚上，我感到眼睛徹底疲憊了，我拿下眼鏡躺在床上。莉莉正在看一部我也感興趣的影片，我感到一股強烈的被排斥感——我也想和她一起看影片，但實在已經沒辦法勉強自己的眼睛看任何東西了。我對即將到來的失明興起一陣恐慌，我想到將來有一天，連「休息和恢復視力」都將成為奢侈的妄想。在這種情緒蔓延擴散之前，我已進入了夢鄉。

隔天清早，我在奧斯卡爬上床、鑽進我們之間時醒來。我的視力依舊模糊——最近在醒來之後，我的眼睛越來越需要更長的時間才能調適清楚。不過我並不急著去看；我發現自己已經完全擁有無中介的親密體驗，被毯子和軀體所包覆，我們交換著清晨的氣息、笑語、和呢喃，彷彿我們是有著三頭六臂的單一「人—毯有機體」。

我沒有渴望要看到什麼東西。我對莉莉、對奧斯卡、和對我們共享生活的愛，在那一刻感覺是如此充實、完整而毫無缺憾。一直到他們兩人都已經下樓了，我才開始伸手找我的眼鏡。

致謝

寫作這本書的這些年，我和好幾百人進行了談話，我無法在這裡一一致謝，但我想提出一部分人的名字，向他們致意：Jennifer Arnott、Robert Baran、Bryan Bashin、Edward Bell、Charles Bennett、Ahmed El Bialy、Barbara Black、Rick Boggs、Pamela Bortz、Brett Boyer、Sandra Burgess、Will Butler、Fanny Chalfin、Kim Charlson、John Lee Clark、Kevin Cosgrove、Maliea Croy、Ann Cunningham、Chris Danielsen、Julie Deden、Robert Englebretson、Brian Fischler、Chancey Fleet、Serena Gilbert、Haben Girma、Dan Goldstein、Cragar Gonzales、Tony Gonzales、Emilie Gossiaux、Antonio Guimares、Jen Hale、Mary Haroyan、Michael Hingson、Rachel Huckfeldt、Mike Hudson、Chip Johnson、Millie Kapp、Áine Kelly-Costello、Gene Kim、Tina Kurys、Erin Lauridsen、Anil Lewis、Will Lewis、Maren Tova Linnett、Bec Loomis、Barbara Loos、Ramona Manzanares、Marc Maurer、Tom McClure、Josh Miele、Laura Millar、Helen Mirra、Deirdre Nuccio、Cheavon

Otto、Josh Pearson、Eliza Portugal、Lauren Race、Mark Riccobono、Delfina Rodriguez、Amy Ruell、Hend Salah、Elizabeth Sammons、Meredyth Sauter、Connor Scott-Gardner、Matthew Shifrin（本書的讀者都應該會對他的播客節目《*Blind Guy Travels*》有興趣）、Justice Shorter、Darien Simmons、Chris Snyder、Logen and Jim St. Leger、Deborah Kent Stein、Tai Tomasi、Giorgio Vickers、Maddie Williams、Laura Wolk、以及其他許多人。

在撰寫這本書的過程中，與多家出版物的編輯合作，使我對於殘障的思考更加深刻：電台節目《99% Invisible》的 Delaney Hall、Roman Mars 和 Avery Trufelman；《紐約時報雜誌》的 Willy Staley、Vauhini Vara 和 Bill Wasik；《紐約客》的 Nimal Eames-Scott 和 Michael Luo；在《Radiolab》的 Matt Kielty、Lulu Miller、Latif Nasser、Maria Paz Gutiérrez、Pat Walters 及其他同事；《McSweeney's》的 Claire Boyle；《Art in America》的 Emily Watlington；《紐約客 Radio Hour》的 Britta Greene 和 David Krasnow；以及《Significant Objects》的 Rob Walker 和 Joshua Glenn。

如果沒有 Gideon Lewis-Kraus 的無私支持和鼓勵，我不會有足夠的信心稱自己為作家，他在二〇〇三年就告訴我要振作起來，此後年年幫助我繼續堅持下去。

在本書創生的不同階段，許多朋友閱讀了草稿，其中包括 Gideon，他的批注給我很大的激勵，甚至讓我誤信自己在實際完稿兩年前就已經完成了。Eli Horowitz 隨著我寫作過程閱讀了每一章，簡直就像編輯界的「環法自由車賽」領航配速車；他充滿關愛的質疑和真切熱情，在這段漫長賽程的關鍵時刻，為我提供了能量並導引我方向；我要感謝他給我的支持，已遠超過這本書的範圍。

Catherine Kudlick 對初稿的批注嚴厲而毫不留情，甚至自帶「可能引發讀者不適」的警告標語；我很感謝她促使我脫離原本緊貼的舒適區。Alex Kitnick 和 Andrea Gadberry 兩位都是幽默又溫暖的哲學家，他們閱讀了不同章節的初稿，提供了極為實用且令人鼓舞的意見。Annika Ariel 如此仔細閱讀了我的手稿，讓我覺得企鵝出版社應該將她挖角；她的批注精準無比，讓這本書的品質有顯著可見的提升。Sheri Wells-Jensen 對手稿後期版本所做的批注本身就值得出版；雖然我沒有在書中對她做特別的介紹，但是我們關於失明、健全主義、和人性的對話融入了本書的每個段落。

Jordan Bass 一直是我死忠的遠距寫作夥伴；我們共享的那個名為「髑髏地」（Golgotha）的電子試算表，我把它當傳家寶一樣珍惜。在後期，他所完成的行文編輯堪稱是英雄任務：慷慨、振奮人心、但也無比精準、全面而且睿智。我對他有無比的感謝，實感難以為報。

在《The Believer》的創刊初期工作，讓我有機會與我最喜愛的作家們密切接觸，這段經歷就像是為期八年的藝術創作碩士課程，儘管我寫得不多，但學會了如何寫作（以及閱讀和編輯）。這一切都得益於 Dave Eggers、Heidi Julavits、Ed Park 和 Vendela Vida 無與倫比的指導，以及該雜誌的撰稿人，還有我在《McSweeney's》的所有同事的協助，包括 Barb Bersche、Emily Doe、Brent Hoff、Laura Howard、Dave Kneebone、Adam Krefman、Brian McMullen、Heidi Meredith、Ethan Nosowsky、Angela Petrella、Michelle Quint、Oscar Villalon、Alvaro Villanueva、Chris Ying 等人。

我在二〇一六年提出了節目的提案，做為《Triple Canopy》的「Vanitas」專題的語音系列，這也成了孕生本書的最初種子。雖然最終我放棄了那個提案，但我仍然感激《Triple Canopy》當初和現在的編輯們，他們對我展現了超乎尋常的耐心與慷慨：感謝 Sam Frank、Lucy Ives、Alex Provan 和 Matthew Shen Goodman。

KCRW 的《Organist》播客是我發展失明主題的寫作與研究的重要平台，在那裡，我得到了才華橫溢的同事們的鼓勵與合作：Jenny Ament、Ben Bush、Jonna McKone、Niela Orr、Ross Simonini、David Weinberg、Myke Dodge Weiskopf、Nick White，以及許多其他人，包括《Organist》名譽成員 Sam Greenspan、Rob Rosenthal 和 Julie Shapiro。

來自麻州北安普頓 PLATFORM 閱讀系列的 Patty Gone 和 Jon Ruseski，以及賓州大學 Julie Beth Napolin 的邀請，為我提供了討論藝術與殘障交織性的寶貴機會。Reyhan Harmanci、Max Linsky 和 Jenna Weiss-Berman 的早期關注，點燃了最終促成這本書的火花。

許多朋友、同事和導師以各種方式幫助了我：Alex Abramovich、Lucas Adams、Sandy Allen、Sari Altschuler、Mary-Kim Arnold、Robin Beck、David Berman、Alix Blair、Katie Booth、Will Butler（再次提及，意義深遠）、John Lee Clark（再一次，滿懷感謝）、Josh Cohen、Bojana Coklyat、Adam Colman、Georgia Cool、Chris Cox、Matthew Derby、Rodney Evans、Kelly Farber、Ezra Feinberg、Isaac Fitzgerald、M. Leona Godin、Daniel Gumbiner、Greg Halpern、Kayla Hamilton、Ben Brock Johnson、Phyllis Johnson、Rachel Khong、Jina Kim、Robert Kingett、Jason Klauber、Georgina Kleege、Ryan Knighton、Jim Knipfel、Andrea Lawlor、Allison and Christian Lorentzen、Hai and Youme Nguyen Ly、Sarah Manguso、Frank Marotta、Mara Mills、Kevin Moffett、Ryan Murdock、Sam Nicholson、Stacey Novack、Sheridan O'Donnell、Emilio Oliveira、Sarah Orem、Nat and Jacob Otting、Richard Parks、Lindsay Patterson、Ahndraya Parlato、Nicole Pasulka、Ben Pauley、Jason Polan、Sumanth Prabhaker、Matt Roberts、Matthew Rubery、Ben Rubin、Emily Schlesinger、Molly Shea、Andy Slater、Jason Strother、Paul Sturtz、Jessica Tam、Justin Taylor、Aaron Thier、Sarah Trudgeon、Dave Weimer、David Wilson，以及其他許多人。

在寫這本書的過程中，我不得不學習如何成為一個盲人讀者、作者、和研究者。我無法想像，如果沒有 Bookshare 這個專為印刷閱讀障礙者設立的無障礙書籍資料庫，我該如何完成這一切。與其把汽車捐給 NPR[35]，或許你可以考慮捐給 Bookshare 這個由 Benetech 經營的公司。

另外，The Internet Archive 也是值得支持的寶貴資源。我也要感謝卡羅爾盲人中心的 David Kingsbury，他的著作《The Windows Screen Reader Primer》幫助我在修訂過程的最後階段成功轉換到 JAWS 的螢幕閱讀器，當時我已無法避免不使用微軟的 MS Word（在 Mac 上無法使用，實在叫我震驚）。

感謝 Michael Gorra、Michael Thurston 和史密斯學院英語系邀請我教授一門有關「失明文學」的課程，也感謝選修這門課的學生們，他們的好奇心與智慧推動了我的思考走向新的方向。

我也要感謝 Kathy Roberts Forde、Brian McDermott 和麻州大學阿默斯特分校新聞學系對我的耐心與支持，也感謝這個計畫中合作的那些才華橫溢且富有同理心的學生們。

在過去幾年適應視力喪失的過程中，各種線上的社群持續給予我支持，包括「Blind Academics」的郵件論壇、「Pioneer Valley Blind Group」、已解散的「Monday Night 盲人聚會」、以及「MetroWest FFB RP 支援團體」。雖然不是和盲人相關（也非線上社群），但同樣感謝 Pagan Kennedy 和 Karen Brown，不管我們的團體名稱叫什麼；也感謝 Matt

Abramovitz，協助強化了「Happy Valley」的廣播社群。

我要感謝麻州盲人委員會提供的訓練，特別感謝 Michael Dionne 的行動輔導課給了我很大的幫助。

我的經紀人 Claudia Ballard，完全不負她慷慨、聰明和專業模範的名聲；能和她合作，我感到無比幸運。這本書的存在，離不開這裡所感謝的許多人，但是少了她，這本書**真的**不可能存在。同時我也感謝 Ann Godoff、Scott Moyers 和企鵝出版社的每個人對這本書以及對我寫作能力的信心。要特別感謝 Victoria Lopez、Randee Marullo 和 Ryan Sullivan 仔細地閱讀（並反覆校閱）這本書。Kyle Paoletta 以驚人的嚴謹、智慧和從容核對書稿做了事實查核；若本書仍有任何錯誤，那都是我的責任。感謝 Ilya Milstein 和 Christopher King，為本書創作了完美的封面插圖和設計。也要感謝 Juliana Kiyan 和 Lauren Lauzon，**感謝**她們的細心努力，幫助這本書順利找到讀者，不論是失明者或其他讀者。

在我的刻板印象裡，書籍編輯的工作就是把你的書稿精讀一遍，其他時間則直接把你

35. 美國全國公共廣播電台（NPR）的《Car Talk》節目曾經舉辦請聽眾捐汽車的活動，所有捐贈汽車的銷售所得，都將用來贊助捐車者所在的 NPR 地方電台。

轉到語音信箱。但 Emily Cunningham 恰恰相反，我驚訝她願意去閱讀那些看似沒完沒了的多個版本，每一次都以優雅、耐心和敏銳的洞察力來看待稿件（和看待我），不管是字句層面的細節或是大範圍的結構調整。我感謝她為這個寫作計畫所帶來的巨大活力、智慧、和關切，她協助我避免變成失控的脫韁野馬，但也不至在原地踏步。

我把無限的感謝獻給我的母親 Ellen Simon，她無條件的愛是我能夠有所成就的先決條件。獻上我的愛與感謝給我的父親 Jon Leland，從我生命的最初，他就教會了我許多事，包括我人生中最核心的兩項活動：電子媒體的製作與靜坐冥想。只要看看我妹妹 Nicola Florimbi 創作的畫布，就能感受到她深厚的情感和卓越的天賦。謝謝你送給我的觸覺繪畫，我愛你。同時也獻上我的愛與感謝給其他的家人：Nancy Simon、David Florimbi、Sofia Florimbi、Marsha Mason、Rae Slater Vermeulen、Elaine Joyce、Nanny Baim、Joan Simon、Neil and Danny Simon、Marjorie and Maurice、Bryn Martyna、Matt Bruss、Miles Leland、Bill Leland、Sky Esser、Ginny Winn Hafiz Leland、Wendy Martyna、Deb Leland、John Hunter、所有的 Leland 家族、所有的 Simon 家族、Gary Wachter、Carol Ott、Laura Gurton、Alan Greenhalgh、Anna Gurton-Wachter、Ian and Lev Dreiblatt、所有的 Gurton 家族、所有的 Wachter 家族，每個人。

我無法形容奧斯卡（Oscar Leland）令我感受的自豪，他的非凡智力和無比善良、溫柔和幽默感相得益彰。我愛你，全身的每一個原子都充滿了對你的愛。

莉莉（Lily Gurton-Wachter）閱讀了本書的多個版本，儘管她本身也在經歷這段旅程。我無法用言語表達我對她的感激，感謝她讓我如此坦誠地書寫我們的共同生活（也感謝她為副標題的困擾找到了漂亮的介詞解決辦法）。她的善良、智慧、體貼和耐心已經足夠讓人滿足了（dayenu!）[36]，但除此之外，她還擁有美貌、幽默、洞察力，同時對語言帶來的奇妙樂趣有著非凡的敏銳度。她是這世上我唯一想共度餘生的人，生活在同一個由泥土、木材、布料、羽毛、語言和天然石材建造而成，浪漫而又日常的屋頂下。

36. 希伯來語 dayenu，字面大致意為「這樣已經夠了」，原本用於頌讚上帝為人們所行的諸多神蹟，「即便只有一個神蹟，也已經足夠了！」

「點字」一詞的英文字首大小寫說明

關於字首大小寫

關於英文*braille*這一字，當它指涉的是「點字」這個書寫系統（而非發明者的姓氏「布萊葉」）時，字頭究竟應該使用大寫或小寫，讓一些盲人產生了令人驚訝的情緒反應。支持字頭要大寫的人說，「點字」braille應該寫成大寫的Braille，因為就和摩斯密碼（Morse code）一樣，它是源自發明者的專有名詞。此外他們主張，取消掉用大寫字母所表達的榮耀，對改造好幾個世代盲人生活的發明者是種不敬。

而另一陣營，主張小寫的人則認為，大寫帶來的並不是榮耀，反倒像是一種「異化」：點字經常被看待成一種奇特、晦澀、類語言的現象，而不被當成像是印刷文字、象形文字或簡訊這類日常的溝通系統。北美點字管理局（Braille Authority of North America）

這個規範北美地區點字使用規則的機構，採納的就是小寫的立場。

身為一個點字的非專業讀者，我對自己初為盲人在生活中日漸增強的疏離感，感覺有必要做出反制，因此我選擇本書中採用小寫的 braille，就像試圖撫平毛髮一樣，努力把它融入我的生活中，期望也融入本書讀者的生活裡。

資料來源

前言：結束開始了

- 本書的引言取自本書的題詞選自漢娜・鄂蘭《黑暗時代群像》（一九六八年）和狄奧多・阿多諾的《最小道德論：損壞生命的沈思》（一九五一年，英譯本譯者是E. F. N. 傑夫考特（E. F. N. Jephcott），一九七四年）。我是從譚雅・提奇考斯基（Tanya Titchkosky）的《殘障、自我、和社會》（*Disability, Self, and Society*, 2003）讀到漢納・鄂蘭的這段引文。我第一次讀到阿多諾的這段話則是在馬丁・傑（Martin Jay）《你眸中的刺：法蘭克福學派的挑釁》（*Splinters in Your Eye: Frankfurt School Provocations*, 2020）的書名和引言中。
- （值得一提的是，馬丁・傑一九九三年的相關研究《往下望的眼睛：二十世紀法國思想中的視覺貶抑》（*Downcast Eyes: The Denigration of Vision in Twentieth-Century French Thought*），對西方文化的「視覺中心主義」提供了實用且極具影響力的剖析。）

- 我的導言標題「結束開始了」借用了英國科幻作家約翰・溫德姆（John Wyndham）一九五一年小說《食人樹時代》（*The Day of the Triffids*）第一章的名稱。該書的構想是：世界人口神秘地集體失明，僅有少數有視力的旅人在其中遊走，這也使其成為薩拉馬戈（José Saramago）一九九五年小說《盲目》（*Blindness*）的一個意想不到的前驅。這兩部小說都把失明的流行病描寫為人類的末世威脅。（在溫德姆的小說中，兇殘的殺人植物令威脅益發嚴重。）
- 如導言的說明，本書的書名借自H・G・威爾斯的小說，但我也要感謝庫西斯托（Stephen Kuusisto）在一九九八年類似標題的回憶錄《盲人星球》（*Planet of the Blind*），用他詩作的抒情筆調探究了失明的美學與現象學。
- 散文作家霍格蘭（Edward Hoagland）在五十多歲時失明，隨後恢復視力，但在七十多歲時再度失明，他先後出版過一篇散文和一部小說，兩者都以《在盲人國度》（*In the Country of the Blind*）為名。他恢復視力後在所寫的散文中回憶道：「天知道，我並不想變成盲人，但我也不想永遠年輕。我現在經歷的一些變化因其方式令人感到有趣、或是好奇，甚至像是一場冒險。」不過在再度失明後，他的描述則偏向絕望，他在二〇一六年寫道：「失明是一種被強迫的被動狀態。」
- 我對聾人文化的有限了解來自與聾人及盲聾作家、學者的交流，如約翰・李・克拉克和卡羅・帕登（Carol Padden）。克拉克的散文集《我站立之處：手語社群與我的盲聾經歷》（*Where I Stand: On the Signing Community and My DeafBlind Experience*, 2014）和他由諾頓出版社出版的散文集（二〇二三年），及帕登的著作，包括他與湯姆・韓福瑞斯（Tom Humphries）合著的《聾人文化內部》（*Inside Deaf Culture*, 2005），還有蘇珊・伯奇（Susan Burch）的《抗爭的符號》（*Signs of Resistance*, 2002），都為我提供了寶貴的指引。

- 關於格雷格・泰特的引述來自他的文集《飛行男孩二：格雷格・泰特讀本》（*Flyboy 2: The Greg Tate Reader*, 2016）的導言，而蘇珊・歐琳的引言則摘自她的作品《蘭花賊》（一九九八年）。

1. 看星星

- 大眾對於失明的二元觀念已根深蒂固，儘管失明者的回憶錄屢屢揭露其不實（這類回憶錄在文學史上多如繁星）。二〇二一年，艾莎・斯雲內森（Elsa Sjunneson）出版了回憶錄《被看見：盲聾女性為終結身障歧視的奮鬥》（*Being Seen: One Deafblind Woman's Fight to End Ableism*），書中她提到：「失明有一百萬種不同的方式。」同年，里歐娜・戈丁（M. Leona Godin）在她的作品《在彼，植心靈之眼》（*There Plant Eyes*），一本關於「失明的個人與文化史」中寫道，「看得見的方式有多少種，失明的方式就有多少種。」
- 史蒂芬・庫西斯托在他的回憶錄中也有類似的觀察，他還補充說，自己是「透過模糊而破碎的窗玻璃」，凝視這個世界。這個觀點在喬吉娜・克里格的作品中也有淋漓盡致的表達（她一九九九年的回憶錄《看不見的視界》（*Sight Unseen*）是一部經典之作，在我嘗試從文化、社會以及個人角度撰寫失明相關內容時，始終是我的靈感來源。）
- 克里格提到了「不完全盲的人」（imperfectly blind people）的概念，用以描述大多數並非完全看不見的盲人（包括她自己也屬於這類型：上面那段話是出現在她二〇一八年發表的研究《不止眼見：盲人帶給藝術的啟示》（*More Than Meets the Eye: What Blindness Brings to Art*）。

- 關於「視覺耳鳴」的說法來自戴蒙・羅斯（Damon Rose）的「盲人真的經歷完全黑暗嗎？」（Do Blind People Really Experience Complete Darkness?），BBC News，*Ouch*（部落格），二〇一五年二月二十五日。
- 波赫士關於失明的演說由艾略特・溫伯格（Eliot Weinberger）翻譯成英文，並出現在也是由溫伯格編輯的波赫士《非虛構選集》（*Selected Non-Fictions*, 1999）。
- RP 症狀出現在「青少年時期，夜晚的派對聚會」的說法，出現在克里斯提安・哈默（Christian Hamel）對視網膜色素病變的記錄，《罕見疾病孤兒藥期刊》（*Orphanet Journal of Rare Diseases*）1, no. 40（二〇〇六年十月十一日）。
- 雖然有些內容已過時且不完全可靠，但我從美國戰前及二十世紀中葉的失明歷史著作中學到了許多，包括理查・法蘭奇的《從荷馬到海倫・凱勒：盲人的社會與教育研究》（*From Homer to Helen Keller: A Social and Educational Study of the Blind*, 1932）、哈利・貝斯特（Harry Best）的《美國的失明與盲人》（*Blindness and the Blind in the United States*, 1934），以及加布里爾・法瑞爾（Gabriel Farrell）的《失明的故事》（*The Story of Blindness*, 1956）。
- 關於古希臘盲人生活及其在古典文學中的形象，我主要參考瑪莎・羅斯的《伊底帕斯之杖：轉變古希臘的障礙觀》（*The Staff of Oedipus: Transforming Disability in Ancient Greece*, 2003）。菲利克斯・加斯特（Felix N. W. Just）一九九八年在耶魯大學的博士論文《從托比特到巴蒂邁烏、從庫姆蘭到西羅亞：盲人社會角色和新約時代對盲人的態度》（*From Tobit to Bartimaeus, from Qumran to Siloam: The Social Role of Blind People and Attitudes Toward the Blind in New Testament Times*）為聖經中關於盲人的描寫提供了豐富的索引。莫什・巴拉施（Moshe Barasch）的《失明：西方思想中一個心靈形象史》（*Blindness: The History of a Mental Image in Western Thought*, 2001）同樣具有重要參考價值。

- 昂利－賈克・史提克的《殘障史》（*A History of Disability*，最初於一九八二年以法文出版，一九九九年首次有英譯版本），全面概述了西方歷史中殘障者的生活經驗，並探討了人們與機構對於殘障的態度演變的譜系。
- 關於「荷馬問題」（Homeric question）——即關於是否存在一位名為荷馬的盲詩人，及此人是否為大量詩作的作者的學術辯論，可參考蘇珊娜・薩伊德（Suzanne Saïd）的《荷馬與奧德賽》（*Homer and the Odyssey*, 1998）第一章〈從「荷馬」到荷馬史詩〉（*From 'Homer' to the Homeric Poems*），以及芭芭拉・格拉齊奧西（Barbara Graziosi）的《發明荷馬：史詩的早期接受》（*Inventing Homer: The Early Reception of Epic*, 2002）。
- 普魯塔克（Plutarch）關於泰莫利昂的故事取自洛布古典叢書（Loeb Classical Library）第六卷的普魯塔克《希臘羅馬名人傳》，由伯納多特・佩林（Bernadotte Perrin）翻譯（一九一八年）。
- 我在書中關於歷史敘述有地理上的侷限，這部分是源自殘障研究本身普遍存在的歐洲中心主義。莉亞・拉克什米・派皮茲納－莎馬拉辛哈是批評學術性殘障研究太過於「白人化」最堅定的聲音之一；在《關懷工作：夢想殘障正義》（二〇一八年），作者為另類的殘障歷史提供了開端，其中包括殘障切羅基族（Cherokee）學者郭里・德瑞斯奇（Qwo-Li Driskill）觀察到，「和歐洲殖民者接觸之前，切羅基語中有許多關於不同類型的身體、疾病、或被認為有損傷的人的詞彙；但這些詞語並不含負面含義，也不將這些生病或有障礙的人視為有缺陷或是不如身體『符合常態』的人。」

- 就在本書進入製作階段，密西根大學出版社出版了韋恩・譚（Wei Yu Wayne Tan）的《早期現代日本的盲人：殘障、醫學與身分》（*Blind in Early Modern Japan: Disability, Medicine, and Identity*, 2022）。殘障研究是一個迅速擴展的領域，我對於這類研究的未來充滿希望。這些研究正不斷擴展讀者對於失明歷史的認識，超越了殘障研究早期數十年以歐洲、西方和白人為主的取向。

2. 國家的盲人

- 關於法國盲人經濟狀況的引述來源是凱薩琳・庫德利克和吉娜・維甘在《反思：法國大革命之後一位年輕盲人女子的生活與寫作》（*Reflections: The Life and Writings of a Young Blind Woman in Post-Revolutionary France*, 2001）的導論。關於Quinze-Vingts（十五個二十）以及中世紀法國盲人生活的資料，則出自吉娜・維甘的全面性的歷史研究《法國社會中的盲人：從中世紀到路易・布萊葉的世紀》（*The Blind in French Society from the Middle Ages to the Century of Louis Braille*），此書在二〇〇九年由艾蜜莉—珍・科恩（Emily-Jane Cohen）譯成英文。
- 美國盲人聯盟（NFB）在其網站上維護了一個名為〈盲人統計〉（Blindness Statistics）的頁面，

收集了來自多項研究和調查的最新數據。本書引用的統計數據均來自威廉・埃里克森（William Erickson）、卡蜜兒・李（Camille G. Lee）和莎拉・馮・施拉德（Sarah von Schrader）於二〇一七年線上發表在 disabilitystatistics.org 上的文章「來自美國社區調查的殘障統計」（"Disability Statistics from the American Community Survey"），以及二〇一九年的最新人口普查數據，它們都可在該網站查閱。

- NFB 的官方歷史《孤獨行走與團結前進：美國有組織盲人運動史，一九四〇至一九九〇年》（*Walking Alone and Marching Together: A History of the Organized Blind Movement in the United States, 1940–1990*）由佛洛伊德・馬特森（Floyd M. Matson）寫於一九九〇年，雖帶有聯盟內部強烈的主觀色彩，但富含大量原始資料與細節。
- 馬特森也寫了關於藤布洛克的一部詳盡（可能帶有歌功頌德色彩）的傳記：《盲人正義：雅各布斯・藤布洛克與平等的願景》（*Blind Justice: Jacobus tenBroek and the Vision of Equality*, 2005），主要根據的是現存於 NFB 於巴爾的摩的總部檔案館中有關藤布洛克的大量相關文件。
- 藤布洛克本人的著作，包括其宴會演講（可在 nfb.org 線上查閱）、學術論文，以及書籍（特別是《延宕的希望：公共福利與盲人》（*Hope Deferred: Public Welfare and the Blind*, 1959），對於了解他的法律思想、哲學觀點、態度及風格極有助益。二〇一五年，為紀念聯盟成立七十五週年，NFB 出版了一部歷史文集《構築我們想要的生活》（*Building the Lives We Want*），由黛博拉・肯特・史坦編輯，對馬特森的歷史進行了更新與擴充。其中，我特別受益於布萊恩・米勒（Brian R. Miller）、黛博拉・肯特・史坦，以及詹姆斯・加瑟爾（James Gashel）的文章。

- 美國盲人理事會（ACB）於二〇〇三年出版了其官方歷史《有視之士》（*People of Vision*），由詹姆斯・梅吉弗恩（James J. Megivern）和瑪尤莉・梅吉弗恩（Marjorie L. Megivern）兩位和 ACB 關係良好的明眼人研究者共同撰寫。這本書（類似於馬特森的作品）提供了一個盲人歷史的實用概述，追溯至古代，做為深入探討機構細節的框架。
- 法蘭西斯・寇斯勒的《不被看見的少數群體：美國盲人社會史》（*The Unseen Minority: A Social History of Blindness in the United States*, 1976）嚴格說來，也是帶有偏見的官方版歷史。這本書由美國盲人基金會（AFB）委託撰寫，以紀念基金會成立五十週年，並記錄機構創立和發展的歷程。然而，寇斯勒的努力遠超越了任務，她提供了一個關於盲人運動的廣泛敘述，涵蓋了美國在立法、機構和教育方面的主要里程碑；即使在出版近五十年後，該書仍是現存最具實用性的盲人歷史著作之一。
- 威爾・巴特勒的文章非常值得上網查閱，包括他在《紐約時報》和《Vice》的作品。
- 伊莉莎白・吉特（Elisabeth Gitter）在《被囚禁的客人：塞繆爾・豪與原初的聾盲女孩勞拉・布里吉曼》（*The Imprisoned Guest: Samuel Howe and Laura Bridgman, the Original Deaf-Blind Girl*, 2001）一書中，優雅解析了塞繆爾・豪和柏金斯學校的大量檔案資料。
- 紐爾・佩里的引述談話來自加州大學柏克萊分校班克羅夫特圖書館（Bancroft Library）不可或缺的口述歷史收藏，這些資料可免費在線查閱。
- 梅姬・阿斯特的報導，對理解美國殘障者福利規則的改革鬥爭提供了有用的概述；參見她發表在《紐約時報》的文章，「美國殘障者如何推動關鍵福利計畫的全面改革」（"How Disabled

"Americans Are Pushing to Overhaul a Key Benefits Program"），二〇二一年七月三十日。

- 我對NFB在二十世紀中期立法抗爭的理解，受益於歷史學家菲莉西亞・康布魯（Felicia Kornbluh）的文章「殘障、反專業主義與民權：一九五〇年代的全國盲人聯盟與『組織權』」（"Disability, Antiprofessionalism, and Civil Rights: The National Federation of the Blind and the 'Right to Organize' in the 1950s"），發表於《美國歷史學刊》（*The Journal of American History*）二〇一一年，第九十七卷第四期。
- 殘障者的通史很少會談到ACB和NFB之間的衝突，不過，多莉絲・札慕斯・弗萊舍（Doris Zames Fleischer）和弗瑞妲・札慕斯（Frieda Zames）合著的《殘障權利運動：從慈善到對抗》（*The Disability Rights Movement: From Charity to Confrontation*, 2001）是一個顯著的例外。
- 耶魯大學線上開放課程中，約翰・羅傑斯（John Rogers）教授關於米爾頓的課程，為他的作品提供了強有力的導讀，使我得以了解米爾頓各作品中對於失明的探討。關於米爾頓的研究已有數世紀之久，但我特別欣賞兩位盲人學者的著作：里歐娜・戈丁的《在彼，植心靈之眼》以及伊蓮娜・格楚德・布朗（Eleanor Gertrude Brown）的《米爾頓的失明》（*Milton's Blindness*, 1934）。書中米爾頓的引文出自他的「英格蘭人民的第二次辯護」（"Second Defense of the People of England"），文本選自梅里特・休斯（Merritt Y. Hughes）編輯的《詩與重要散文全集》（*Complete Poems and Major Prose*, 1957）。
- 「我感同身受地看到。」（I see it feelingly.）源於莎士比亞的《李爾王》，但我是在見到拉夫・詹姆斯・薩瓦瑞斯（Ralph James Savarese）以它為書名和題詞，在二〇一八年出版關於與自閉症患者一起閱讀文學的著作，才又回想記起這句話。

3. 因定義而失明

- 我第一次聽到海恩里希・庫許勒和視力檢查表的故事，是在二〇一九年四月於東北大學和哈佛大學舉辦的「碰這一頁！能力、通達性、和檔案研討會」（Touch This Page! A Symposium on Ability, Access, and the Archive）裡，紐約大學教授馬拉・米爾斯在演講中提到。
- 關於十八世紀盲人探險家詹姆斯・霍爾曼的故事，傑森・羅伯茲（Jason Roberts）的《感知世界：一位盲人如何成為歷史上最偉大的旅行者》（*A Sense of the World: How a Blind Man Became History's Greatest Traveler*, 2006）一書中做了精彩的講述。
- 想深入了解一九三〇年代美國開始建構法律上（或「經濟上」）的失明，做為聯邦福利標準的歷史，可參考法蘭西斯・寇斯勒《不被看見的少數群體》。
- 「因定義而失明」（blinded by definition）這句話，出自勞埃德・格林伍德（Lloyd Greenwood）於一九四九年在盲人退伍軍人協會（Blinded Veterans Association）刊物《BVA Bulletin》專欄「黑暗中發槍」（Shots in the Dark）的一篇文章。
- 關於近來醫生對身心障礙者生活品質負面看法的調查，可參見作者為伊佐尼・李（Iezzoni Li）等人的文章「醫師對身心障礙人士及其醫療照護的看法」（"Physicians' Perceptions of People with Disability and Their Health Care"），刊於《健康事務期刊》（*Health Affairs Journal*）第四十卷第二期（二〇二二年二月）。多年來，眾多研究將失明列為最令人恐懼的殘障之一；想了解整體狀況及一項涉及超過兩千名美國人對視力喪失態度的調查結果，可參考「關於眼睛與視力健康的公眾態度」（"Public Attitudes About Eye and Vision Health"），作者為史考特等人，刊於《美國醫學會眼科學》（*JAMA Ophthalmology*）第一三四卷第十期（二〇一六年八月）。

- 關於中世紀法國將猶太人與盲人類比的歷史資料，可參考愛德華・惠特利的《盲人的絆腳石：中世紀對殘障的建構》（*Stumbling Blocks Before the Blind: Medieval Constructions of a Disability*, 2010）。
- 「T4行動」的計畫被記載在亨利・弗萊德蘭德（Henry Friedlander）的《納粹種族滅絕的起源：從安樂死到最終解決方案》（*The Origins of Nazi Genocide: From Euthanasia to the Final Solution*, 1995）。此外，塔瑪拉・茨威克（Tamara Zwick）在「終於為第一批受害者正名：大屠殺研究中的身心障礙者與紀念文化〉（"First Victims at Last: Disability and Memorial Culture in Holocaust Studies"）中，探討了在大屠殺紀念文化中，對殘障受害的認可常成了「事後才追加的想法」。（茨威克的文章收錄在倫納德・戴維斯（Lennard Davis）編輯的《殘障研究讀本》（*The Disability Studies Reader*），第六版，二〇二一年，該書是對殘障研究的絕佳入門教材。）
- 喬納森・史騰的引言出現在《功能衰減：失能的政治現象學》（*Diminished Faculties: A Political Phenomenology of Impairment*, 2021）。瑪莎・葛森（Masha Gessen）的《血緣之重要：從遺傳疾病到設計嬰兒，世界和我在基因的未來如何找到我們自己》（*Blood Matters: From Inherited Illness to Designer Babies, How the World and I Found Ourselves in the Future of the Gene*, 2008）豐富

了我對猶太身分和疾病之間關係的理解。（也感謝瑞貝卡・薩勒坦〔Rebecca Saletan〕指點我接觸這方面的資料。）

4. 男性凝視

- 我應該不是第一位觀察到白手杖具有衝散遊客的強大符號學力量的盲人作家；吉姆・尼普菲爾（Jim Knipfel）在他充滿娛樂性、談及視網膜色素病變（RP）的回憶錄《掉下巴》（*Slackjaw*, 1999）就提到，有了他的手杖，「真的不蓋你，每個人都像那該死的紅海一樣，在我面前分開。」
- 羅伯特・海因回憶錄的書名是《第二視力》（*Second Sight*, 1993）。
- 我引用了凱特・滕斯塔爾（Kate Tunstall）翻譯的德尼・狄德羅「給明眼人的論盲人書簡」，它以附錄的形式出現在滕斯塔爾《盲目和啟蒙：一篇論文》（*Blindness and Enlightenment: An Essay*, 2011）。
- 吉莉・漢默的研究著作名為《盲目的鏡像：失明、性別、和感官身體的表演》（*Blindness through the Looking Glass: The Performance of Blindness, Gender, and the Sensory Body*, 2019）。
- 關於因為艾蜜莉・布拉瑟斯失明而質疑其性別認同的英國專欄作家的更多資料，請參考羅伊・格林斯拉德（Roy Greenslade）的文章「獨立新聞標準組織（Ipso）譴責《太陽報》羅德・利鐸的歧視性專欄文章」（"The Sun Censured by Ipso for Rod Liddle's Discriminatory Column"），英國

《衛報》，二〇一五年五月二十八日。

- 更多關於比爾・寇斯比以失明做為辯護的討論，可參見卡倫・布利爾（Karen Brill），「比爾・寇斯比的律師說他已被認證為法定盲人，無法辨認他的控訴人」（"Bill Cosby's Lawyers Say He Is Registered as Legally Blind, Unable to Recognize His Acussers"），《Vulture.com》，二〇一六年十月二十八日；艾蜜莉・史密斯（Emily Smith），「比爾・寇斯比已經『全盲』，足不出戶」（"Bill Cosby Is 'Completely Blind' and Homebound"）《Pagesix.com》，二〇一六年七月十八日；和讀者投書「比爾・寇斯比無法提供任何教訓」（"Bill Cosby Has Nothing to Teach"），《華盛頓郵報》，二〇一七年六月二十六日。
- 更多關於史帝夫・韋恩以失明做為辯護的討論，可參見妮可・拉茲（Nicole Raz），「史蒂夫・韋恩提誹謗訴訟，聲稱『色迷迷』指控不實」（"Steve Wynn Sues for Defamation, Claims 'Leering' Accusations False"），《拉斯維加斯評論報》，二〇一八年四月五日。
- NFB 聘請一家律師事務所調查組織內部普遍存在的不當性行為指控；參見 NFB 於二〇二一年十一月在其網站發布的《特別委員會對不當性行為與 NFB 回應的最終報告》（*Special Committee Final Report on Sexual Misconduct and the NFB's Response*），以及同年稍早發布的一份中期報告。
- 書中引用奧維德《變形記》引自艾倫・曼德爾鮑姆（Allen Mandelbaum）的英譯版本（一九九三年）。
- 對殘障者社會污名的基礎研究（包括對失明的廣泛討論）來自爾文・戈弗曼（Erving Goffman）的著作《污名：受損的身分管理筆記》（*Stigma: Notes on the Management of Spoiled Identity,*

1963）。

- 艾倫·薩謬思（Ellen Samuels）對酷兒和殘障者身分之間的交織（和分歧）提供了實用的分析，詳見「我的身體、我的衣櫃：看不見的殘障和出櫃的限制」（"My Body, My Closet: Invisible Disability and the Limits of Coming Out"，二〇〇三年，重新印行於《殘障研究讀本》；我要感謝馬倫·林內特〔Maren Linett〕推薦我閱讀。）

5. 暗箱

- 為了給我對艾蜜莉·葛肖進行的訪問做一些補充，我參考了曼尼·費南德茲（Manny Fernandez）的「被卡車撞擊、宣告無救的女子如何反擊」（"Hit by a Truck and Given Up for Dead, a Woman Fights Back"），《紐約時報》，二〇一〇年十二月二十一日，以及Radiolab的在二〇一一年一月二十五日播出的節目「尋找艾蜜莉」（"Finding Emilie"）。我最初是從艾蜜莉·瓦特林頓（Emily Watlington）在《美國藝術》（*Art in America*）二〇二〇年一月號刊出的人物介紹中，得知了葛肖的作品。
- 關於莫內和塞尚的細節是來自派崔克·崔佛—羅珀（Patrick Trevor-Roper）的《模糊視界的世界：視力缺陷對藝術和人物影響探討》（*The World Through Blunted Sight: An Inquiry into the Influence of Defective Vision on Art and Character*, 1970）。
- 「一個盲人如何觀看國際展覽」的文章是刊登在《譚普酒吧》（*Temple Bar*）第七期（一八六三

年一月），二二七至二三七頁。我在閱讀凡妮莎．瓦恩（Vanessa Warne）在《漫長十九世紀的殘障文化史》（*A Cultural History of Disability in the Long Nineteenth Century*, 2022）關於盲人的那一章時，第一次得知這篇精彩的文章；瓦恩對這篇文章的透徹解讀無疑影響了我的理解。

- 本章引用喬吉娜．克里格的內容來自《不止眼見：盲人帶給藝術的啟示》（二〇一八年）。約翰．李．克拉克的引用出自他的文章「觸覺藝術」（"Tactile Art"），出版於《詩歌》（*Poetry*）雜誌二〇一九年十月號。
- 我對盲人文化的理解因為與倩西．弗利特的對話而得到極大的提升，不過，本章引用的內容是來自她在播客節目《*InEx*》的談話，出現在二〇二二年六月十九日，第一季第二集。
- 《說我的迷因》播客節目的「週末上午卡通」（"Saturday Morning Cartoons"）在二〇二一年七月十三日發布。
- 羅蘭．巴特關於「刺點」的理論出現在《明室：攝影札記》（*Camera Lucida: Reflections on Photography*，理查．霍華德（Richard Howard）的英譯本，一九八一年）。
- 葛瑞格里．佛萊澤的引用內容是來自羅伯特．湯瑪斯（Robert Mcg. Thomas Jr.）在《紐約時報》所寫的訃聞「葛瑞格里．佛萊澤，年五十八；幫助盲人用耳朵看電影」（"Gregory T. Frazier, 58; Helped Blind See Movies with Their Ears"），於一九九六年七月十七日刊出。喬爾．史奈德（Joel Snyder）所著《把視覺變口述：語音解說的的整體訓練手冊及其歷史和應用指南》（*The Visual Made Verbal: A Comprehensive Training Manual and Guide to the History and Applications of Audio Description*, 2014）是這個領域的詳盡指南。我也得益於包括湯瑪斯．瑞德（Thomas Reid）

（他的播客節目《*Reid My Mind Radio*》是任何對盲人相關文化問題有興趣的人的必聽內容）、賽琳娜．吉伯特（Serena Gilbert）、羅伯特．金戈特（Robert Kingett）、波雅娜．科克利亞特（Bojana Coklyat）、和夏儂．芬尼根（Shannon Finnegan）等思想家對語音解說（AD）所做的貢獻。我也要感謝艾莉絲．薛帕（Alice Sheppard）這位藝術家實驗性的 AD 研究，她和喬吉娜．克里格、伊萊．克萊爾（Eli Clare）、狄倫．基夫（Dylan Keefe）等人的合作，為她的舞蹈表演開創了多感官的可感受性，創造了藝術的新領域。

- 本章關於 NFB 對語音解說的引述摘自克里斯．丹尼爾森（Chris Danielsen）的「聯邦上訴法院裁定反對電視解說的強制規定」（"Federal Appeals Court Rules against Mandated Described TV"），刊登在二〇〇三年四月的《布萊葉監察報》，以及 NFB 在哥倫比亞特區巡迴上訴法院的簡報，二〇〇二年十一月八日，編號 01-1149：《電影協會等訴聯邦通信委員會及美國政府》（*Motion Picture Association of America, Inc., et al., v. Federal Communications Commission and United States of America*）。
- 赫克特．切文尼在一九四六年出版的失明回憶錄有個奇特的書名：《我眼睛有個冷鼻子》（*My Eyes Have a Cold Nose*）。

6. 巴別塔圖書館

- 貝克特為喬伊斯做口述記錄的故事來自於理查．艾爾曼的傳記《詹姆斯．喬伊斯》（*James*

Joyce, 1959）。艾爾曼這段軼事的資料來源是他在一九五四年對貝克特所做的訪問，不過這故事有可能是杜撰的。（不論如何，喬伊斯確實有向抄寫者口述的習慣。）參見彼得・克里斯普（Peter Chrisp）「薩謬爾・貝克特記錄口述」（“Samuel Beckett Takes Dictation”）二〇一四年一月二十八日發表於部落格《*From Swerve of Shoer to Bend of Bay*》。我同時也得益於馬倫・林內特，她的《現代主義身體：跨大西洋現代文學中的肢體殘障》（*Bodies of Modernism: Physical Disability in Transatlantic Modernist Literature*, 2016）幫助我理解喬伊斯作品（和其他作品）的盲人形象，還有里歐娜・戈丁的《在彼，植心靈之眼》和寫作最後階段與克莉歐・漢納威—歐克利（Cleo Hanaway-Oakley）的對談，目前她正要完成書名為《詹姆斯・喬伊斯和非規範性視力》（*James Joyce and Non-Normative Vision*）的作品。

- 我從威廉・約克・廷達爾（William York Tindall）的《芬尼根守靈讀者指南》（*A Reader's Guide to Finnegans Wake*, 1969）了解到由喬伊斯自創，以一百個字母組成的單字的相關字源。
- 貝克特提到喬伊斯是「合成者」（synthesizer）的說法出自詹姆斯・諾爾森（James Knowlson）和伊莉莎白・諾爾森（Elizabeth Knowlson）編輯的《貝克特記憶／紀念貝克特：百年紀念》（*Beckett Remembering*／*Remembering Beckett: A Centenary Celebration*, 2006），而他提到《芬尼根守靈》是「某某事情本身」，語出《我們為工作進展的事實化編造進行的誇張檢查：詹姆斯喬伊斯／芬尼根守靈：一場研討會》（*Our Exagmination Round His Factification for Incamination of Work in Progress: James Joyce*／*Finnegans Wake: A Symposium*, 1929年）之中的「但丁……布魯諾。維科……喬伊斯」（“Dante…Bruno. Vico…Joyce”）（我是在南瓦利・瑟佩爾〔Namwali

Serpell〕的《不確定性的七個模式》〔*Seven Modes of Uncertainty*, 2014〕第一次見到後面這句話）。

- 羅德尼・伊凡斯精彩的二〇一九年紀錄片《視力肖像》由 New Day Films 電影公司發行，可以在 Kanopy 等許多線上串流平台觀看，觀看者也可找到附語音解說的版本。
- 我從馬拉・米爾斯的著作第一次接觸到關於盲人閱讀科技的豐富歷史，她在學術上的無私慷慨，從一開始和她接觸就為我帶來巨大的幫助和啟發。我也要感謝莎莉・阿爾茨舒勒（Sari Altschuler）和大衛・威莫（David Weimer），他們「碰這一頁！」的展覽（可透過網路瀏覽：touchthispage.com）以及在東北大學和哈佛大學的研討會帶給我許多具啟發性的互動。他們引介我認識柏金斯學校的珍・海爾（Jen Hale）和珍妮佛・阿諾特（Jennifer Arnott），她們分享了柏金斯檔案館內重要的資源和資訊。
- 關於盲人閱讀系統的歷史，我依據的是與美國盲人印刷所的麥克・哈德遜的談話，以及法蘭西斯・寇斯勒《不被看見的少數群體》；吉娜・維甘《法國社會中的盲人：從中世紀到路易・布萊葉的世紀》；和菲莉琶・坎普西（Philippa Campsie）的「查爾斯・巴比耶：隱藏的故事」（"Charles Barbier: A Hidden Story"），出版於《殘障研究季刊》（*Disability Studies Quarterly*，第四十一卷第二期，二〇二一年春季）。
- 我所引用關於聆聽文本和以點字閱讀時啟動視覺皮層的研究，來自H・波頓（H. Burton）和D・G・麥克拉倫（D. G. McLaren）的「晚發性、無點字經驗個人的視覺皮層啟動：語意和語音任務的功能性磁振造影研究」（"Visual Cortex Activation in Late-Onset, Braille Naive Blind

Individuals: An fMRI Study during Semantic and Phonological Tasks with Heard Words"），發表在《神經科學通訊》（*Neuroscience Letters*, 2006）。

- 關於在寒冬中讀點字的故事是來自賈克·盧西蘭的自傳《於是有了光》（*And There Was Light*），英譯本是由伊莉莎白·卡麥隆（Elizabeth Cameron）翻譯。一位男士用手指閱讀點字，用鼻子閱讀印刷文字的故事來自羅伯特·英格布瑞特森二〇二二年七月十九日在「二〇二二年OSEP領導與專案主任研討會」名為「閱讀的科學能解決一切嗎？」（Can the Science of Reading Fix Everything?）小組會議的演講（影片可在 YouTube 觀看）。
- 〈禮物的詩〉出自波赫士的《夜之詩選》（*Selected Poems of the Night*, 2010），英譯的譯者是阿拉斯泰爾·瑞德（Alastair Reid）。「波赫士和我」（"Borges and I"）出現在他的《短篇小說集》（*Collected Fictions*, 1998），英譯的譯者是安德魯·赫利（Andrew Hurley）。兩段引文均獲得企鵝圖書公司的許可。

7. 自造者

- 艾米·哈姆拉伊的書，完整書名是《打造無障礙設施：通用設計和殘障政治》（*Building Access: Universal Design and the Politics of Disability*, 2017）。正如哈姆拉伊所展示的，路緣切口做為通用設計重要象徵的地位，至少可以追溯至一九四六年（參見第四章，「路緣切口、臨界摩擦力、和殘障（自造者）文化」（"Curb Cuts, Critical Frictions, and Disability (Maker) Cultures"）。

不過，「路緣切口效應」這個詞的第一次出現，或許是民權運動人士安潔拉・葛羅夫・布萊克維爾（Angela Glover Blackwell）以「路緣切口效應」為文章標題而創造出來的，這篇文章刊登於《史丹佛社會創新評論》二〇一七年冬季號。

- 在本章我許多對於殘障和設計的思考，都是受到莎拉・亨尊（Sara Hendren）的啟發，她的研究在她二〇二〇年的著作《身體能做什麼？我們如何與建構的世界交鋒》（*What Can a Body Do? How We Meet the Built World*）有清晰的闡述。
- 我所有關於「電話飛客」的知識都是來自菲爾・拉普斯利兼具娛樂性和權威性的《引爆電話：關於駭入「貝爾老媽」的青少年和不法之徒未曾述說的故事》（*Exploding the Phone: The Untold Story of the Teenagers and Outlaws Who Hacked Ma Bell*, 2013）；本書寫作的此時，瑞克爾・莫里森（Rachael Morrison）關於「歡樂泡泡」的紀錄片仍在拍製當中。
- 我聽過許多身心障礙人士將「生活駭客」形容成殘障者的專屬技能；我能找到最早出版的參考資料是莉茲・傑克森（Liz Jackson）在二〇一八年五月三十日刊登於《紐約時報》的專欄文章「我們是原創的生活駭客」（"We Are the Original Lifehackers"）。
- 艾瑞克・迪布納的口述歷史可透過加州線上檔案（Online Archive of California），在《柏克萊獨立生活運動的建造者與維護者》（*Builders and Sustainers of the Independent Living Movement in Berkeley*）的第三卷找到。
- 更多有關 EPUB 格式與盲人相關的起源，可參考喬治・科舍（George Kerscher）於一九九七年八月二十八日在 IFLA 會議（哥本哈根）發表的「結構式文本，當下與未來的資訊關鍵」

（"Structured Text, the Key to Information Now and in the Future"）。http://kerscher.montana.com/ifla97.htm。

- 為撰寫本章，我也參考了以下資料：貝絲．威廉森（Bess Williamson），「人民的人行道」（"The People's Sidewalks"），《*Boom California*》二〇一二年春季第二卷第一期；約瑟夫．夏皮羅（Joseph P. Shapiro），《無需同情：殘障者打造新民權運動》（*No Pity: People with Disabilities Forging a New Civil Rights Movement*, 1993 年）；馬丁．里昂斯（Martyn Lyons），《打字機世紀：書寫的文化史》（*The Typewriter Century: A Cultural History of Writing Practices*, 2021）；馬修．魯貝里的《有聲書未被述說的故事》（*The Untold Story of the Talking Book*, 2016）；馬拉．米爾斯和喬納森．史騰的「聽力速讀：一些歷史標註」（"Aural Speed-Reading: Some Historical Bookmarks"），刊於《PMLA》二〇二〇年第一三五卷第二期；馬拉．米爾斯的「光聲機和音樂印刷」（"Optophones and Musical Print"），發表於《Sounding Out!》部落格，二〇一五年一月五日；蒂芬妮．詹（Tiffany Chan）、馬拉．米爾斯和珍特利．莎耶斯（Jentery Sayers）的「光聲閱讀，打造光聲機原型」（"Optophonic Reading, Prototyping Optophones"），刊於《*Amodern*》第八期《翻譯——機器》專輯，二〇一八年一月；雷．庫茲韋爾的《心靈機器時代》（一九九九年）；伊莉莎白．佩崔克（Elizabeth R. Petrick）的《打造無障礙電腦：殘障權利和數位科技》（*Making Computers Accessible: Disability Rights and Digital Technology*, 2015）；以及艾珀爾．契爾克里斯（April Kilcrease）的「與克里斯．道尼的十個問題」（"10 Questions with Chris Downey"），《*Interior Design*》，二〇一六年六月六日。

- 除了和喬許・米勒的對談之外，我也參考了溫戴爾・傑米森（Wendell Jamieson）「他的童年犯罪」（"The Crime of His Childhood"），《紐約時報》二〇一三年三月二日；伊莎貝拉・昆多（Isabella Cuento）的「『蝙蝠秘密基地』：加大柏克萊分校的地下室如何培育一世代的盲人創新者」（"'Where the Bats Hung Out': How a Basement Hideaway at UC Berkeley Nurtured a Generation of Blind Innovators"），《STAT》，二〇二二年三月二十八日；比爾・傑瑞的《史密斯-凱特威爾技術檔案》（*Smith-Kettlewell Technical File*，存檔於 *ski.org*）；以及喬許・米勒自己的文章「盲人自造者的創生」（"The Making of a Blind Maker"），《*Future Reflections*》第三十五卷第二期（二〇一六年）。
- 這裡引用的 NFB 領導人關於導盲犬的評論來自史考特・拉巴爾（Scott LaBarre）的「自信的真正本質」（"The True Nature of Self-Confidence"），發表於《布萊葉監察報》專門討論導盲犬的特刊（一九九五年十月第三十八卷第九期）。
- 羅德・米查克的書名是《二者為一：與史莫奇同行、與失明同行》（*The Two-in-One: Walking with Smokie, Walking with Blindness*, 1999）。
- 米雅・明格斯的引文取自她的部落格《*Leaving Evidence*》在二〇一七年四月十二日發表的「親密感的無障礙、獨立、和殘障正義」（"Access Intimacy, Interdependence and Disability Justice"）。我初次接觸明格斯及其他許多殘障作家、藝術家、活動家和思想家的作品，是透過王美華（Alice Wong）無可取代的播客節目《殘障能見度》（*Disability Visibility*），以及她二〇二〇年出版的同名文集。

8. 對抗失明

- 琳達．查特斯（Lynda Charters）在《歐洲眼科醫學時報》（*Ophthalmology Times Europe*）發表的「針對視網膜色素病變的標靶人類視網膜前驅幹細胞注射」（"Targeting Human Retinal Progenitor Cell Injections for Retinitis Pigmentosa"，二〇二一年十月，第十七卷第八期）對近期RP的幹細胞治療提供了實用的概述。
- 關於阿格斯二代（Argus II）風險的引言來自芬恩（Avni P. Finn）等作者的「阿格斯二代視網膜假體系統：患者選擇標準、手術考量及術後結果回顧」（"Argus II Retinal Prosthesis System: A Review of Patient Selection Criteria, Surgical Considerations, and Post-operative Outcomes"），《臨床眼科醫學》（*Clinical Ophthalmology*, 2018，第十二期）。伊莉莎．史崔克蘭（Eliza Strickland）和馬克．哈里斯（Mark Harris）關於阿格斯二代的調查報導「他們的仿生眼睛已過時、不受支援」（"Their Bionic Eyes Are Now Obsolete and Unsupported"），出現在《*IEEE Spectrum*》，二〇二二年二月十五日。
- 有關雪拉．尼倫伯格博士的仿生眼科技的引述是來自NBC News，「破解治療失明密碼」（"Cracking the Code to Treat Blindness"），二〇一八年十一月三十日。
- 艾莉森．卡佛的引文出自她二〇一三年的著作《女性主義者、酷兒、殘兒》（*Feminist, Queer, Crip*）。

9. 正義女神

- 歐薩吉・歐巴索吉的《眼見成盲：盲人眼中所見的種族》（*Blinded by Sight: Seeing Race Through the Eyes of the Blind*, 2014）是我理解法律「色盲」主義原則的重要基礎，他關於盲人的種族概念的研究，對於我自己理解盲人種族意識也提供很大的幫助。我也是在這本書裡第一次讀到蘭斯頓・休斯詩作〈正義〉（歐巴索吉以它做為此書的題詞），這首詩最早出版於《斯克茨波羅列車：四首詩和一個韻文劇本》（*Scottsboro Limited: Four Poems and a Play in Verse*, 1932）。
- 雅各布斯・藤布洛克的「活在這個世上的權利：侵權法律中的殘障者」（"The Right to Live in the World: The Disabled in the Law of Torts"）發表於《加州法律評論》第五十四卷第二期（一九六六年五月）。
- 我在本章的研究，大大得助於安潔拉・菲德瑞克和達拉・施弗瑞爾合寫的「種族和殘障：從類比到交織」（"Race and Disability: From Analogy to Intersectionality"），收錄在《種族和族裔社會學》（*Sociology of Race and Ethnicity*）第五卷第二期（二〇一九年四月）。
- 我在洗碗時所聽到茱蒂・休曼的採訪，來自WNYC於二〇二〇年七月二十四日播出的《On the Media》節目「啟發我殘障權利運動的夏令營」（"The Summer Camp That Inspired the Disability Rights Movement"）。
- 關於對智力障礙未成年人遭受電擊以糾正其行為的引述，來自二〇二一年七月六日美國哥倫比亞特區巡迴上訴法院的判決，此案涉及位於麻州坎頓（Canton）的羅騰伯格法官教育中心

（Judge Rotenberg Educational Center）和美國食品藥物管理局之間的爭議。可參考莉迪亞・布朗（Lydia X. Z. Brown）的詳盡報導「親身見證、要求自由：羅騰伯格法官教育中心生活檔案」（"Bearing Witness, Demanding Freedom: Judge Rotenberg Center Living Archive"），網址：autistichoya.net/judge-rotenberg-center/。

- 茱蒂・休曼的回憶錄與克莉絲汀・喬伊納（Kristen Joiner）共同撰寫，書名《身為休曼：一位殘障權利運動人士無悔的回憶錄》（*Being Heumann: An Unrepentant Memoir of a Disability Rights Activist*, 2020）。
- 道格拉斯・班頓的「美國史的殘障與不平等的正當化」（"Disability and the Justification of Inequality in American History"），收錄在保羅・隆摩爾（Paul K. Longmore）和勞里・烏曼斯基（Lauri Umansky）編輯的《新殘障史：美國觀點》（*The New Disability History: American Perspectives*, 2001）。
- 除了休曼的回憶錄之外，關於504號法令的靜坐抗議細節，我也參考了蘇珊・史維克（Susan Schweik）於二〇一一年發表在《殘障研究季刊》第三十一卷第一期「羅麥克斯的矩陣：五〇四號法規中的殘障、團結、和黑人權力」（"Lomax's Matrix: Disability, Solidarity, and the Black Power of 504"），和史蒂夫・羅斯（Steve Rose）於二〇二一年九月十六日在《衛報》發表的「丹尼斯・畢勒普斯：他協助帶領一場漫長、激烈的靜坐——並改變了殘障者的生活」（"Dennis Billups: He Helped Lead a Long, Fiery Sit-in—and Changed Disabled Lives"）。
- 在閱讀安・雷吉（Ann Lage）二〇〇七年對艾德蓮・艾許的專訪後（這段訪談可通過加州大學

伯克利分校的《殘障權利與獨立生活運動口述歷史專案》在線上獲得），不僅徹底改變了本章的寫作方向，甚至可能改變了我的人生。我永遠都會感謝羅伯特・英格布瑞特森促使我去接觸艾許的研究。

- 「無罪」組織的殘障正義入門書籍《皮、齒、和骨：運動的基礎是我們的人》（*Skin, Tooth, and Bone: The Basis of Movement Is Our People*, 2019，二版），可透過他們的網站 sinsinvalid.org 購買。
- 關於 NFB 參與《美國身心障礙者法案》（ADA）通過的細節，參考了以下資料：全國殘障委員會（National Council on Disability）一九九七年的出版物《機會平等：美國身心障礙者法案的創生》（*Equality of Opportunity: The Making of the Americans with Disabilities Act*）；肯尼斯・傑尼根的「美國身心障礙者法案的反思」（"Reflections on the Americans with Disabilities Act"），發表於《布萊葉監察報》第三十三卷第二期（一九九〇年二月）；以及詹姆斯・加瑟爾在《構築我們想要的生活》裡的撰文。
- 賈斯汀・蕭特關於緊急事件管理和殘障外展擴大服務範圍的評論是來自她二〇二〇年十二月發布在 YouTube 的比爾・安德森基金會研究員（Bill Anderson Fund Fellow）秋季網路研討會報告，可從她的網站 justiceshorter.com 取得連結。
- 本章有關犯罪與殘障的統計數據出自艾瑞卡・哈瑞爾博士（Dr. Erika Harrell）「對殘障者施加的犯罪，二〇〇九至二〇一四年——統計圖表」（"Crime Against Persons with Disabilities, 2009–2014—Statistical Tables"），二〇一六年十一月，NCJ 250200。
- 本章提到的蘿拉・沃克童年時期文章，以「自由對我的意義」（"What Freedom Means to Me"）

為標題出版於《未來沈思》（*Future Reflections*，二〇〇二年春季）。

- 艾德蓮・艾許在二〇〇〇年與艾瑞克・派倫斯（Erik Parens）共同編輯了《產前檢測和殘障權利》。
- 桃樂絲・羅伯茲的紀念文章名為「艾德蓮・艾許（一九四六至二〇一三年」（Adrienne Asch (1946-2013)”）刊登於《自然》第五〇四卷第三七七期（二〇一三年）。

10. 半露微笑

- 我對「結構性探索」方法在盲人復健和訓練的應用——還有它的歷史——的理解，深受詹姆斯・歐姆威格（James H. Omvig）的《盲人的自由：秘訣在於賦權》（*Freedom for the Blind: The Secret Is Empowerment*, 2002）的啟發。感謝布萊恩・巴辛指點我閱讀這本書。
- 羅伯特・史考特的書全名是《盲人之塑造：成人社會化之研究》（*The Making of Blind Men: A Study of Adult Socialization*, 1969）。
- 肯尼斯・傑尼根對湯瑪斯・卡羅爾的反應，可以在他具歷史意義的 NFB 晚宴演說「失明：是殘障或是特徵？」（“Blindness: Handicap or Characteristic?”），這個演說被廣泛再版（有時用另一個標題，「失明：是一種生活，或是一種死亡？」（“Blindness: A Living or a Dying?”）。參見 NFB 出版的合輯《肯尼斯・傑尼根：大師、使命、運動》（*Kenneth Jernigan: The Master, the Mission, the Movement*, 1999）。

- 《科羅拉多太陽報》對科羅拉多盲人中心的不當性行為調查報導以標題「他們到科羅拉多盲人中心尋找自信，卻帶著創傷離開」（“They Came to the Colorado Center for the Blind Seeking Confidence. They Left Traumatized”），撰稿者是大衛・吉伯特（David Gilbert），出版日期為二〇二一年十一月十八日。這篇文章也提供了「關於在全國盲人聯盟和全國盲人專業認證委員會的計畫中經歷不當性行為和虐待的一封公開信」（“Open Letter on Sexual Misconduct and Abuse Experienced through Programs of the National Federation of the Blind and National Blindness Professionals Certification Board”）的全文連結。關於 NFB 訓練中心不當性行為的更多資料，可參見凱莉・波奇（Kaylee Poche）關於路易斯安那盲人中心的報導：「全國盲人聯盟性虐待醜聞數月之後，倖存者要求究責」（“Months after National Federation of the Blind's Abuse Scandal, Survivors Want Accountability”），刊登於紐奧良《Gambit》，二〇二一年七月五日。喬納森・莫森在二〇二二年七月八日對 NFB 主席馬克・里克波諾所做的採訪，對 NFB 在不當性行為開始調查兩年後的立場提供了極有價值的見解。參見《Mosen at Large》播客第一九一集。
- 關於布萊恩・巴辛「盲人的禪」的評論，出現在李・庫姆塔特（Lee Kumutat）的文章「布萊恩・巴辛就任『盲人燈塔』執行長十週年」（“Bryan Bashin Marks 10 Years as LightHouse CEO”），刊登在 *LightHouse* 部落格，二〇二〇年四月九日。
- 波特萊爾的詩出自詩作《惡之華》中的「盲人」，英譯本（一九九三年）譯者為詹姆斯・麥克高文（James McGowan）。
- 我第一次得知「半笑」的訪問是哈莎・梅能（Harsha Menon）的「一位所謂的藝術家：海

倫・米拉專訪」（"A So-Called Artist: An Interview with Helen Mirra"），刊登在《Buddhistdoor Global》，二〇一九年七月二十七日。米拉在她的網站 hmirra.net 上的「Half-Smiler」專案中，以 PDF 版本提供了更多一行禪師和其他人的引文。

結語：終局

- 我第一次認識到「失明是具有解放力量的滑稽劇」這個概念，是在盲人作家吉姆・尼普菲爾和萊恩・奈頓（兩人都有 RP）的訪談，這個訪談刊登在《The Believer》雜誌，這是很奇特的巧合，因為我當時就在那裡工作，那是二〇〇七年十月，距離我購買第一根白手杖還要再過幾年後。我同樣也得益於他們關於 RP 的回憶錄——尼普菲爾的《掉下巴》（一九九九年）和奈頓的《鬥雞眼》（*Cockeyed*, 2006）和《來吧，老爸》（*C'mon Papa*, 2010），我非常喜愛他們從失去視力的經歷中所找到的荒謬式幽默。
- 威廉・拉夫波羅未出版的著作《缺盲》（*Blindless*, 1997）可以在他的網站 w3.gorge.net/love26/book.htm 找到。我之所以得知拉夫波羅和他「缺盲」的概念，是從麥特・梅伊（Matt May）的播客《InEx》裡聽到的一段評論，當時他在節目中訪問倩西・弗利特討論「包容性設計」（第一季第二集，二〇二二年六月十九日）。
- 本章喬吉娜・克里格的引文來自「盲怒：給海倫凱勒的一封公開信」（"Blind Rage: An Open Letter to Helen Keller"），《西南評論》第八十三卷第一期（一九九八年）；她後來將這個非虛構的創作擴展成同標題的書籍。

- 約翰・李・克拉克的引述來自他的文章「口罩與眼罩」（"Of Masks and Blindfolds"），收錄在即將在二〇二三年底由諾頓出版社出版的隨筆集。
- 史丹利・卡維爾提到貝克特將冷靜和恐懼融為一體的評論是引自「結束等待遊戲：貝克特《終局》的一個解讀」（"Ending the Waiting Game: A Reading of Beckett's *Endgame*"），收錄於《我們言必須由衷嗎？一部散文集》（*Must We Mean What We Say? A Book of Essays*, 1969）。
- 關於明眼人面對到盲人時缺乏物體恆存感的概念，源於我和 P・J・沃格特（PJ Vogt）和亞歷士・高德曼（Alex Goldman）的談話，這是我匿名參加《*Reply All*》第一集叩應節目後，在未曾播出的後續討論時提出的想法。

國家圖書館出版品預行編目 (CIP) 資料

盲人國度 / 安德魯 . 李蘭 (Andrew Leland) 著 ; 謝樹寬譯 . --
初版 . -- 臺北市 : 遠流出版事業股份有限公司 , 2025.05
面 ; 公分
譯自 : The country of the blind.
ISBN 978-626-418-128-0(平裝)

1.CST: 李蘭 (Leland, Andrew) 2.CST: 視障者
3.CST: 傳記 4.CST: 美國

785.28 114002092

盲人國度

The Country of the Blind

作　　者／安德魯・李蘭（Andrew Leland）
譯　　者／謝樹寬
副總編輯／李嘉琪
封面設計／萬勝安
內文排版／陳佩君
特約企劃／林芳如

發行人／王榮文
出版發行／遠流出版事業股份有限公司
104005 台北市中山北路一段 11 號 13 樓
客服電話／ (02)2571-0297　傳真／ (02)2571-0197
郵撥／ 0189456-1
著作權顧問／蕭雄淋律師

2025 年 5 月 1 日　初版一刷
售價新台幣 500 元（缺頁或破損的書，請寄回更換）
ISBN 978-626-418-128-0

遠流博識網
http://www.ylib.com
e-mail:ylib@ylib.com